国家社会科学基金青年项目（17CJL032）

提升对口支援政策
减贫效应的机制创新研究

王 磊◎著

中国财经出版传媒集团

经济科学出版社
Economic Science Press

图书在版编目（CIP）数据

提升对口支援政策减贫效应的机制创新研究/王磊
著 . -- 北京：经济科学出版社，2023.1
ISBN 978 - 7 - 5218 - 4474 - 0

Ⅰ.①提… Ⅱ.①王… Ⅲ.①扶贫 - 经济援助 - 经济
政策 - 研究 - 中国 Ⅳ.①F124.7

中国国家版本馆 CIP 数据核字（2023）第 014286 号

责任编辑：周国强
责任校对：郑淑艳
责任印制：张佳裕

提升对口支援政策减贫效应的机制创新研究
王 磊 著
经济科学出版社出版、发行　新华书店经销
社址：北京市海淀区阜成路甲 28 号　邮编：100142
总编部电话：010 - 88191217　发行部电话：010 - 88191522
网址：www. esp. com. cn
电子邮箱：esp@ esp. com. cn
天猫网店：经济科学出版社旗舰店
网址：http://jjkxcbs. tmall. com
固安华明印业有限公司印装
710 × 1000　16 开　17.25 印张　300000 字
2023 年 1 月第 1 版　2023 年 1 月第 1 次印刷
ISBN 978 - 7 - 5218 - 4474 - 0　定价：98.00 元
（图书出现印装问题，本社负责调换。电话：010 - 88191510）
（版权所有　侵权必究　打击盗版　举报热线：010 - 88191661
QQ：2242791300　营销中心电话：010 - 88191537
电子邮箱：dbts@ esp. com. cn）

前　言

　　对口支援是中国特色社会主义制度创新之举，充分彰显了"中国之治"的独特优势。尽管具有横向转移支付性质的地区间支援早在20世纪30年代就已在美国、英国、德国等发达国家的国内发展援助实践中出现过，但"对口支援"一词是中国"首创"，并作为一项应用广泛、形式灵活、组织有序的国内发展援助政策，成为中国政府治理贫困和促进区域协调发展的一项重大制度创新。作为在中国欠发达地区尤其是在中西部原贫困地区实施已有超过40年历史的省际长期对口支援，是我国对口支援的主要类型，对受援地经济社会发展尤其是减贫工作产生了深远影响。

　　至2020年底，中国全面完成了消除绝对贫困的艰巨任务，历史性地解决了困扰中华民族几千年的绝对贫困问题，提前10年实现了《联合国2030年可持续发展议程》的减贫目标，为世界减贫事业作出了重大贡献，创造了又一个彪炳史册的人间奇迹。中国减贫事业取得的伟大成就离不开一系列减贫专项政策和普惠性政策的共同作用。客观上讲，对口支援是一项中央政府主导并带有较强政治任务属性的多重目标政策，兼具反贫困、促进经济社会发展和维护地区安全稳定等多重功能。在不同历史阶段，对口支援的核心目标和重点任务存在一定程度的差异性。事实上，自 20 世纪 90 年代中国启动实施东西部扶贫协作开始，对口支援就已被引入扶贫协作的政策框架，与扶贫紧密地联系在了一起，减贫不仅是对口支援的首要任务，更是其中心任务之一。事实充分证明，大规模的省际长期对口支援在中国扶贫工作中发挥了重要作用，已经成为中国特色减贫经验的重要组成部分。

党的二十大报告指出，"从现在起，中国共产党的中心任务就是团结带领全国各族人民全面建成社会主义现代化强国、实现第二个百年奋斗目标，以中国式现代化全面推进中华民族伟大复兴"。应当说，在全面建设社会主义现代化国家的新征程中，对口支援的长久助力作用仍然十分重要，对对口支援政策的研究正当时：一方面，通过对对口支援减贫历程及演化逻辑的经验总结，建构中国特色对口支援的减贫逻辑，有助于丰富和发展马克思主义反贫困理论体系；另一方面，在推进乡村振兴和共同富裕的新阶段，对对口支援政策的优化策略进行前瞻性分析思考，无论是对完成防止发生规模性返贫底线任务，还是对全面推进脱贫地区乡村振兴、共同富裕和平衡协调发展，均具有重要意义。早在 2016 年召开的东西部扶贫协作座谈会上，习近平总书记就明确指出，"东西部扶贫协作和对口支援，是推动区域协调发展、协同发展、共同发展的大战略，是实现先富帮后富、最终实现共同富裕目标的大举措"。[1] 习近平总书记在 2021 年召开的全国脱贫攻坚总结表彰大会上又强调，"要坚持和完善……东西部协作、对口支援、社会帮扶等制度，并根据形势和任务变化进行完善"。[2]

中国的贫困具有区域性、群体性、多维性等特征。长期以来，由于对口支援的对象、措施、项目安排、资金使用等存在不够精准的问题，导致对口支援的减贫效应并未得到充分发挥。精准扶贫作为一种系统减贫方略，在中国脱贫攻坚中取得了巨大的实践成效，为提升对口支援政策的减贫效能提供了重要借鉴。目前，国内外针对中国精准扶贫的理念与实践的研究成果已大量涌现，关于对口支援政策的研究成果也不断丰富，然而鲜有将对口支援纳

---

① 习近平：《认清形势聚焦精准深化帮扶确保实效 切实做好新形势下东西部扶贫协作工作》，载《人民日报》2016 年 7 月 22 日，第 1 版。

② 习近平：《在全国脱贫攻坚总结表彰大会上的讲话》，载《人民日报》2021 年 2 月 26 日，第 2 版。

入减贫政策框架体系，专门探讨对口支援减贫效应的成果，而将精准扶贫理念引入优化对口支援机制的研究则更是罕见。鉴于此，为深入探讨中国特色对口支援的减贫与治贫机制，笔者作为项目负责人于 2017 年申报并获批立项了国家社会科学基金青年项目"精准扶贫视角下提升对口支援政策减贫效应的机制创新研究"（17CJL032），这是国家社科基金项目经济学科首次以对口支援减贫为主题的立项，项目最终成果一次性结项，鉴定等级为"良好"；项目部分阶段性成果获得原国务院扶贫办全国扶贫宣传教育中心"学习习近平总书记扶贫工作重要论述征文活动"优秀论文奖，笔者还受邀参加了在北京大学举办的习近平扶贫重要论述学习研究理论研讨会。

　　本书是在笔者负责的上述国家社科基金项目最终研究成果基础上修改而成的。回顾本书近五年的研究成稿经历，从搜集整理研究资料、课题研究设计论证到线上问卷调研、线下实地调研，再到撰写完成初稿、咨询专家修改建议，直至最终形成本书，每一步背后都是大量艰辛的付出和辛苦的汗水。值得一提的是，在此期间，突如其来的新冠肺炎疫情给课题实地调研工作造成了一定的影响，但为了完成研究工作，课题组排除万难，最终圆满完成了调研工作。总之，回顾近五年的研究心路历程，笔者感慨颇多！作为一名高校社会科学工作者，笔者虽然未能在脱贫攻坚一线实务部门从事减贫工作，但有幸能够通过脚踏实地的科学研究参与到这场造福人民的减贫事业中去，为中国乃至全球减贫事业贡献自己的智慧和力量，并且能够亲眼见证中国全面消除绝对贫困这一历史壮举，实感荣幸！衷心感谢云南大学杨明洪教授、四川大学黄云生研究员和贺立龙教授、西藏社会科学院王春焕研究员、西藏农牧学院刘天平教授、西藏自治区发改委国民经济综合处尹永威处长和日喀则市教育局贾志红书记等提供的指导、帮助与支持。特别感谢林芝市统计局、昌都市统计局提供的数据资料支持。当前，中国已进入推进全体人民共同富裕的关键时期，将本书献给工作在全面推进乡村振兴、扎实推进共同富裕一线的所有奋斗者们，愿脱贫攻坚精神和对口支援机制在新发展阶段发挥更大作用。书中可能仍存有不妥之处，敬请同行和读者们不吝指教。

王磊

于山东师范大学

2022 年 11 月

目　　录

第1章

导　论

1.1　研究背景与意义

贫困是人类社会共同面临的"顽疾"，消除贫困是联合国千年发展目标中的重要内容和世界各国发展中的首要任务。作为世界上最大的发展中国家和第一人口大国，长期以来，中国的贫困问题极为严重，曾一度成为"世界最大贫困人口国"。如果仅从收入维度上的贫困来看，国家统计局数据显示，1949 年新中国成立之初，按照国际贫困线标准，中国贫困人口占世界总贫困人口40% 左右。根据世界银行（WB）公布的数据显示，1981 年中国极贫困人口占世界极贫困总人口的比重高达43%，1978 年中国的贫困人口为 7.7 亿，贫困发生率高达 80%。扶助贫困落后地区发展是世界性的区域发展课题，是包括我国在内的很多国家扶贫的重要抓手和成功经验。① 新中国

---

① 孙久文、张静、李承璋、卢怡贤：《我国集中连片特困地区的战略判断与发展建议》，载《管理世界》2019 年第 10 期，第 150 页。

成立70年来，中国减贫事业取得了巨大成就，创造了世界减贫史上的"中国奇迹"，尤其是改革开放40多年来，中国7.5亿人口摆脱贫困，对世界减贫贡献率超过70%。① 至2020年底，中国全面消除了绝对贫困，解决了困扰中华民族几千年的难题，提前10年实现了《联合国2030年可持续发展议程》的减贫目标，为世界减贫事业作出了重大贡献。

一般经济理论认为，促进经济增长是减少贫困的重要途径，一国经济增长产生的减贫效应大小取决于增长的益贫性程度。若将新中国成立70多年尤其是改革开放40多年以来中国经济高速增长的自然减贫效应②剥离出去，那么中国减贫的伟大成就取得，主要还是依靠中国特色社会主义制度优势下的多种减贫战略措施的集中实施，体现为新中国成立以来中国政府先后实施的大规模开发式扶贫、扶贫攻坚、整村推进扶贫开发、对口支援、东西部扶贫协作、精准扶贫与精准脱贫等一系列重要的扶贫政策、战略、措施等。③ 其中，集中体现社会主义制度优势和政治优势并已在我国实施超过40年的对口支援政策一直是学术界和实践层关注的焦点之一。尽管具有横向财政转移支付性质的地区间援助早在20世纪30年代就已在美国、英国、德国等发达国家的国内发展援助实践中出现过，但"对口支援"一词是在中国被首次提出，并作为一项形式灵活、应用广泛、实践性强的国内发展援助政策，成为我国贫困治理和区域协调发展的重大政策创新。自1979年"对口支援"这一概念在全国边防工作会议上被正式提出并以国家政策形式确定下来后，截至目前，已形成了对口支援西藏（以下简称"对口援藏"）、对口支援新疆（以下简称"对口援疆"）、对口支援三峡库区、对口支援汶川地震灾区、对口支援湖北新冠肺炎疫区等省际对口支援，以及省内经济相对发达地区对口支援经济相对落后地区（如成都对口支援甘孜州、武汉对口支援恩施州、青岛对口支援菏泽等）等一系列具体政策实践。由于不同类型对口支援的目标任务并不一致，对口支援的政策内容和时间长短也存在较大的差异性。若从支援时间长短上看，对口支援也可划分为短期对口支援和长期

---

① 《外交部：中国对世界减贫贡献率超过70%》，新华社，2020年10月19日。

② 这里的自然减贫效应是指经济增长的"涓滴效应"，即一般经济理论认为，经济增长与减贫具有相关性，高速的经济增长会起到自然消减贫困的作用。

③ 中国减贫取得的伟大成就还依赖于政府实施的"三农"政策、收入分配政策、民族政策、西部大开发战略等一系列普惠性政策举措。

对口支援，短期支援多为应急性、临时性支援，带有较强的随机性，而长期支援一般是针对受援地区经济社会发展和贫困减缓的全方位、固定性支援，政策通常保持稳定。从我国 40 多年的对口支援实践看，我国的对口支援以省际长期支援为主，并且主要实施于西部欠发达地区。在 2016 年 7 月 20 日召开的东西部扶贫协作座谈会上，习近平总书记明确指出："东西部扶贫协作和对口支援，是推动区域协调发展、协同发展、共同发展的大战略，是加强区域合作、优化产业布局、拓展对内对外开放新空间的大布局，是实现先富帮后富、最终实现共同富裕目标的大举措，必须认清形势、聚焦精准、深化帮扶、确保实效，切实提高工作水平，全面打赢脱贫攻坚战。"① 2021 年 2 月 25 日，习近平总书记在全国脱贫攻坚总结表彰大会上强调："要坚持和完善……东西部协作、对口支援、社会帮扶等制度，并根据形势和任务变化进行完善。"②

由于对口支援是中央政府主导并带有较强政治任务属性的多重目标政策，现有研究并没有充分关注到或因缺乏数据资料而并没有专门探究对口支援政策的减贫功能。事实上，自 20 世纪 90 年代我国启动实施东西部扶贫协作③开始，对口支援方法就已被引入扶贫协作的政策框架，并与扶贫紧密地联系在了一起，对口支援的对象主要是欠发达地区，而欠发达地区的贫困问题是阻碍其发展的重要因素，要促进受援地区发展首先必须改变当地的贫困现状，因而作为我国东西部扶贫协作政策框架下的对口支援，减贫不仅是其首要任务，更是其中心任务之一。事实上，对口支援政策在扶贫工作中发挥了重要作用，已成为中国特色减贫经验的重要组成部分。④ 从实践来看，对口支援已成为我国贫困治理的一项长久举措。那么，在一系列减贫政策集合中，对口支援政策对我国受援地区产生的减贫效应究竟怎样？如何根据形势和任务

① 习近平：《认清形势聚焦精准深化帮扶确保实效 切实做好新形势下东西部扶贫协作工作》，载《人民日报》2016 年 7 月 22 日，第 1 版。

② 习近平：《在全国脱贫攻坚总结表彰大会上的讲话》，载《人民日报》2021 年 2 月 26 日，第 2 版。

③ 1996 年 5 月，中央决定由北京、天津、福建等东部 9 省（市）以及深圳、宁波、青岛、大连 4 个计划单列市与西部 10 个省（区、市）开展扶贫协作；1996 年 9 月，中央扶贫开发工作会议召开，进一步对此项工作作出部署，由此东西部扶贫协作正式开启。

④ 李瑞昌：《完善扶贫对口行动的激励机制》，载《中国党政干部论坛》2021 年第 3 期，第 63 页。

变化，创新构建全面提升对口支援政策减贫效应的机制，以接续发挥对口支援助力受援地区巩固拓展脱贫成果、减缓相对贫困和推进振兴富裕的作用呢？精准扶贫作为我国实施的一种系统减贫方略，是我国打赢脱贫攻坚战的制胜法宝，精准扶贫的成功实践为提升对口支援政策减贫效应的机制创新提供了新视角和新思路。

西藏作为中国地理版图中最不发达的区域之一，曾是我国"三区三州"深度贫困地区之一，也是我国14个集中连片特困地区中唯一的省级集中连片特困地区，不仅贫困范围广，而且贫困发生率高，一直是我国减贫工作的主战场，其贫困人口主要是占人口绝大多数的当地农牧民。鉴于西藏经济社会发展落后的现实以及自然地理条件、发展基础、历史等多重因素的叠加影响，西藏成为我国最先开展对口支援的省份，西藏的对口支援开始早、规模广、力度大，对当地的贫困减缓影响深。2019年12月，西藏自治区74个县（区）全部脱贫摘帽，绝对贫困全面消除。从全国范围来讲，对口援藏为其他地区的对口支援反贫困起到了示范效应。[1] 基于此，本书在充分研究对口支援政策减缓贫困理论作用机制的基础上，以对口援藏政策为例，分析总结对口支援政策的实践经验与减贫功能，对我国对口支援政策减贫的作用效应及作用机制进行综合实证检验，深入探究抑制对口支援政策减贫效应充分发挥的症结所在，进而从精准扶贫视角构建全面提升对口支援政策减贫效应的创新机制，以优化现行对口支援政策，接续充分发挥对口支援政策在脱贫地区的防贫减贫效应。

探讨对口支援政策的减贫效应及其提升作用机制问题，兼具理论意义、现实意义和时代价值。一是通过对对口支援政策减缓贫困的机制分析，厘清对口支援政策效应产生的作用路径及其可能面临的障碍性因素，为对口支援减贫效应的研究建立一个理论分析框架，有助于丰富和完善区域发展援助理论体系和区域政策研究，而以对口援藏为例，通过对中国对口支援政策实施历程及演进逻辑的总结与回顾，发掘与建构中国特色对口支援的行动逻辑，有助于弥补当前学术界针对特定区域发展援助研究的不足，丰富与发展中国特色反贫困理论体系。二是在中国绝对贫困已全面消除、小

---

[1] 杨明洪：《和平解放以来中央对口支援西藏政策变迁研究》，载《中国藏学》2019年第4期，第46页。

康社会已全面建成并开启全面建成社会主义现代化国家新征程的背景下，对口支援政策将在贫困治理中继续发挥其时代价值，对新发展阶段的对口支援进行前瞻性思考，借助精准扶贫理念与成功实践，创新建构提升对口支援政策减贫效应的机制，优化和完善对口支援政策，这既是巩固拓展脱贫攻坚成果、防止发生规模性返贫和全面推进乡村振兴的客观需要，也是建立解决相对贫困长效机制和扎实推进共同富裕的重要举措，具有较强的现实意义和时代价值。三是中国特色对口支援的实践和理论探索，不仅为中国消除绝对贫困提供了有利举措，而且也向国际社会展示了"中国之治"的政治优势和制度优势。对口支援政策充分彰显了中国共产党领导和中国特色社会主义制度的强大政治动能和治理效能。分析审视对口支援政策减贫效能实现的作用路径、动力源泉和制度保障等，解析中国特色对口支援政策实践，可以有依据地向国际社会充分展示中国特色社会主义减贫政策的优势，增强中国特色反贫困理论的国际影响力，提升中国在国际减贫事业中的话语权和主导力，为全球减贫事业贡献中国智慧和中国路径。

1.2　研究内容

本书以提升对口支援政策减贫效应的机制创新为研究对象，通过解析对口支援减缓贫困的作用路径，揭示对口支援政策减缓贫困的一般机制，再以对口援藏为例，对对口支援政策的减贫效应进行多角度实证检验，探寻现行对口支援政策减贫作用机制的"短板"和障碍性因素，进而以精准扶贫理念和成功实践经验为指引，构建提升对口支援政策减贫效应的创新机制，并提出实现这一机制的对策建议。本书的研究内容主要包括以下五个部分：

（1）对口支援政策减贫的学术史梳理与相关核心概念界定。本部分首先系统梳理对口支援政策减贫的国内外研究成果，重点展示和综述国内外关于贫困、精准扶贫、对口支援演化及性质、对口支援减贫效果等方面的研究动态，从而为本书奠定理论基础，并明确本书的逻辑起点。然后，再对支援与对口支援、援藏与对口援藏、贫困与减贫、对口支援减贫效应等本书中涉及的核心概念进行深度辨析和清晰界定，从而为本书后续展开奠定概念基础。

（2）对口支援减缓贫困的作用机制与实践解析。本部分先以区域经济学、发展经济学、公共管理学中的发展援助和反贫困等相关理论为基础，借鉴公共转移支付减贫的相关研究成果，将对口支援纳入减贫理论分析框架，基于多维贫困视角，从促进收入增长和福利（就业、教育、医疗、健康、住房、生活质量等）改善两条动态路径揭示对口支援政策减贫的内在作用机制。然后，进一步厘清对口支援政策减缓收入贫困的具体作用机制，将对口支援政策的减贫作用传导路径分解为产业发展效应、就业效应、人力资本效应和贸易开放效应等四个具体作用机制。在此基础上，结合我国对口支援政策的实践特征及贫困状况变化趋势，以对口援藏为案例，采用案例研究方法对对口支援政策各条减贫传导路径及其效应进行实践解析，从而为对口支援政策减贫作用机制的分析结论提供支撑。

（3）对口支援政策减贫效应的实证检验。本部分以对口援藏政策为例，在对对口援藏政策演进历程及特征进行深入考察之后，先从支援方视角对对口援藏政策的减贫效应及其作用机制进行宏观层面的实证检验，再从受援方视角出发，基于实地调查获取的第一手数据资料对对口援藏政策的减贫效应及其影响因素进行微观层面的实证考察，最后综合宏观和微观层面的实证检验结论，对对口支援政策减贫效应及其阻滞因素进行深入讨论和分析。

（4）基于精准扶贫视角，创新构建提升对口支援政策减贫效应的精准对口支援机制。本部分基于本书的理论和实证分析结果，借鉴精准扶贫理念和成功实践经验，结合对口支援政策实施的实际状况，以受援方的真实需求为基础，从强化对口支援的瞄准主体与瞄准对象互动的角度入手，构建瞄准脱贫人口和低收入人口、提升受援方参与度的精准对口支援机制，主要从产业精准支援、就业精准支援、智力精准支援、贸易开放精准支援、生活质量精准支援、主观福利精准支援等核心点进行构建，以充分发挥对口支援政策在脱贫地区的防贫减贫效应。

（5）精准对口支援机制的实现策略。本部分系统研究实现精准对口支援机制的可操作性策略，主要从五个方面入手：一是优化结对支援空间格局，完善对口支援下沉机制，以精准识别对口支援政策面向的脱贫人口和低收入人口，提升对口支援的瞄准精度及效率。二是完善对口支援利益协调机制，强化各利益主体的协同性。三是激励对口支援双方探索创新，建立对口合作共赢机制。四是以受援方的真实需求为导向，拓宽脱贫人口和低收入人口精准参与对口支援的渠道，全面提升受援方在对口支援中的参与度。五是建立系统完善的精准对口支援制度体系，主要包括对口支援的绩效考核评价制度、监督管理与问责制度、进入与退出机制等。

1.3　研究思路与方法

1.3.1　研究思路

首先，本书在既有研究基础上，结合精准扶贫的成功实践，阐明对口支援政策减缓贫困的现实背景及时代意义。其次，剖析对口支援政策减缓贫困的一般机制，对对口支援政策减缓贫困的作用机制进行理论分析探讨，并结合对口援藏政策的实践案例进行解析，探寻现行对口支援政策减贫机制运行的成效及存在问题。再次，以对口援藏为例，对对口支援政策减贫作用效应及作用机制进行多层面综合实证考察，深入剖析对口支援政策减贫效应的发挥程度及其面临的障碍性因素。然后，从精准扶贫视角入手，针对抑制对口支援政策减贫效应显著发挥的主要障碍，创新构建全面提升对口支援减贫效应的精准对口支援机制。最后，综合本书的理论分析结论和实证结果，力求提出一套实现提升对口支援政策减贫效应创新机制的策略。本书总体上遵循"背景分析—学术史梳理及研究动态—理论分析—实证分析—策略研究"的基本思路，具体研究思路见图 1 – 1。

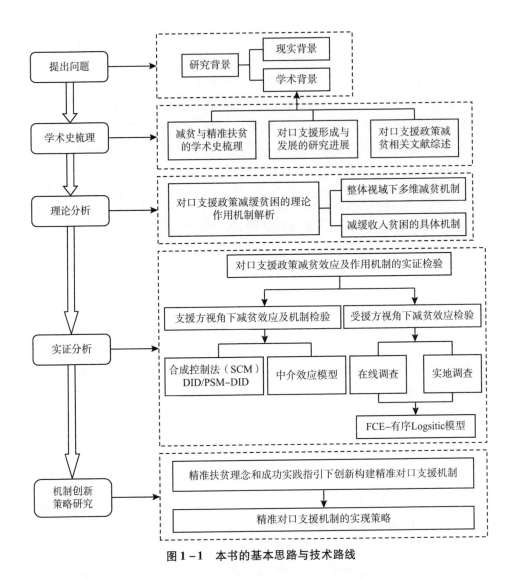

图1-1 本书的基本思路与技术路线

1.3.2 研究方法

本书聚焦于对口支援政策减贫效应及其提升机制的创新构建。总体上看，按照马克思主义科学的抽象分析法要求，本书先通过对对口支援这一特殊的发展援助形式不断抽象化掉其多种特殊性之后，揭示其一般性特征，以达到从认识现象到认识本质的研究过程，然后再按照从抽象的理论分析到对具体的对口援藏实证考察的叙述过程，从而建构起本书的整体逻辑架构。具体来说，本书主要采用了以下研究方法：

（1）文献研究方法。采用文献研究法，通过系统梳理对口支援、贫困、减贫效应等核心概念的相关文献，分析和清晰界定对口支援政策减贫效应的特定内涵，并通过对涉及对口支援政策减贫效应、精准扶贫理论与实践等研究文献的综述分析，掌握学术界关于对口支援政策减贫效应及其机制创新的前沿研究进展。

（2）实证分析方法。以对口援藏为例，一是基于手工搜集整理的官方统计数据，采用统计分析、FGT 指数分析、合成控制法（SCM）、双重差分法（DID）、倾向得分匹配 – 双重差分法（PSM-DID）、中介效应模型等方法从宏观层面的支援方视角对对口援藏政策的减贫效应及作用机制进行全面的实证检验。二是基于实地调研获取的第一手调研数据，采用模糊综合评价（FCE）和有序 Logistic 模型相结合的方法从微观层面的受援方视角对对口政策的多维减贫效应及其影响因素进行实证考察。

（3）问卷调查法和访谈调查法。为从脱贫农牧民视角考察评价对口支援政策减贫绩效，一是本书课题组于 2020 年 7 ~ 8 月对西藏自治区 4 个地市的 10 县 13 个村进行了实地调研，通过对脱贫农牧户的问卷调查和对援藏干部及西藏基层政府干部的访谈调查，在有限的条件下获取了宝贵的第一手调研数据资料；二是在进行入藏调研之前，本书课题组还预先利用问卷星网络平台，对部分援藏干部进行了线上问卷调查，以获取援藏干部对对口援藏政策减贫成效的初步评价，以上调研资料为从受援方视角实证分析对口援藏政策的减贫绩效及探究抑制对口援藏政策减贫效应充分发挥的障碍性因素奠定了重要基础。

1.4　创 新 之 处

本书研究的创新之处主要体现在以下三点：

（1）在学术领域探索上，目前学术界对对口支援政策减贫的相关研究成果总体上较为匮乏，有针对性的实证分析和微观调查研究也极为鲜见。本书在对对口支援的减贫作用机制进行系统的理论探究基础上，从支援方与受援方两个视角对对口支援政策的减贫效应进行了全面系统的实证分析，在此基础上，基于精准扶贫理念和成功实践经验，从精准扶贫视角创新构建瞄准脱贫人口和低收入人口、提升受援方参与度的对口支援机制，即全面提升对口支援政策减贫效应的精准对口支援机制，并提出实现这一创新机制的可操作性策略，从而补充和丰富了这一研究领域的学术成果和研究进展。

（2）在学术理论探讨上，已有研究较少涉及对口支援减贫的一般作用机制，本书欲在此方面进行尝试突破。只有把握对口支援减缓贫困的作用机制，才能更加清晰地认知对口支援政策是如何发挥其减贫作用效应的，对于构建充分发挥对口支援政策减贫效应的创新机制，并提出实现这一机制有针对性的策略建议具有重要意义。本书在充分研析对口支援政策实践的基础上，吸纳和借鉴国内外发展援助与减贫的相关理论和核心学术观点，同时结合笔者多次入藏实地调研考察的结论，分别从整体视域和具体作用领域对中国对口支援减贫作用机制进行了比较系统的解析，并且以对口援藏为案例，采用具体的案例研究方法对对口支援政策的减贫传导路径及其效应进行实践解析，从而为对口支援政策减贫作用机制的理论分析结论提供支撑。

（3）在实证与调查方法的应用上：首先，本书综合运用合成控制法（SCM）、双重差分法（DID）、倾向得分匹配－双重差分法（PSM-DID）、中介效应模型、FCE-有序 Logistic 模型等多种计量模型方法从宏观和微观两个层面切入，对对口支援政策的减贫效应及作用机制进行了全面系统的实证分析，进而全面准确把握对口援藏政策产生的实际减贫效应，并探寻影响对口支援政策减贫效应的关键性因素；其次，采用在线问卷调查、实地问卷调查和实地访谈调查相结合的方法，获取援藏干部人才、脱贫农牧户和受援地基层干部对对口支援政策减贫绩效主观评价的第一手资料，在此基础上与实证分析相结合，分析佐证对口支援政策减贫绩效的综合评价结果。

第2章

对口支援政策减贫的学术史梳理及研究动态

世界各国贫困的发生与减贫脱贫实践方案的实施，推动着反贫困理论研究向纵深方向拓展。从现有的反贫困文献来看，研究成果不断丰富，研究观点逐渐多元化，并呈现出跨学科、跨专业、跨领域的态势。从减贫视角切入，对中国对口支援政策的研究需系统梳理既有的反贫困学术史，把握对口支援政策研究的前沿动态，从而为本书奠定理论基础，明确本书的逻辑起点。

2.1 减贫与精准扶贫的学术史梳理

2.1.1 贫困成因与反贫困主张的研究梳理：经济理论流派比较视角

贫困是一个多学科概念，可以从经济学、社会学、发展学、政治学、心理学等多个学科进行释义和解析。贫困研究始终贯穿于经济学、社会学等各学科的发展（方迎风，2019），从经济学角度看，关于贫困成因与反贫困主张的学术研究史可溯源至 18 世纪古典政治经济学派对贫困的认知与阐释。

1. 从古典政治经济学到新自由主义的贫困研究

经济学鼻祖亚当·斯密（Adam Smith，1776）认为，极端贫困的产生源于经济发展的不足，当劳动工资降至极为贫困的生活水准时，应当通过生产性活动使得国民财富增长，并建立最低工资制度，对极端贫困人口进行慈善扶助。古典政治经济学的代表人物大卫·李嘉图（David Ricardo，1817）将贫困的产生归结为国民财富增长中隐含的致贫风险和机器使用导致的劳动需求减少，并认为从长期来看，工人只能获得最低工资，英国的济贫法并没有达到预期的济贫效果，反而加剧了贫困现象，加重了国家财政负担，损害了社会中大多数人的利益。人口学家和经济学家托马斯·马尔萨斯（Thomas Malthus，1798）在其著作《人口原理》中指出，人口的增殖力会无限大于土地为人类提供生活资料的能力，若不抑制人口增长，就必然会出现食物不足、贫困加剧的现象。在马尔萨斯看来，贫困是在所难免的，是社会底层人口没有控制生育而产生的后果，并将贫困作为一种"专横而无处不在的自然法则"，肯定了其在控制人口数量中的作用，认为救济穷人将会导致更多的劳动者依赖救济。詹姆斯·穆勒（James Mill，1825）将李嘉图和马尔萨斯的贫困观点进行了综合，并将社会普遍贫困的产生原因总结为人口增长快于资本增长。在古典经济学派的后期，以英国为代表的西方资本主义国家的社会不平等问题日益引起学者们的思考，减缓贫困也逐渐成为社会变革的重要方向之一。西斯蒙第（Sismondi，1819）从收入制约人口论出发，严厉地批判了马尔萨斯的贫困观点：即食物增长永远满足不了人口增殖需要而必然产生贫困的人口原理，认为制约人口增殖的不是土地所能生产的生活资料，而是收入，资本主义社会由于收入分配不合理，不断破坏人口收入的比例，造成了"人口过剩"，使社会存在严重的人口问题，资本主义制度下大机器工业迅速发展，机器替代手工，资本家大量解雇工人，工人失去了生活赖以依靠的工资收入，从而陷入贫困的境地，对此列宁曾这样评价："西斯蒙第指出机器的资本主义使用的矛盾性，在 19 世纪 20 年代是一个巨大的进步"（朱曰强，1988）。西斯蒙第进一步将贫困归结为剥夺，即"未来储备小的人"在自由竞争的制度下由于处于劣势而失去财富，沦落为贫者（王志标，2009）。西斯蒙第意识到自由放任将产生贫困的趋势，其思想理论为政府制定公共政策进行减缓贫困提供了依据。约翰·穆勒（John Mill）作为古典经济学派的最后一位代表人物，他在 1848 年出版的著作《政治经济学原理》中将极端贫困的产生归结为自发市场，并提出了一个有效扶贫的合理准则，即一方面需要给予穷人最大数量的必要帮助，另一方面又需要让穷人对帮助的过度依赖性达到最小，要实现"最大多数人的最大幸福"，需要政府进行有限的干预，如救济穷人、帮助社会弱势群体、推行社会公益的限度在于既要保障穷人生活水平，又不能超出穷人自食其力的水平（贺立龙等，2021）。

19 世纪末至 20 世纪初兴起的新古典经济学派针对市场运行中的失灵问题，重新对贫困问题进行解释，并以市场与政府相结合来探求贫困管控的对策。阿尔弗雷德·马歇尔（Alfred Marshall）出于对工人阶级贫困的关注以及改善工人生活状况的愿望，下决心要尽最大的努力对政治经济学进行全面研究。马歇尔（1890）认为，并非人性中的某些固定要素决定了穷人的悲惨命运，贫困问题的根源就是贫困，"他们身体、精神和道德方面的不健康，虽然部分上是由于贫困以外的其他原因造成的，但贫困却是主要原因"，"总的来说，还是'贫困毁了穷人'，研究贫困的原因实际上就是研究人类中的一大部分人的堕落的原因"（罗卫东等，2021）。马歇尔并不认为经济自由与改善最贫困阶层的生活是相矛盾的，相反认为经济自由是实现改善最贫困阶层生活的必要途径，贫困是一种可以进行矫正的市场失灵，主张通过教育、限制非技术工人家庭规模和建立累进税制度等途径解决贫困。阿瑟·塞西尔·庇古（Arthur Cecil Pigou，1920）作为福利经济学的标志性人物，他提出了通过改变收入分配状态，把富人的收入向穷人转移一部分，以增大社会福利的观点，并主张政府应通过社会福利政策，使穷人直接或间接地增加收入。"有充分理由可以相信，如果把适当的数量的资源从较富的人那里转移给较穷的人，并把这些资源投资于穷人，以便使他们更有效率，那么这些资源由于增强能力而在额外生产上所得到的报酬率，是会大大超过投资于机器厂房的通常的利息率的"（Pigou，1932）。现代宏观经济学创始人约翰·梅纳德·凯恩斯（John Maynard Keynes，1936）在《就业、利息和货币通论》中提出了"丰裕中的贫困"这一概念，用以说明在资本主义社会中，为什么在社会普遍富裕的情况下还会出现贫困。凯恩斯在 1930 年发表的《我们后代的经济可能》一文中隐含持有的假设是：国家层面的贫困可以依靠发展来解决，国家内部的个人层面的贫困则可以通过经济发展的"涓滴效应"来化解，并预言道：随着科技革新和资本积累，他的子孙后代将在一百年后彻底摆脱贫困，遗留的社会问题将是后贫困时代的富裕的烦扰（汪毅霖，2021）。

20世纪中期以后，西方主流经济学以资源配置的"市场有效性"为中心，并把与市场失灵相联系的收入分配不公平纳入贫困研究框架。新古典综合学派的代表人物保罗·萨缪尔森和威廉·诺德豪斯（Paul A. Samuelson and William Nordhaus，1948）认为各个国家曾发生过三种贫困，即由于饥荒和生产能力不足而引起的老式贫困、体制原因造成购买力不足而引起的不必要的丰裕中的贫困、GDP很高但由于分配不公平而导致的贫困。面对西方国家的"滞胀"现象，作为凯恩斯主义的"革命"，20世纪70年代以来兴起的新自由主义倡导经济自由化、价格市场化，更为强调效率，但其对西方国家的经济停滞、生产严重"过剩"和消减贫困等重要问题并没有给出有效的解决方案，反而在新自由主义盛行期间，经济停滞不前，贫富差距增大，经济和金融危机频发（李纪才，2009）。关于欧美资本主义国家的贫富分化和收入不平等问题，托马斯·皮凯蒂（Thomas Piketty，2014）在其著作《21世纪资本论》中指出，从长远看，资本主义社会出现贫富差距的本质在于，资本收益率高于劳动回报率和经济增长率，当前资本收益率持续高于经济增长率的趋势将加剧收入不平等，不加制约的资本主义必然导致财富不平等的加剧及随之而来的各种社会弊病。

2. 发展经济学视域下的贫困研究

西方主流经济学较多关注发达国家的资源市场配置效率问题，但较少集中探究贫困、反贫困和经济发展等问题，而产生于20世纪40年代末的发展经济学，则将重心转向发展中国家的经济增长与发展研究，以贫穷落后的农业国家或发展中国家的工业化为研究主题，对发展中国家的贫困产生、如何摆脱贫困等问题进行了系统性研究。

早期的发展经济学奉行经济发展的结构主义发展观，认为通过资本积累、工业化、进口替代工业化战略能够实现短时间内赶超发达国家与增长减贫的目标。罗格纳·纳克斯（Ragnar Nurkse，1953）提出了"贫困恶性循环"理论，即由于发展中国家的人均收入水平低下，投资、储蓄和消费都不足，因而导致资本积累不足，资本形成不足导致生产率难以提高，低生产率又造成低收入，如此形成恶性循环，使得发展中国家长期陷入贫困。理查德·R. 纳尔逊（Richard R. Nelson，1956）提出的"低水平均衡陷阱"理论将发展中国家阻碍人均收入迅速提高的"陷阱"归结为人口过快增长，认为必须进行大规模的资本投资，使投资和产出增长超过人口的增长，才能冲出"陷阱"。此后，贡纳尔·缪尔达尔（Gunnar Myrdal，1957）提出"循环累积因果"理论，用以解释发展中国家长期存在的贫困问题，其政策主张与纳尔逊的观点基本一致，主张通过增加投资和储蓄来打破贫困的恶性循环。保罗·罗森斯坦·罗丹（Paul Rosenstein Rodan，1961）提出了大推进理论，认为发展中国家和地区必须全面地、大规模地在各个工业部门进行投资，尤其是基础设施建设投资，才能有效解决资本积累和有效需求不足的困境，摆脱"贫困陷阱"。哈维·莱宾斯坦（Harvey Leibenstein，1957）认为必须使投资率达到足以使国民收入的增长超过人口的增长，从而使人均收入水平得到明显的提高，即以"临界最小努力"使国民经济摆脱极度贫穷的困境。阿尔伯特·赫希曼（Albert Otto Hirschman，1958）认为，贫困区域人口难以依靠自我积累完成基建投资，因而外部的援助与帮扶是必要的，并且很多事实已经证明了政府转移支付对这些区域经济建设和公共产品供给的重要作用。

发展经济学中的两位代表人物威廉·阿瑟·刘易斯（William Arthur Lewis）和西奥多·舒尔茨（Theodore W. Schultz）将目光转向农村发展问题上，并从城乡发展视角研究贫困问题。刘易斯（Lewis，1955）提出"二元经济模型"，并认为发展中国家贫困化的主要原因是传统部门大量"零值劳动力人口"的存在以及"二元经济结构"转型的阻障，因而主张经济发展应突出现代工业部门的扩张，由此来破解二元结构和贫困的困境。舒尔茨（Schultz，1964）基于传统小农经济来分析贫困现象，驳斥了传统农业生产要素配置效率低下以及刘易斯和罗丹等倡导的"零值农业劳动学说"（隐蔽失业理论），提出了"贫穷经济学"，认为传统农业是"贫穷"的经济，资本收益率低下是传统农业贫穷落后及其不能为经济增长贡献的根本原因，而通过教育向农民进行人力资本投资是贫穷国家摆脱贫困的重要途径。值得一提的是，俄国农业经济学家恰亚诺夫（A. V. Chayanov）在 20 世纪 20 年代出版的著作《农民经济组织》中提出的"家庭生命周期说"认为，在当时的经济条件下，农户间存在相对贫富差别是由于小农家庭经济状况的"人口分化"结果，而不是当时官方学派夸大的农村"阶级分化",而"劳动消费比率"越小,农户的贫困程度就越深。

　　20世纪70年代以来,发展经济学者在反思结构主义理论观点和解释世界各国的增长与发展的实践中探索建立适合发展中国家国情的新发展经济学。例如,面对发展经济学正处于所谓"收益递减阶段",我国著名发展经济学家张培刚(1989)主张建立新型发展经济学,探索扩大研究范围,从社会经济发展的历史和发展中国家的本国国情出发对中国、印度等幅员广阔、人口众多、封建历史悠久、社会情况复杂的发展中国家开展广泛而深入的研究,找到解决经济发展问题的途径和解脱发展经济学所处的困境。在这一时期,印度经济学家阿玛蒂亚·森(Amartya Sen,1976)将贫困概念从收入贫困扩展至能力贫困和权力贫困,认为贫困的本质是人的可行能力剥夺,这是由于权利的缺乏或者其他条件的不足造成的。穷人丧失以交换和生产为基础的权利,是自然经济条件下产生贫困的根本原因;穷人丧失以自身劳动力和以继承或转让为基础的权利,是市场经济条件下产生贫困的根本原因(郑继承,2021)。基于对贫困本质的理解,阿玛蒂亚·森(1999)认为摆脱贫困在于提升人的可行能力,为人们创造参与经济社会分享的机会,由此他强调市场机制在提升人的生活水平中发挥基础性作用,指出政府和社会在人的生存、教育、健康等方面应承担社会保障功能,保障公民的权利和能力,同时人作为发展的主体需要发挥主动作用。受阿玛蒂亚·森的贫困理论与减贫主张的影响,1990年联合国开发计划署(UNDP)提出了"人类发展指数"(HDI)的概念,并于1996年提出了"能力贫困"的指标。随着贫困内涵的丰富和深化,世界银行(WB)在2001年正式提出了"贫困脆弱性"概念,由于贫困脆弱性更为关注贫困长期性、动态性及减贫稳定性,因而逐渐成为发展经济学界研究的焦点之一。学者们侧重于依据个人或家庭对风险冲击的暴露来衡量其脆弱性,研究各种冲击源对消费支出的影响程度,并从预期福利的角度来看待贫困脆弱性(Paul Glewwe and Gillette Hal,1998;Shubham Chaudhuri,2003)。此后,深度贫困、精神贫困、行为视角下的贫困等贫困的拓展概念不断丰富。需要特别指出的是,21世纪以来,发展经济学家们对贫困的成因及其治理之策持有两种完全不同的观点,以杰弗里·萨克斯(Jeffrey D. Sachs,2007)为代表的学者们认为一国的贫穷主要是源于地理、气候等自然环境因素所造成的生产力低下,解决这一困难需要一股巨大的初始动力,但这些国家正因贫困而无法依靠自身产生推动力，所以长期陷入"贫困陷阱"，主张发达国家应增加对欠发达国家的国际援助，以帮助后者摆脱"贫困陷阱"，而以威廉·伊斯特利（William Easterly，2005）为代表的学者们认为，贫穷不是永恒的，所谓的"贫困陷阱"并不存在，国际援助削弱了欠发达国家主动克服贫困的动力，导致欠发达国家的制度腐败，并主张要依靠完善的市场制度为穷人提供正确的激励，只要设计出有效的激励机制，自然依靠市场力量就能使穷国脱离贫困。20 世纪 90 年代中期以来，在安格斯·迪顿（Angus Deaton）倡导从微观视角研究全球贫困问题的推动下，以阿比吉特·班纳吉（Abhijit V. Banerjee）、埃斯特·迪弗洛（Esther Duflo）和迈克尔·克雷默（Michael Kremer）为代表的新一代发展经济学家将实验方法引入发展经济学的研究之中，深入考察困扰穷人的具体问题，从微观层面探讨贫穷国家如何改善健康、教育、工作条件、国内外政策及市场条件等，从而为发展经济学研究奠定了坚实的微观基础（李保良和郭其友，2019）。阿比吉特·班纳吉和埃斯特·迪弗洛（Abhijit V. Banerjee and Esther Duflo，2018）认为，机会和能力不平等是贫困产生的根源，并把发展中国家的贫富差距归因于各项制度安排失调而导致的不公平，他们基于共同创建的贫困行动实验室（J-PAL），采用随机对照实验方法来评估各项扶贫项目的实施效果及问题，深入探究贫困的作用机制、贫困者的行为特征，为科学减贫提出了一系列有效的干预政策。

3. 马克思主义理论视域下的贫困研究

马克思和恩格斯在对资本主义生产方式进行剖析和批判的基础上，从所有制和分配关系角度对资本主义社会无产阶级贫困问题进行了一系列深刻论述，形成了马克思主义反贫困理论，这是马克思主义理论体系的重要组成部分。

马克思在早期的论著中对英国的赤贫现象进行了深入考察，指出英国的赤贫现象是遍布工厂区和农业区的普遍贫困，主要表现为工人阶级的普遍贫困，是"现代工业的必然结果"，这种普遍意义的贫困不能从劳动者个人找根源，不能简单地归因于穷人或工人的愚昧无知或懒散堕落，而是英国这样的现代社会所特有的弊病。[①] 针对 1834 年英国出台的济贫法，马克思认为，

---

① 《马克思恩格斯全集》（第 1 卷），人民出版社 1972 年版，第 473 ~ 476 页。

英国新济贫法所导致的后果就是贫困现象的"纪律化"和"永久化",它名义上是救济贫民,实际上损害了穷人的尊严,迫使穷人完全依赖出卖自己的劳动力为生。① 19世纪40年代以后,马克思、恩格斯通过对资本主义生产分配的分析,深刻揭示了贫困的根源是资本主义私有制度,即"贫困从现代劳动本身的本质中产生出来","贫穷是现代社会制度的必然结果,离开这一点,只能找到贫穷的某种表现形式的原因,但是找不到贫穷本身的原因"。② 马克思在《资本论》(第1卷)的"资本主义积累的一般规律"中深刻揭示了无产阶级贫困的根本原因,即随着资本积累,社会劳动生产率和劳动力绝对量上升,但资本有机构成提高,导致"资本主义积累不断地并且同它的能力和规模成比例地生产出相对的,即超过资本增值的平均需要的,因而是过剩的或追加的工人人口",也就是说资本积累造成相对人口过剩,并且"社会财富即执行职能的资本越大,它的增长的规模和能力就越大,从而无产阶级的绝对数量和他们的劳动生产力越大,产业后备军就越大","处于社会最底层的相对过剩人口就是陷于需要救济的赤贫人口"。③ 在马克思看来,"产业后备军的相对量和财富的力量一同增长。但是同现役劳动军相比,这种后备军越大,常备的过剩人口也就越多,他们的贫困同他们所受的劳动折磨成正比。最后,工人阶级中贫苦阶层和产业后备军越大,官方认为需要救济的贫民就越多","因此,在一极是财富的积累,同时在另一极,即在把自己的产品作为资本来生产的阶级方面,是贫困、劳动折磨、受奴役、无知、粗野和道德堕落的积累"。④ 通过对贫困产生根源的深刻剖析和揭示,马克思认为,只有消灭私有制,消灭资本主义剥削制度,建立社会主义制度,才能从根源上摆脱赤贫。由此可见,马克思深刻揭示了资本主义社会贫困的本质、规律及根源。马克思在其著作《哲学的贫困》中指出:"没有对抗就没有文明,繁荣与富裕的时代正是衰退与贫困凸显的时代。"⑤

1917年,列宁领导俄国建立了社会主义国家。列宁指出,"工人阶级的贫困化是绝对的","生活费用不断上涨……工人工资的增加也比劳动力必要

---

① 《马克思恩格斯全集》(第1卷),人民出版社1972年版,第476页。
② 《马克思恩格斯文集》(第1卷),人民出版社2009年版,第121~124页。
③ 《资本论》(第1卷),人民出版社1975年版,第708页。
④ 《资本论》(第1卷),人民出版社1975年版,第855、873页。
⑤ 《马克思恩格斯全集》(第4卷),人民出版社1972年版,第104页。

费用的增加慢得多"。① 他认为消除饥荒、摆脱贫困、满足人民群众最基本生活需求的根本途径是发展生产，提高全社会的生产力，必须通过建立社会主义政权，发挥社会主义制度的力量，大力发展社会生产力，创造更多的社会共同财富，从而消灭贫困。列宁认为，"无产阶级取得国家政权以后，它的最主要最根本的需要就是增加产品数量，大大提高社会生产力。"② 应当说，列宁对贫困问题的分析与提出的解决途径在一定程度上发展了马克思主义反贫困理论。1949 年新中国成立后，建立在社会主义国家制度优势基础之上，中国共产党带领全国人民开展了大规模的减贫实践，并且形成了一系列反贫困的理论认知，不断丰富和发展了马克思主义的反贫困理论体系。新中国成立初期，马克思主义理论在中国广泛传播，毛泽东基于马克思主义贫困理论和长期对中国农村经济社会问题的调查研究与深入思考，形成了关于中国贫困治理的认识和思想。面对新中国成立初期全面的贫穷落后状况，毛泽东科学划分出中国农村的各个阶层，科学分析了中国贫困产生的原因，阐明了社会主义制度对于消除贫困的重要性。毛泽东指出，"只有完成了由生产资料的私人所有制到社会主义所有制的过渡，才利于社会生产力的迅速向前发展……满足人民日益增长的需要，提高人民的生活水平"③，"要巩固工农联盟，我们就得领导农民走社会主义道路，使农民群众共同富裕起来，穷的要富裕，所有农民都要富裕"④。为此，以毛泽东同志为主要代表的中国共产党人带领全国人民进行了土地革命和土地改革，以及农业的社会主义改造，投入了巨大的财政支出以解决贫困群体生存能力的缺乏问题，这一时期以救济式贫困治理为主。

自 1978 年我国改革开放以来，中国共产党带领人民群众在与贫困进行顽强斗争的同时，形成了中国特色反贫困理论，这是马克思主义反贫困理论中国化的重要成果。邓小平指出，"社会主义要消灭贫穷。贫穷不是社会主义，更不是共产主义"⑤，"消除贫困是社会主义的本质特征，要建设社会主义，就得摆脱贫穷"⑥，"落后国家建设社会主义，在开始的一段很长时间内

---

① 《列宁全集》（第 18 卷），人民出版社 1985 年版，第 430~431 页。
② 《列宁全集》（第 4 卷），人民出版社 1972 年版，第 623 页。
③ 《毛泽东文集》（第 6 卷），人民出版社 1999 年版，第 316 页。
④ 《毛泽东选集》（第 5 卷），人民出版社 1977 年版，第 197 页。
⑤ 《邓小平文选》（第 3 卷），人民出版社 1993 年版，第 155 页。
⑥ 《邓小平文选》（第 3 卷），人民出版社 1993 年版，第 225 页。

生产力水平不如发达的资本主义国家，不可能完全消灭贫穷"①。这一重要论断揭示了贫困在社会主义初级阶段的必然性，也揭示出社会主义初级阶段生产力水平低下是导致贫困的根源。为消灭贫困，邓小平指出，"社会主义必须大力发展生产力，逐步消灭贫穷，不断提高人民的生活水平"②，"让一部分人、一部分地区先富起来，大原则是共同富裕"③。在邓小平看来，只有通过改革才能解放和发展社会主义生产力，才能使人民群众摆脱贫穷落后，这与马克思主义反贫困理论主张是一脉相承的。2000年以来，以江泽民同志为主要代表的中国共产党人和以胡锦涛同志为主要代表的中国共产党人通过实施扶贫开发战略，把发展作为反贫困的第一驱动力，更加注重贫困人口的发展能力提升和生活质量，同时强调要促进社会经济发展与生态保护相互协调，通过大规模的扶贫开发使得数亿人摆脱了贫困。

自2012年党的十八大以来，以习近平同志为主要代表的中国共产党人在继承马克思主义反贫困理论的基础上，通过深刻总结改革开放以来我国扶贫工作的经验教训，结合新时代我国扶贫工作面临的新形势，提出了新时代治理贫困的"精准扶贫"方略，并带领全国人民打赢了一场规模宏大、艰苦卓绝的脱贫攻坚战，形成了新时代中国特色反贫困理论，这不仅是习近平新时代中国特色社会主义思想的重要组成部分，也是马克思主义反贫困理论中国化的最新成果。习近平"精准扶贫"理念的创新之处主要在于，注重扶贫的精准性及其效率，重视增强贫困人口的内生动力，善于充分发挥社会主义制度的优越性，坚持中国共产党领导，形成中央统筹、省负总责、市县抓落实的有效工作机制，并能够有效调动社会各方力量的积极参与，形成大扶贫格局。

2.1.2 精准扶贫及其中国实践探索的研究动态

1. 国外研究动态

"精准扶贫"作为一种新的贫困治理方式，是相对于传统的"粗放扶贫"

---

① 《邓小平文选》（第3卷），人民出版社1993年版，第64页。
② 《邓小平文选》（第3卷），人民出版社1993年版，第116页。
③ 《邓小平文选》（第3卷），人民出版社1993年版，第166页。

而言的，由习近平总书记于 2013 年 11 月在湖南湘西州考察时首次提出①。事实上，国际上对精准扶贫的关联性研究最早可以追溯至 20 世纪 80 年代，贫困的识别、扶贫精准性及其效率、施策成本是研究的焦点。一是在贫困识别研究方面，尼柯尔斯和泽克豪泽（Nicholls and Zeckhauser, 1982）指出，家庭生计指标检测是比较有效的贫困识别手段。贝斯利和坎伯（Besley and Kanbur, 1993）认为，构建瞄准机制，关键是要找到方便于检测又能够反映贫困人口收支的识别指标。此后，指标化瞄准（proxy means targeting）、门类瞄准（categorical targeting）、社区瞄准（community based targeting）、地理瞄准（geographical targeting）、自主瞄准（self-targeting）及主观自评（subjective selfassessment）等识别贫困人口的方式被学者们逐渐提出（Grosh and Baker, 1995；Conning and Kevanne, 2001；Coady et al., 2002）。二是在扶贫的精准性及其效率研究方面，坎波尔（Kanbur, 1987）提出了靶向性支援的"效率标准"，指出只考虑资源约束的条件下，扶贫对象越精准，扶贫绩效越高。贝斯利和科特（Besley and Coate, 1992）认为，扶贫完全精准并不可能，最佳的方式是处于普惠与完全精准之间，需要按照效率原则选择合适的识别工具。申根等（Shenngen et al., 2000）构建了一个精准化扶贫的效率评价模型，并对印度的公共投资绩效进行了实证检验，发现区域差异、扶贫方式等均会影响到扶贫的边际效率。豪苏和泽勒（Houssou and Zeller, 2011）构建了指标化瞄准贫困的成本评估模型，通过对非洲进行的实证研究发现，指标化瞄准比普惠式帮扶更有效率。近年来，学者们倾向于将一些现代技术方法应用于扶贫施策效率的研究中。埃尔贝斯等（Elbers et al., 2007）基于地理瞄准的方法，运用"贫困地图"的模拟研究得出，对贫困人口的瞄准范围缩小到地区或村落时的识别度显著提升。通达拉（Thongdara et al., 2012）将地理信息系统（GIS）、空间自相关分析等方法应用于对泰国的贫困检测中。三是在精准化扶贫的成本及效果研究方面，史密斯（Smith, 2001）认为扶贫从普惠到精准，预算成本减少了，但是施策成本增加，需要在两者的交点处

---

① 2013 年 11 月 3 日，习近平总书记在湖南省湘西州花垣县十八洞村考察时首次提出了"精准扶贫"，强调"扶贫要实事求是，因地制宜。要精准扶贫，切忌喊口号，也不要定好高骛远的目标"，由此"精准扶贫"理念成为新时期中国扶贫工作的重要指引，全国开启了精准扶贫、精准脱贫攻坚战。参见《习近平总书记首次提出"精准扶贫"理念》，央广网，http://news.cnr.cn/dj/20211103/t20211103_525649312.shtml。

寻求合适的"精准度",而对此杜特里（Dutrey，2007）指出要从精准施策的总成本而不是直接预算成本角度来分析。霍迪诺特（Hoddinott，1999）的研究指出，扶贫过程中的行政成本如果过高，则会削减精准施策的成效。秦等（Qin et al.，2018）实证检验了中国新设立贫困县的精准扶贫战略减贫效果，发现减贫效果在山区县与非山区县之间存在异质性，县级层面的瞄准难以提升贫困县的基础设施和卫生条件。此外，有一些学者对精准扶贫进行了反思。坦迪卡（Thandika，2005）指出，扶贫政策要做到瞄准，对政策实施和执行能力要求较高，而很多发展中国家缺乏能够进行精准识别的能力和条件，从而导致扶贫瞄准的政策效果较差，不能精准瞄准穷人。杜特里（Dutrey，2007）基于对"过度精准的政策倾向"的反思，认为精准扶贫未必都能瞄准穷人、未必成本节约、未必有强力的执行、未必有长效的制度。扎罗科斯塔斯（Zarocostas，2010）指出，扶贫不能与发展脱节，定向救济要与制度改进结合，有效扶贫应是创造公平的就业机会，扶贫要寻求强化能力培育及改进分配的精准策略。

2. 国内研究动态

国内对精准扶贫的关联性研究肇始于 20 世纪 90 年代，相较于国外，研究起步较晚，这与中国减贫实践进程的阶段性特征密切相关。[①] 通过梳理既有文献发现，关于精准扶贫的早期研究主要围绕扶贫的瞄准机制核心问题展开。朱玲（1992）认为，在扶贫实践中，有必要将贫困县和贫困人口做进一步的区分，制定重点援助特困县和特困人口的政策，瞄准援助对象的机制是亟待探讨解决的问题。自 1986 年中国专门实施扶贫政策以来，中国农村扶贫计划的一个重要特征是，农村扶贫的区域瞄准方式是县级瞄准（汪三贵等，2007），考虑到农村贫困人口大都集中于低收入县，以贫困县为瞄准单位具有明显优势：一方面，当时贫困人口在贫困县集中的程度非常高；另一方面，县级具有完整的行政区划、独立的财政安排以及完善的扶贫组织安排，能够有效地传递扶贫政策、组织扶贫开发、调配扶贫资源，实施和监管扶贫项目

---

① 在新中国成立以来的减贫进程中，最初的贫困人口下降速度较快，但到 2012 年贫困人口减至 1 亿人左右时，却遭遇到了脱贫步伐减缓、贫困人口越扶越多等难题，为解决这一困境，中央决策层和学者们从实践和理论层面探究从扶贫方式上探求有效破解之策，从而催生了"精准扶贫"理念和更多的研究成果。

成本相对较低（汪三贵，2018）。但随着时间的推移，以县为单位的扶贫目标瞄准机制暴露出有效性差、项目瞄准不够科学、扶贫资金未能真正用于贫困人口等弊端（洪名勇，2009）。吴国宝（1996）指出，区域开发的扶贫战略不能使所有穷人受益，应逐步实现从以区域开发扶贫为主的战略向直接瞄准贫困人口的扶贫战略转变。2000 年以后，如果继续实施县域为主的瞄准方式，生活在非贫困县的大量贫困人口将较难享受到国家的扶贫政策，并且贫困县内部贫困人口大多分散在地理位置较为偏远的村庄而非均匀分布，县域瞄准可能会导致对贫困人口的瞄准失效（左停等，2015；唐丽霞和刘洋，2021）。为提高扶贫瞄准的有效性，随着《中国农村扶贫开发纲要（2001—2010 年）》的制定和实施，从 2001 年开始，中国的农村扶贫从县级贫困瞄准转变为村级贫困瞄准的整村推进式扶贫开发阶段，但在贫困村的确定中，对贫困村覆盖的不完全和对非贫困村的漏出问题比较严重（汪三贵等，2007），导致财政扶贫资金向贫困村瞄准和到村项目向贫困户瞄准时也出现了偏离问题（李小云，2005）。李小云等（2005）进一步基于实地调研数据，对中央财政扶贫资金的瞄准状况进行了深入分析，研究得出贫困村识别虽然能够解决扶贫资金区域瞄准偏离的问题，但如果没有很好的目标群体瞄准机制，最终还是不能让穷人受益。然而，瞄准精度的提高总是伴随着管理成本的上升，问题是如何在瞄准精度和管理成本之间寻找到最佳的结合点，进而因地制宜，根据贫困乡镇的相对规模和地域特点，调整扶贫投入，以达到既降低管理成本又提高瞄准精度的目的（刘冬梅，2001）。鉴于此，汪三贵（2008）建议在增加扶贫投资的同时，通过项目瞄准方式的改进，使贫困人口更多地参与和受益，提高扶贫投资的针对性和效果。尽管以村为瞄准目标的扶贫方式更具有针对性，但由于一些村庄内农户贫富差距巨大而可能导致瞄准目标的偏差，开发扶贫项目的选择亦受到选择成本、受理方便性与农户需求分散等因素的制约而无法做到准确瞄准，并且开发扶贫项目与农户实际需求还存在较大的偏差（洪名勇，2009）。随着贫困人口分布碎片化和村庄内部的农户发展差异扩大的趋势日益严重，以村级为单元的扶贫资金愈加难以让贫困农户真正受益（唐丽霞和刘洋，2021），为解决整村推进开放式扶贫中村级瞄准机制存在的这些问题，各地进行了探索实践。广东省自 2009 年 6 月开始实施"规划到户、责任到人"的扶贫瞄准机制，主要是根据贫困户的发展意愿和特点，制定发展规划，明确贫困户对应的帮扶责任人和考评标准，以解决很多扶贫项目中的"瞄准"和"问责"问题（于敏等，2012）。叶初升和邹欣（2012）建议，从参与式扶贫视角设计瞄准对象与瞄准主体交互作用的动态扶贫瞄准机制，以促进扶贫瞄准资源投入持续有效地发挥作用。2011年颁发的《中国农村扶贫开发纲要（2011—2020年）》明确提出，要建立"片为重点，工作到村，扶贫到户"的工作机制，但针对以户为单位的瞄准还没有明确有效的实施办法。事实上，从20世纪90年代开始，农村扶贫治理的各种政策在如何瞄准穷人和扶贫资源如何有效传递到真正的穷人等问题上一直未能有根本性突破，缺失瞄准穷人的治理机制而导致政策接受主体模糊是其主要原因，因此需要研究的是如何强化针对穷人的瞄准机制（李小云，2013）。

2012年以来，随着经济增长减贫边际效应下降（Spadaro et al.，2013）、收入分配不均与扶贫开发针对性不强（Ravallion，2008）等问题的凸显，中国农村扶贫目标偏移（Park and Wang，2010）、扶贫资源的"精英俘获"（温涛等，2016）等问题逐渐趋于严重，剩余1亿贫困人口的脱贫难度不断加大，扶贫进入深水区（李实等，2018）。在此背景下，为解决扶贫瞄准目标偏离的问题，习近平总书记于2013年11月在湖南湘西考察时首创性提出了"精准扶贫"理念，此后我国全面打响了一场规模宏大的精准脱贫攻坚战。在精准扶贫实践的推动下，精准扶贫的直接理论研究成果也愈加丰富，通过梳理文献发现，2014~2021年发表的研究文献总数量呈现出极为明显的先上升后下降的倒"U"型特征，其中2018年的文献发表总数量达到最高峰，体现出与精准扶贫的实践进程极为契合的特征。总体上看，既有文献主要从理论阐释和实践分析两个方面对精准扶贫进行了较为系统的研究，涉及的学科范围和研究内容十分广泛。

众多学者从精准扶贫的提出背景、必要性、核心要义、工作机制、理论贡献及反贫困意义等方面对习近平精准扶贫思想进行了深入解读和阐释，突出强调了"六个精准""五个一批"① 的重要性和创新价值（杜家豪，2013；邓维杰，2014；汪三贵和刘未，2016；黄承伟，2017；雷明和邹培，2020）。也有不少学者基于反贫困理论，针对精准扶贫的实践困境和应对策略进行了

---

① "六个精准"是指扶贫对象精准、措施到户精准、项目安排精准、资金使用精准、因村派人精准、脱贫成效精准，"五个一批"是指发展生产脱贫一批、易地搬迁脱贫一批、生态补偿脱贫一批、发展教育脱贫一批、社会保障兜底一批。

理性反思。李小云（2014）认为精准扶贫的对象识别成本太大，并且由于"精英俘获"而导致扶贫资源难以精准下沉到贫困人口，建议建立分权式的使用、监管和考核制度，让扶贫资金的使用、监督与经营主体分离，采取第三方机构的方式负责扶贫资金管理，在村委会的指导下和监督下，实现精准扶贫。对此，汪三贵和郭子豪（2015）提出采用多维贫困标准识别建档立卡贫困户、针对建档立卡贫困户进行扶贫效果考核、探索和建立贫困户的受益机制、改革扶贫资金管理体制和加强资金整合及创新金融扶贫的到户机制等方面的建议。辜胜阻等（2016）基于对精准扶贫的观察，总结了精准扶贫中存在的识别标准不一、识别过程中"假贫困"与"被脱贫"频现、识别结果缺乏动态监管以及扶贫县动态考核机制与退出机制不健全等问题。李博和左停（2017）基于田野调查资料，采用案例分析法的研究得出，在精准扶贫的精准识别过程中面临农村熟人社会关系网络、不规则的乡土社会、农村社会"不患寡而患不均"的思想以及不健全的基层民主等障碍。缪小明和罗丽（2020）从政策执行角度分析了精准扶贫实施过程中存在的政策价值定位、政策执行权能配置、政策目标群体靶向及支持性配套环境等方面的不精准问题及应对之策。

在精准扶贫的实践分析方面，学者们主要从三个维度展开研究。一是精准扶贫的实践困境。葛志军和邢成举（2015）基于宁夏银川两个村的调研资料，分析了精准扶贫初期实践中出现的农户参与不足、资金有限和分配不合理、帮扶与需求不匹配等问题。许汉泽和李小云（2018）通过对云南两个国家级贫困县的调研发现，精准扶贫政策在具体执行过程中易出现精细化与碎片化、条块化的矛盾，制度性治理与运动式治理的矛盾，以及社会扶贫与经济开发之间的矛盾。产业扶贫是精准扶贫的核心内容，较多学者基于全国多个贫困地区的调研资料，对产业扶贫的实践模式、困境及路径等问题的研究发现，产业扶贫中存在产业链短、产业发展带动扶贫精准性不足、贫困农户难以受益、"精英俘获"、"弱者吸纳"、精准管理缺位以及忽视内生动力不足的贫困户等困境（李志萌和张宜红，2016；黄承伟等，2017；林万龙等，2018；文丰安，2019），因此，产业扶贫需要创新模式，要构建起适合贫困地区的产业布局和结构，建立完善、严格的产业项目申请、考核、验收与监督体系，提高贫困户参与程度（李博和左停，2016；胡伟斌等，2018），同时要注重构建产业扶贫长效机制，保持贫困地区产业的健康可持续发展，带动贫困群众持续稳定增收（刘红岩，2021）。二是精准扶贫的减贫效果评估。总体上看，精准扶贫的减贫成效是显著的（汪三贵，2020），发挥出了"对症下药，靶向治疗"的作用（尹志超和郭沛瑶，2021），提高了贫困户的人均劳动收入和生活质量，而易地搬迁和产业扶贫是贫困户劳动供给增加的主要渠道（孟佶贤，2019；李芳华等，2020）。从贫困户的视角看，在精准扶贫政策实施初期，贫困户对精准扶贫工作在识别、帮扶等方面的满意度较高，但对精准扶贫的监督情况不甚认同，参与度较低（王春萍等，2018）。三是精准扶贫在巩固脱贫成果阶段的作用。尽管我国已打赢脱贫攻坚战，但是防止规模性返贫、巩固拓展脱贫攻坚成果的任务依然艰巨，产业扶贫、就业扶贫、易地扶贫搬迁后续扶持等精准扶贫政策仍需深化，要建立健全防止返贫致贫的长效机制，巩固拓展脱贫攻坚成果（汪三贵等，2021）。实现全面脱贫后，贫困治理的重心转向缓解相对贫困，要进一步继承脱贫攻坚的精神、发扬精准扶贫的经验，做好政策过渡与制度衔接，强化相对贫困减贫理念、方法与工具的协同作用发挥，将新型举国体制的制度优势转化为治理相对贫困和促进乡村振兴的实际效能（王亚华和舒全峰，2021）。乡村振兴作为党的十九大提出的重要战略，是我国贫困长效治理的核心方略。可以说，精准扶贫是乡村振兴的基础任务，乡村振兴是精准扶贫的深化，二者具有价值取向和实现目标的内在统一性，以及行为的耦合性（曹立和王声啸，2020）。当前，精准扶贫与乡村振兴的衔接互动水平属于初级水平，衔接程度不高，多维贫困视角下的精准脱贫效果还需强化，处于不断探索中的乡村振兴战略效果尚不明显（王志章等，2020）。

2.2 从粗放支援到结对支援：对口支援 产生与发展的研究进展

2.2.1 关于对口支援的成因、成效及面临障碍研究

对口支援政策实践历史较早，产生于 20 世纪 50 年代，并于 70 年代末被正式提出和确立，此后其内涵不断发展深化。在对口支援实践的助推下，相

关理论研究成果也逐渐丰富。夏广鸣（1992）认为对口支援和经济技术协作的形成是源于我国自然资源分布的不平衡、生产力发展的不平衡、社会生产的分工和专业化，以及商品经济发展的现实，实施对口支援政策促进了生产力诸要素的优化组合、民族地区人才素质水平提高、东西部两大市场的商品流通、社会主义民族关系发展及民族地区群众传统思想观念的转化，但也存在实施初期支援方不堪重负、积极性不高等问题。温军（1998）将对口支援视为我国少数民族地区的开放联合政策，认为对口支援是本着优势互补、互惠互利、共同发展的原则，以帮助少数民族贫困地区发展经济、带动广大贫困农户解决温饱问题为重点，帮扶到乡、帮扶到村、扶持到户，尽管政策发挥了很好的作用，但由于多是临时性的短期政策措施，缺乏相对连贯一致的时效性保障，并未能达到应有效果。陆大道等（1999）将对口支援视为具有中国特色的扶贫到户开发式扶贫战略的主要扶贫措施，是在完成扶贫攻坚任务背景下形成的。李延成（2002）从教育支援视角的研究认为，对口支援的产生主要是由于各地区经济、教育发展的非均衡性，对口支援政策尽管取得了很大的成就，但也存在无偿支援会影响支援方积极性、效益与效率以及硬性将经验"植于"受援对象等问题。赵明刚（2011）认为对口支援的实施是为了尽快改变边疆地区经济社会发展滞后的局面，帮助少数民族地区发展经济，实现各民族经济上的共同繁荣。钟开斌（2013）深入考察了对口支援的起源、形成及演化进程，认为对边疆地区和民族地区的对口支援是中国对口支援政策提出时的着力点，对口支援机制在中国能起到独特的重要作用，有其特殊的制度前提、政治前提、经济前提和社会前提，是具有鲜明中国特色的机制，难以在其他国家进行有效复制。林雪霏（2014）基于广西个案的研究认为，对口支援是我国扶贫的一项制度化安排，源于中国政府强大的动员能力，是动员体制沿袭下来的典型形式，无论其规模还是绩效都引人注目。从社会交换角度看，对口支援的产生是为了促使资源定向流动和跨区域、跨层级的组织间互动，通过对口支援减轻了中央政府自身财政负担、缓解了区域发展不均衡并重塑了中央权威，但对口支援也造成了支援方政府财政自主率下降、本地负债率持续上升、受援方政府更加依赖于中央转移支付和各种援助以及自主发展能力增长缓慢等问题（李瑞昌，2015）。总体上看，对口支援实施以来，对于缩小东西部差距、区域协调发展和贫困地区脱贫都起到了重大作用，产生了良好的政治、经济、社会、文化、生态效益，但仍然存在着短期经济帮扶的思想认识、政治动员特点明显、行政指令性色彩较浓、政策工具的单一化运用等问题，随着脱贫任务的变化，对口支援应逐渐从扶贫的角度转移到区域协调发展的层面，从"粗放式"向"精准化"发展是新时期对口支援制度实施的必然方向（吕朝辉，2016；李小云，2017）。

进入新时代，随着我国社会主要矛盾的变化，一些学者将对口支援视为我国区域平衡发展的政策工具和地区间横向带动的主要形式，并认为对口支援的目的是带动欠发达地区和困难地区在共同发展中实现共同富裕，主要存在产业扶持推广难、资金监管不到位及使用效率有待提高、人才和智力支持存在人员流动性较大、对当地人才培育不足、援建项目未考虑当地农村的生活环境以及后期维护管理等问题（曾水英和范京京，2019；韩文龙和祝顺莲，2020）。张晓颖和王小林（2021）将对口支援归纳为中国在 40 多年消除绝对贫困实践中探索出的一种水平层面的贫困治理方式，并对上海对口支援模式进行了经验总结，建议 2020 年后对口支援可以在培育受援地区"人才链"、促进消费扶贫从公益平台向综合价值平台转变、打造教育和健康扶贫数字平台、建立对口援助线上线下志愿服务协同平台等方面先行先试，建立缓解相对贫困的长效机制。朱光喜（2022）指出，现阶段的对口支援已注重"造血"功能，但存在自主"造血"不足的问题，2020 年后对口支援需根据边疆民族地区发展阶段的转变，逐步从以解决基本民生问题为中心转向以提高治理能力为中心，对口关系由援助向协作再向合作转变，相较"交支票""交钥匙"的对口支援，要更加注重"交点子"，高度重视发挥市场和社会力量的作用，形成"政府引导、市场运作、企业主体、社会参与"的全面对口支援格局。

此外，也有不少学者具体探讨了对口援藏政策。中央对西藏的援助既是基于中国历史上形成的"民族平等、民族团结"的观念体系，同时也是基于西藏自然地理环境、发展基础、社会制度、民族结构、宗教文化影响等方面的特殊性考虑（靳薇，2010；谢伟民等，2014）。孙勇（2015）从制度角度分析认为，对口援藏属于中央对西藏的制度性供给，是为实现某种组织目标，将受援地发展作为支援方的责任来安排，实现经济、人才、产业、民生等多层次与全领域覆盖的支援模式。对口支援通过大规模的援藏项目与资金，向西藏输入了经济发展的各种生产要素，推动了西藏经济的发展和产业结构升级，大规模的外来援助也减少了西藏的贫困，并给受援地区带来经济社会的

长远发展利益，让边疆民族地区的民众感受到祖国大家庭的温暖（朱玲，
2004；潘久艳，2009；徐志民，2017；杨明洪，2019）。尽管对口援藏取得了
一些成就，但仍然存在机制不健全、供需不相匹配、援助依赖、农牧民参与
度较低等诸多问题，并没有充分发挥对口援藏政策的有效性（靳薇，2010；
王代远，2012；王磊，2014；杨明洪，2018）。

2.2.2 关于对口支援性质的研究

对口支援呈现出了明显不同于世界范围内其他援助行为的特征，是一种
制度和实践创新（孙勇，2019）。对口支援在很大程度上也具有"试验性政
策"的特征，经历了从局部试验到改进完善，再到总结推广的政策学习和政
策扩散过程（Heilmann and Sebastian，2008）。目前，学术界关于对口支援性
质的探讨形成了多种不同的理论观点。不少学者从公共财政及其职能的视域
分析认为，对口支援具有显著的财政横向转移支付性质，是一种非制度化的
政府间财力配置渠道和中央政府宏观调控下的地区间资源配置方式（余振和
郭正林，1998；王玮，2010；伍文中，2012；石绍宾和樊丽明，2020；吕冰
洋，2021）。另一种观点则从区域经济视域分析，认为对口支援是发达地区对
不发达地区的政策性投资，将对口支援政策视为一项党和国家主导下的区域
援助政策（靳薇，2010；王磊，2016；杨明洪，2018），本质上是生产要素
的优化配置和合理流动（岳颂东，1992）。第三种观点则从公共管理或国家
治理视域分析，认为对口支援是国家为治理欠发达地区而采取的一项具有中
国特色的正式制度安排或公共政策，是一种跨域协作（协同）治理机制和府
际协作治理模式，体现出中国特色的横向府际关系（赵明刚，2011；钟开斌，
2013；丁忠毅，2015；吕朝辉，2016；燕继荣，2020；张天悦，2021；朱光
喜，2022），本质上是一种资源定向跨域配置的特定治理机制，塑造了参与对
口支援实践各方集散资源的互动过程和行为方式（王禹澔，2022）。此外，
也有少数学者基于民族学视角，认为对口援藏的地域范围实现了对西藏全区
的覆盖，政策功能具有宏观民族政策的特点，故将对口援藏的政策属性界定
为宏观民族政策（吴开松和侯尤峰，2017）。

通过比较分析既往对口支援性质的丰富研究成果，丁忠毅（2021）指
出，每一种代表性观点都具有其合理性，都在一定程度上揭示了对口支援政

策属性，但这些代表性观点或是站在国家治理的具体领域来审视其政策属性，或是描述政策特征，未能把握其核心的政策目标诉求，或是未能直面回答政府实施对口支援政策的核心目标，因而都具有一定的局限性，并认为无论是从政策定位与目标还是从运行效能看，对口支援政策都具有鲜明的国家战略意志和显著的国家整合诉求与特征，因而界定其为一项具有中国特色的省际跨域协作治理型国家整合政策。事实上，对口支援作为一种复杂的政府行为和经济社会协作发展机制，可以从不同学科领域或角度对其性质进行特定解读，从经济学、政治学、公共管理学、民族学、法学等多学科领域界定的对口支援性质或属性也必然会存在多元化的回答，本书认为，从不同角度审视对口支援的性质应基于具体的研究需要，而不应强求有统一标准的界定，但要注重有不同的侧重点，同时亦不能割裂开来研究对口支援相关问题，而无视不同视角下对口支援目标和运行效能具有的内在统一性，这样才能达到全面认识和精准把握对口支援的内核和属性。

2.3　对口支援政策减贫的相关文献综述

2.3.1　区域援助与减贫的基本关系研究

对欠发达地区实施发展援助，已成为世界各国尤其是发达的市场经济国家的普遍做法（陈耀，2000）。英国于1928年开始对其国内英格兰北部和西部、苏格兰、威尔士等经济增长缓慢地区实施了一系列区域援助政策；美国于20世纪30年代开始对其国内东南部田纳西河流域和密西西比河中下游进行了综合开发以及1965年开始对其国内贫困地区阿巴拉契亚地区实施了改造计划；德国通过设立"统一基金"对其国内东部落后地区进行了专门补助。一国内部的区域援助主要表现为中央政府制定和实施的区域政策，其目标在于促进区域协调发展和增进空间正义（丁忠毅，2021），而作为受援地，一般是存在贫困等状况的问题区域，需要实施区域援助，早期的发展经济学学者们主要是从资本积累的角度探究贫困产生的根源，继而寻求解决之策。对一国内的区域发展援助与减贫基本关系的研究最早可追溯至纳克斯（Nurkseg，1953）提出的"贫困恶性循环论"和纳尔逊（Nelson，1956）提出的"低水平均衡陷阱论"，这两个理论均强调了资本稀缺是发展中国家产生贫困的根源。著名的大推进理论认为，发展中国家要摆脱贫困、失业和收入不均等问题就必须增加资本投资，以实现工业化（Rosenstein Rodan，1943），但是在区域内资本积累不足而又难以依靠区域自我发展时，就需要借助外部援助力量。祝慧和雷明（2020）指出，援助帮扶贫困地区和贫困人口是摆脱贫困的有效减贫合作行动。郑长德（2017）分析了集中连片特困地区的贫困致因，并给出了通过外部发展援助帮助贫困地区走出贫困陷阱的政策选择。东西部扶贫协作和对口支援作为我国国内区域援助的两种重要形式，自实施以来一直是学术界关注的焦点。覃乃昌（1988）指出，对口支援与扶贫工作应该结合起来，把对口支援纳入扶贫工作的轨道，实行统一计划、统一管理、统筹安排。夏广鸣（1992）认为，扶贫应作为对口支援西部贫困地区一项主要内容，扶持少数民族地区群众脱贫致富。方珂和蒋卓余（2018）认为东西扶贫协作和对口支援作为区域贫困治理的途径，是一套与"转移支付"有所区别的地区之间"扶贫协作"机制。黄承伟（2017）指出，东西部扶贫协作是我国特色扶贫开发道路的重大创新，并在党的十八大以来取得了多方面的实践成效。尽管东西部扶贫协作制度的成功实践使其成为治国理政的有效工具，但在西方科层管理体制及各种组织法中都找不到自己的位置，在源自西方的各种政府理论中也找不到存在的根据（陆汉文，2019）。在乡村振兴与整合过程中，东西部扶贫协作和对口支援仍然是调动东部沿海和中部地区资源助力边疆地区发展的基本途径和重要平台（丁忠毅，2020）。"闽宁模式"作为东西部扶贫协作的典型，已成为东西部对口协作帮扶的实践样本（盛晓薇和马文保，2021）。早在 1997 年 4 月，时任福建省委副书记、福建对口帮扶宁夏领导小组组长的习近平同志带队赴宁夏西海固考察时就曾指出："先富帮后富，闽宁合作有利于国家稳定与民族团结"，并提出要本着"优势互补、互惠互利、长期合作、共同发展"的原则进行对口帮扶。① "闽宁帮扶"共同应对宁夏的资源匮乏型贫困与能力缺乏型贫困，并将多种具体的扶贫策略汇集使用，最终形成了综合性的贫困治理效果，其成功机理在于它创造了

---

① 陈润儿：《迈向共同富裕的光辉实践——习近平总书记倡导推动的闽宁扶贫协作模式的经验启示》，载《求是》2021 年第 7 期，第 63～64 页。

"国家宏观制度 + 中观政策建构 + 基层民众执行"的长期的集体性行动（贾海薇，2018）。由此可见，受援地的脱贫和振兴致富始终是区域援助的核心目标，无论是哪种形式区域发展援助，最终都需要通过制定适宜的区域政策落实到受援地，才能产生实际效果。

2.3.2 对口支援政策的减贫效果研究

尽管从 20 世纪 50 年代初对口支援政策萌芽开始，对口支援的扶贫实践就已在我国西藏、贵州、云南等地开展，但首次正式明确将扶贫作为对口支援的重点任务和政策目标，是从 1996 年中央作出东西部扶贫协作重要战略部署开始。2016 年 7 月，习近平总书记在银川主持召开的东西部扶贫协作座谈会上充分肯定了我国东西部扶贫协作和对口支援取得的实践成效，并明确指出"东西部扶贫协作和对口支援是实现先富帮后富、最终实现共同富裕目标的大举措，必须长期坚持下去"[①]，由此开启了对口支援政策实践的新阶段。对口支援政策实践历史虽较长，但国内外学者针对对口支援政策减贫效应的直接研究成果尚十分罕见，其主要原因至少有三点：一是由于对口支援政策内涵十分丰富，作为中国特色的区域合作机制，在推动区域合作与精准扶贫、乡村振兴乃至我国经济结构均衡发展等方面，均发挥了重要作用（李彬和凌润泽，2021），而减贫可以说只是对口支援政策的重要功能之一，对口支援在实践中实际产生的政策效应较为多元化，导致学者们往往并没有专门关注对口支援的减贫效应；二是由于对口支援多被学术界视为一项政治任务，多数学者并非政府官员或参与支援人员，对对口支援工作的具体运行机制并不清楚，从而无法展开较为深入的研究；三是由于统计体系和相关数据库尚不健全，受限于数据可获得性，对口支援及减贫的相关数据难以直接获取，因而一些学者多以实地调研的个案研究为主，导致对对口支援减贫的相关实证研究明显不足。但无论如何，对口支援与扶贫的政策目标具有重合性，对口支援政策从实施之初就以消除受援地区的贫困为主要目标，对口帮扶更是以扶贫作为直接目标（杨龙和李培，2018）。从现有文献来看，学者们多是针对

---

① 习近平：《认清形势聚焦精准深化帮扶确保实效 切实做好新形势下东西部扶贫协作工作》，载《人民日报》2016 年 7 月 22 日，第 1 版。

对口支援政策对经济社会产生的整体效应进行宏观分析。通过梳理归纳发现，仅有的对口支援政策减贫效应的直接或间接研究文献，主要集中于以下三个方面：

（1）对口支援政策在减贫中的作用及存在的问题。朱玲（2013）以西藏为研究区域的调查和案例研究发现，大规模的外来援助减少了西藏的贫困，但援助政策设计和实施均需瞄准藏区中处于贫困地位的个人、家庭和群体，否则将减弱援助项目的扶贫效果。吴伟（2016）针对对口支援经济绩效的研究认为，虽然全国对口支援已逐步走向成熟，并显现出一定的减贫效果，然而对于民族地区来说，因地理位置、自然环境、基础设施、竞争优势与其他地区相比，还存在较大的差距和不足，对口支援尚存在投入力度不够、长效监督管理机制缺乏、智力支援重视度不够、社会参与度不高、支援方缺乏积极性、交流平台缺失等问题。曾勇（2017）以沪滇对口帮扶为例，研究得出对口支援投入对减少贫困人口、提高教育水平、提高收入水平具有显著的作用。王磊（2018）应用多层面统计指标分析了对口援藏政策的减贫成效，结果表明对口支援政策的实施对于减缓贫困具有较为明显的促进作用，但对口支援政策还存在施策精准性不够、援建项目评估监督机制不完善及支援干部工作期限短期化等问题。徐明（2022）采用合成控制法实证检验了脱贫攻坚实践中省际对口支援新疆的重要作用，得出对口支援发挥减贫效应的关键在于提升了欠发达地区农户基本生活消费水平，在巩固和拓展脱贫成果、防止返贫和实现经济持续发展的新阶段，需要继续发挥对口支援制度对脱贫地区农户生活消费水平保持稳定的基本功能。

（2）作为横向转移支付的对口支援政策减贫成效。从本质上看，中国省际对口支援是一种横向财政转移支付（石绍宾和樊丽明，2020）。如果将对口支援政策视为政府之间的一项横向转移支付政策，那么其产生的减贫成效可以从转移支付的减贫成效中得以体现。不少学者分析了财政转移支付的减贫效应。解垩（2017）通过实证分析得出，公共转移支付的减贫作用不是太大，并且不同方式的政府转移支付减贫效应存在较大的差异性。李丹和李梦瑶（2020）以国家扶贫开发重点县为研究对象，研究发现政府间财政转移支付的减贫效果较好，能够提升贫困地区的绝对生产生活水平，但与全国平均水平相比，不升反降，因此解决相对贫困问题依然是今后各项工作的重点。宋颜群和解垩（2020）对政府转移支付减贫效应的实证结果表明，政府转移支付对农村地区的减贫效应大于城镇地区，对西部地区的减贫效应大于中部地区，对中部地区的减贫效应大于东部地区。肖建华和李雅丽（2021）基于2014~2018年中国家庭追踪调查（CFPS）面板数据的实证研究发现，财政转移支付对长期贫困状态家庭的减贫效应显著，且财政转移支付对改善长期收入贫困家庭状态的效应比长期多维贫困家庭更显著。

（3）对口支援政策的经济增长效应。经济增长是实现减贫的重要途径之一，部分学者探究了对口支援政策对受援地产生的增长效应。一些学者将19个省份对口支援新疆作为自然实验，利用双重差分法、三重差分法及中介效应方法，实证分析了省际对口支援政策的经济绩效和影响机制，发现对口支援政策显著促进了新疆的经济增长，但对新疆不同地区的增长效应存在较为明显的差异性，对口支援政策可以对受援地区劳动生产率、农村居民人均纯收入和城镇居民人均可支配收入等经济变量产生正向促进效果，政策发挥经济增长效应的同时，也抑制了受援地区城乡收入差距扩大（刘金山和徐明，2017；徐明和刘金山，2018）。董珍和白仲林（2019）使用合成控制法评估了对口援藏政策对西藏的经济增长和产业结构演进的影响，发现该政策的经济增长效应和产业结构优化效应总体上显著。赵晖和谭书先（2020）基于1996~2017年的省际面板数据，采用双向固定效应模型对对口支援的政策效应进行实证评估得出，对口支援通过支援省政府能力人为定向外溢到受援省，能够推动受援省经济的发展，提高其基本公共服务的供给水平与基础设施建设，但支援效果在不同的省际对口关系中存在较大差异。

2.4　文献评述

反贫困作为经济学研究领域的一个经典议题，有着很长的学术史。从西方经济理论流派减贫理论观点的提出到马克思主义反贫困理论的形成，再到精准扶贫理念的提出及中国实践，学术界对减贫与脱贫的理论认知和实务工作者对反贫困的实践探索不断深化，为新中国成立以来开展的大规模开发扶贫、扶贫攻坚、农村扶贫开发和精准扶贫方略的成功实施提供了重要的思想借鉴和方法指引。中国贫困的发生与消减，有着国情背景、历史发展阶段、时空分布、人文环境、社会结构等方面的特殊性，应立足于对全球减贫理论与实践一般规律的科学认知，开展中国特色的反贫困政策研究，丰富反贫困理论，为其他国家减贫事业、减贫理论贡献中国智慧、中国方案、中国路径。在中国的减贫实践进程中，产生了一种具有中国特色的贫困治理机制——对口支援机制。对口支援政策的产生与发展深深内嵌于中国特色社会主义制度环境之中，体现了社会主义的制度优势和"中国之治"的减贫智慧。

综观目前关于对口支援政策减贫效应的现有研究文献，总体上国外的直接研究成果较为鲜见，这主要是由于发达国家的援助多以带有附加条件或政治意图的国际发展援助为主，而其国内的发展援助实践形式与内容又与我国的对口支援大相径庭。既有研究为丰富发展援助与反贫困理论体系作出了重要贡献，也为本书奠定了良好基础，但仍存在需要深入探讨的以下几个方面：一是关于对口支援的起源、演化、性质的研究成果不断丰富，对对口支援政策效应的研究主要是从整体上考察对口支援政策产生的经济社会效应，而单独针对对口支援政策减贫理论作用机制及效应的研究才刚刚起步，相应地提升对口支援政策减贫效应的机制设计也尚未展开深入挖掘和独立研究。二是在数据受限的情况下，对贫困的衡量仍主要停留于传统的单维的收入或消费支出贫困而非多维贫困，关于对口支援政策减贫效应及作用机制的分析主要依靠定性方法和个案调查，实证分析较为不足。三是基于对口支援政策减贫效应充分发挥面临的突出问题，借鉴精准扶贫理念及其成功实践，探讨提升对口支援政策减贫效应的机制，则是尚未展开的研究。基于此，以既往文献为基础，基于中国对口支援实践，本书以减贫有效性为内核，先深入探究对口支援政策的减贫理论作用机制，揭示对口支援政策减贫的实践成效及典型模式。进一步地，基于手工搜集整理的宏观统计数据和实地调研获取的微观第一手数据，从宏观与微观两个层面对对口支援政策减贫效应及作用机制进行全面实证分析，揭示对口支援政策减贫的实际成效及内在作用过程，在此基础上，创新构建提升对口支援政策减贫效能的精准对口支援机制，并提出相应的实现策略，为接续发挥对口支援助力受援地区巩固拓展脱贫攻坚成果、推进乡村振兴和实现共同富裕提供科学的决策依据，并推动对口支援政策在国内其他地区和其他国家贫困治理中的推广与应用，为全球减贫贡献中国智慧。

| 第 3 章 |
对口支援政策减贫效应的相关概念界定

尽管对口支援政策实践较早，但相关理论研究却一直较为滞后。长期以来，无论是在实践层面还是在理论界，对对口支援相关概念的理解和应用都存在不少偏差，其根源在于学界缺乏对这些核心概念深入辨析和细致甄别，没有准确厘清概念的内涵和外延，以及使用的范围等，从而导致一些概念在一定范围内的混用、错用甚至滥用，这并不利于对口支援减贫的学术研究开展，也不利于应用对口支援研究成果更好地指导实践。基于本书的思路和目标，本章将系统梳理对口支援政策相关概念的既有文献观点，进而通过比较和甄别，并结合对口支援的实践特征，对本书涉及的对口支援、贫困、减贫效应等核心概念进行清晰合理的界定，以为后文的研究奠定基础。

3.1 对口支援相关概念辨析

3.1.1 支援与对口支援

从中文词义上讲，支援是指"援助或帮扶，

是用人力、物力、财力或其他实际行动去支持和帮助"[①]，或是指"以出资金、出力以及提供智力上的支持等方式帮助别人，支援与援助同义，两者可以通用"[②]。在《新帕尔格雷夫经济学大辞典》中，"支援"通常是指"把援助国政府的资源转移给贫困国家，主要目的在于帮助其发展"[③]。因此，遵照现有文献的一般用法，本书中支援与援助的含义一致，两者可以互换使用。支援或援助有不同的类型划分方法，按照援助范围划分，可分为国际援助和国内援助；按照援助提供的主体划分，可分为政府援助、企业援助、社会组织援助等；按照援助内容划分，可分为物资援助、资金援助、人才援助、技术援助等；按照援助领域划分，可分为产业援助、就业援助、教育援助、医疗援助等，本书中的支援亦包括这些类型划分。

援助的宏观和长期目标是促进受援地区的经济社会发展和区际关系协调，因而一般可将援助理解为"发展援助"。按照国际援助和国内援助两大类划分来看，国际援助一般就是指国际发展援助，主要是指"发达国家向发展中国家流动的转移支付，帮助发展中国家发展经济和提高社会福利的活动，促进受援国发展"[④]，是发达国家或地区对落后国家或地区的支援行为。国内援助则是指对一国范围内的问题区域[⑤]实施的发展援助，给予支援或帮助，以促进该区域的经济社会得到较快发展。国内援助是一国之内发达地区对欠发达贫困地区的人、财、物的资助，实施有效的国内援助是实现国家社会稳定、经济协调发展的有力措施。[⑥] 国内援助亦可称为国内发展援助，其形式多样，目前并没有确定的类型划分，从实践来看，国内发展援助通常以区域政策形式出现，又可划分为一般援助（一般支援）和对口援助（对口支援）两种类型。一般援助主要是指一国中央政府针对其国内问

[①] 中国社科院语言研究所语言编辑室：《现代汉语词典》，商务印书馆 2006 年版，第 1678、1744 页。

[②] 刘振铎：《现代汉语辞海》，黑龙江人民出版社 2002 年版，第 826 页。

[③] ［英］约翰·伊特维尔、［美］默里·米尔盖特、彼得·纽曼：《新帕尔格雷夫经济学大辞典》（第 2 卷），经济科学出版社 1992 年版，第 428~432 页。

[④] 李小云、唐丽霞、武晋：《国际发展援助概论》，社会科学文献出版社 2009 年版，第 2 页。

[⑤] 所谓问题区域（problem regions），也称为问题地区（problem areas），是指由中央政府区域管理机构依据一定的规则和程序确定的受援对象，是患有一种或多种区域病而且若无中央政府援助则难以靠自身力量医治这些病症的区域，问题区域至少可分为三类：落后区域、萧条区域、膨胀区域。参见张可云：《区域经济政策》，商务印书馆 2005 年版，第 13 页。

[⑥] 靳薇：《西藏：援助与发展》，西藏人民出版社 2010 年版，第 8 页。

题区域实施的安排财政资金拨款、抽调干部支援、优先供应物资等援助政策或行为。而对口支援一般是指一国中央政府主导下的国内地方政府之间实施的援助政策或行为，如我国已经开展的对口援藏、对口援疆、对口支援三峡库区、对口支援汶川地震灾区、对口支援湖北新冠肺炎疫区等。从本质上讲，对口支援是我国政府创新提出并付诸实施的一项重大区域发展援助政策，是具有中国特色的区域协作治理机制。对口支援与一般支援最大的区别在于，对口支援中援助方和受援方采取相对固定的结对支援方式，并且具有明确的工作运行机制，对口支援的具体领域与范围往往也具有指向性，而并非全面援助。

通过梳理现有文献发现，国外并没有出现与"对口支援"及"对口援助"相同或相似的词汇。"对口支援"一词是我国于 20 世纪 60 年代首次提出，并在 1979 年 4 月召开的第二次全国边防工作会议上正式提出，且通过中央文件以国家政策的形式正式确定下来。[①] 对口支援是在中国特定政治生态中孕育、发展和不断完善的一项具有中国特色的政策模式。[②] 事实上，从省际发展援助角度看，实施多年的对口支援具有横向财政转移支付的性质，主要表现在经济发达地区对上级政府指定的欠发达地区或民族地区给予人、财、物方面的帮助和支持，是一种基于财政平衡视角下的政府行为，其功能主要体现在对困难地区的帮扶，是中国特色的对口支援。[③] 囿于应用场域、研究背景和分析视角的差异，政府和学术界对对口支援的定义目前尚没有统一，但各种定义之间均有很多相似之处。国务院三峡建设委员会移民开发局（2001）曾给出的定义是：对口支援即结对支援，是区域、行业乃至部门间开展跨边界合作与交流的有效形式，通常泛指国家在制定宏观政策时为支持某一区域或某一行业，采取不同区域、行业之间结对形成支援关系。这一界

---

① 20 世纪 50 年代末，山西经纬纺织机械厂与曙光公社采取工厂包公社、对口支援的新形式；1960 年 3 月 20 日，《山西日报》发表了以"厂厂包社 对口支援—论工业支援农业技术改造的新形势"为题的社论，认为对口支援是一种工农结合、城乡接合、厂社协作的新形式；1960 年 3 月 23 日《人民日报》在转引《山西日报》的社论时强调："对于厂社对口协作这一新生事物，如何看到它的主流，扶植它健康地发展、壮大，是我们的一项政治任务。"参见钟开斌：《对口支援：起源、形成及其演化》，载《甘肃行政学院学报》2013 年第 4 期，第 15 页。

② 赵明刚：《中国特色对口支援模式研究》，载《科学社会主义》2011 年第 2 期，第56 页。

③ 伍文中：《从对口支援到横向财政转移支付：文献综述及未来研究趋势》，载《财经论丛》2012 年第 1 期，第 34 页。

定是官方较早正式提出并已得到了不少学者的认可，但因定义的背景是针对某一工程或者行业，因而未能全面概括不同领域对口支援的多元化丰富内涵。此外，钟开斌（2013）将对口支援视为一种中国特色的互助和跨界治理机制，是在国家和各级政府统一领导和组织协调下动员和组织地区与地区之间、部门与部门之间、行业与行业之间、单位与单位之间开展的支援与协作。王永才（2014）认为对口支援是经济发达或实力较强的一方对经济欠发达或实力较弱的一方实施援助的一种政策行为，而对口支援政策是指经济发达地区援助经济欠发达地区所依据和实施的一系列指导性、规范性文件的总称。

本书认为，我国早期实施的对口支援①只是在当时历史背景下对发达地区支援落后地区发展的一种特定称谓，在词语使用上具有较强随机性和宽泛性，并没有深入考虑"对口支援"背后隐藏的丰富内涵与外延，因而也并没有给出精准的内涵界定，与一般援助并无实质性差别。而直到1994年中央第三次西藏工作座谈会召开，中央将对口支援引入援藏工作之中，不仅将粗放、分散化的支援进行结对固定化，而且还确立了"分片负责、对口支援、定期轮换"的基本政策，由此对口支援才被赋予了特定的内涵，对口支援政策才正式确立，此后对口支援不断拓展应用于国家专项工程、应对危机事件等各个领域。自对口支援政策确立之后，通常所说的对口支援主要是指省际长期对口支援政策，即在中央主导下一个国家内部不同地区之间所形成的相对稳定结对支援，要求支援方与受援方结成的支援关系较为固定、细化并具有特定的工作机制，支援方通过物资、资金、人才、技术等方面的援助来促进受援方的经济社会发展。从国家治理的视角看，对口支援政策是中央政府高位推动的一种跨域协作治理机制。事实上，若从支援范围上看，截至目前，对口支援已形成了省际对口支援和省内对口支援两种政策实践形式，省际对口支援如对口援藏、对口援疆、对口支援三峡库区、对口支援汶川地震灾区、对口支援湖北新冠肺炎疫情地区等，省内对口支援如山东省内青岛对口支援菏泽、四川省内成都对口支援甘孜州等，此外还形成了卫生、教育、科技等

---

① 对口支援萌芽于20世纪50~60年代我国地方上实行的"城乡互助""厂社挂钩"，主要是城市工厂对农村公社的支援。对口支援政策在1979年4月召开的全国边防工作会议上被正式提出，此后得以确立并被应用于边疆民族地区，确立了部分省份之间省级层面上的对口支援关系。1979年之后，教育系统和医疗卫生系统的对口支援也陆续实施。

同行业之间的对口支援（如全国卫生系统对口援藏）等其他形式。若从支援内容来看，对口支援又可划分为常规对口支援（如对口援藏）、定向对口支援（如对口支援三峡库区）、应急对口支援（对口支援湖北新冠肺炎疫情地区）三种类型。由于对口支援的目标和任务不尽一致，对口支援的内容和时间长短也存在较大的差异性。总体上看，我国实施了有40余年的对口支援政策以省际长期的常规性对口支援为主，省际对口支援运行最为持久，影响也最为广泛，主要是由我国东中部发达省份对口支援西部欠发达省份。因此，本书中的对口支援政策主要是指地方政府之间常规的长期对口支援政策，而非短期定向或应急性对口支援政策。

3.1.2　援藏与对口援藏

在目前政府文件和学者们的研究文献中，"援藏"一般是作为"支援西藏""援助西藏"或"帮扶西藏"的简称。与此对应，"对口援藏"一般是"对口支援西藏""对口援助西藏"或"对口帮扶西藏"的简称。1980年召开的中央第一次西藏工作座谈会指出："发展西藏建设，仍然应当主要依靠西藏党政军和各族人民，艰苦创业，共同努力。同时，中央各部门也要加强对西藏工作的正确指导，并且根据实际需要和可能条件，组织全国各地积极给他们以支援和帮助"①，这是政府官方第一次将西藏作为整体支援对象的提法。而"援藏"的提法最早出现在1980年第一次中央西藏工作座谈会之后，主要是在一些文件和领导人讲话的简称中，如"援藏""全国援藏""援藏干部"② 等，此后得到广泛使用。③ 目前对援藏内涵的界定主要有两种不同的观点，争论的焦点在于国家对西藏的财政转移支付及直接投资是否应纳入援藏范畴。靳薇（2010）将援藏分为财政援藏、项目援藏、人才援藏三个方面，并认为中央对西藏的财政补贴是援藏的重要内容。其他很多学者虽然没有明确界定援藏的内涵，但在研究中均明确地把国家的财政补贴和投资行为列入

---

①　中共中央文献研究室：《西藏工作文献选编（1949—2005年）》，中央文献出版社2005年版，第392页。

②　援藏干部是指各支援单位选派的对口援藏干部人才，包括党政干部和专业技术人才（涉及医疗、教育、技术等领域）。

③　靳薇：《西藏：援助与发展》，西藏人民出版社2010年版，第50~51页。

了援藏范畴，如李曦辉（2000）、贺新元（2012）、谢伟民等（2014）。孙勇（2012）、王代远（2012）则一致认为，"国家投资建设西藏地方，不能说是援助，而是国家职能的体现"，并认为"真正意义上的援藏是内地各省区和有关国有企业对西藏的无偿支援，这种活动的基本性质体现为国家内部体系中基于平等的政治地位而进行的经济文化交流"。杨明洪（2014）基于国家一体化视角的分析认为，单一制国家内的纵向转移支付是不应划入一国之内的援助范畴，中央对特定区域实施的特殊优惠政策，通过加大转移支付的力度支持这些区域加快发展，是中央政府职能正常发挥的结果，本质上不能够归入"援助"的范畴，因而也不应将中央对西藏实施的高强度财政转移支付划入"援藏"范畴。

本书认为，"援藏"概念的内涵应有一般与特定之分。一般意义上的援藏，是基于区域发展差距视角，泛指中央针对国内存在长期贫穷落后等区域问题的西藏实施的财政拨款、财政补贴、优惠贷款、税收减免、基础设施建设投资、发展援助等一系列区域政策措施，以及私营企业、社会组织等给予西藏的无私支援。因而中央对西藏的财政补贴和投资建设支出都应纳入援藏范畴。事实上，自1951年西藏和平解放以来，中央财政补贴是西藏财政收入的主要来源，西藏财政对中央转移支付的依赖程度极高，离开了中央的财政支持，西藏的经济社会发展将会受到巨大影响。特定意义上的援藏是指内地各省份、中央国家机关、中央企业、私营企业、社会组织等对西藏的无私支援或援助，其中东中部发达省份是最重要的支援主体。这一界定主要是基于政府的经济职能视角，由于中央政府对于国内任何地区均存在财政转移支付和地方投资建设支出，而区域问题在空间分布上一般具有不平衡性，欠发达地区存在的区域问题通常更多，而其自身财力有限，出于国家一体化发展和区域协调发展考虑，需要中央政府给予更多的财力支持，因此中央对西藏的财力支持和投资建设支出并不适宜纳入援助或支援的范畴。从这个意义上来讲，特定意义上的援藏仅是指各支援方给予西藏的无私帮助，而并不包含中央对西藏的财力支持。我们认为，由于地方政府之间的援助不仅表现为支援方对受援方的直接帮扶，而且还表现为援受双方的深层次互动与合作，更能体现和代表援藏的属性和导向，而省际对口支援又是目前对口支援中的主要方式。基于此，本书中的援藏是指特定意义上的援藏，而非宽泛意义上的援藏。

对口援藏所具有特定的内涵，是指中央对西藏实施的对口支援政策，即对口支援西藏政策，是一项国家层面的区域发展援助政策。事实上，对口援藏是在援藏过程中央将对口支援引入后形成的，主要是指内地相对发达省市①、有关中央国家机关和部分中央企业对西藏实施的对口支援政策，即不仅形成了"支援省份－西藏受援地级市""支援地级市（中央企业）－西藏受援县（区）""中央国家机关－西藏自治区直属机关"的结对支援关系，而且支援方与受援方均有具体的工作机制。对口援藏政策正式确立于1994年7月召开的中央第三次西藏工作座谈会，这次会议不仅确定了"分片负责、对口支援、定期轮换"的支援西藏方式，而且要求全国15个省市对口支援西藏7个地市，中央各部委对口支援西藏自治区各部门。② 由此，对口援藏政策正式启动，从1995年开始各支援方开始实施了第一批对口援藏项目，对口援藏干部人才入藏工作并按照每三年轮换一次的基本原则进行支援。从对口援藏的内容上看，早期主要以项目、资金、物资等经济援助为主，随着对口援藏的深入开展，逐步形成了经济、教育、科技、人才、文化、医疗卫生等多层次宽领域的援助体系。从资金投入上看，对口援藏主要以实施对口援建项目为载体，以援藏的党政干部和专业技术人才为纽带。根据援藏内涵的界定，对口援藏是指中央政府主导下的内地省市、中央国家机关、中央企业对西藏实施的无偿结对帮扶政策，援受双方形成了相对固定的结对关系，援助内容、方式、范围、投入规模在实践中不断规范化、制度化。其中，从投入规模和影响上看，省际对口援藏占据一定主导地位。因此，中央对西藏实施的特殊优惠政策③和历年高强度的财政补贴并不属于对口援藏的范畴。如果单从资金来源与流向上看，省际对口援藏还具有横向财政转移支付的性质，这一点目前已基本得到学术界的认同。需要特别指出的是，关于对口援藏这一称谓在学界和实践中有多种理解，既可以作为一种政策，也可以被视为一

---

① 这里的"省市"是指省和直辖市（包括北京、上海、天津、重庆），在本书中均简称为"省市"。
② 乔元忠：《全国支援西藏》，西藏人民出版社2002年版，第49页。
③ 中央对对口支援给予一系列的特殊优惠政策，如国家增设对口支援专项基金；对对口支援双方在信贷指标中划出专项额度，专门用于对口支援项目并给予优惠；对到受援地区执行支援任务的人员给予工资和生活补贴方面的适当照顾，等等。参见温军：《中国少数民族经济政策稳定性评估（1949—2002）（下）》，载《开发研究》2004年第4期，第21页。

项制度化安排，还可以被理解为一种行为或行动，或是一种工作机制①。本书对此并不作特定区分，对口支援与对口支援政策、对口支援行为或行动均可以互换使用，均指代同一含义。本书中的对口支援主要被视为国家层面的一项区域发展援助政策。

3.2 对口支援政策减贫效应的内涵界定

3.2.1 贫困与减贫

贫困（poverty）作为一个多学科概念，是经济学、发展学、社会学、政治学、心理学等多个学科重要的研究议题。贫困是一种复杂的经济社会现象，其内涵及测度一直是学术界重点关注和饱受争议的研究命题，学术界对贫困理论内涵的界定并非一成不变，而是随着实践内涵的不断丰富发展而动态变化的。贫困概念内涵不断深化，由最初的收入的贫困，发展到能力的贫困，再扩展到目前的权利贫困②。一般而言，贫困是从个体或家庭角度来看待的，是一种物质匮乏现象，主要表现为生活资料的匮乏和基本生存状态的难以维持。③《英国大百科全书》将贫困定义为："一个人缺乏一定量的或社会可接受的物质财富或货币的状态。"世界银行（WB）在《1981 年世界发展报告》中定义的贫困内涵是："当某些人、某些家庭或某些群体没有足够的资源去获取他们那个社会公认的，一般都能享受到的饮食、生活条件、舒适和参加某些活动的机会，就是处于贫困状态。"发展经济学家阿玛蒂亚·森基于可行能力视角，认为贫困不仅仅只是收入低下，应该具有更广的含义，贫困的

①　从中央政府的角度来看，中央全面部署了对口支援西藏工作，对口援藏工作具有指导思想、基本原则、主要任务，对口援藏形成了相对稳定的工作机制。中央在西藏的政策可狭义地概括为"援藏政策"，"援藏政策"的实施途径与工作方法可归纳为"援藏机制"。参见贺新元：《中央"援藏机制"的形成、发展、完善与运用》，载《西藏研究》2012 年第 6 期，第 2 页。

②　郭熙保、罗知：《论贫困概念的演进》，载《江西社会科学》2005 年第 11 期，第 38 页。

③　［英］约翰·伊特维尔、［美］默里·米尔盖特、彼得·纽曼：《新帕尔格雷夫经济学大辞典》（第三卷），经济科学出版社 1992 年版，第 930 页。

真正含义是贫困人口创造收入能力和机会的贫困，贫困本质上是个人可行能力的剥夺，即人的发展权利和机会的丧失，是由于政府在收入上的工作缺陷和社会经济制度不公平（收入分配不公平）等而导致。[①] 根据贫困内涵的发展深化，在较低层次时，贫困主要表现为物质的匮乏，而在较高层次时，贫困还包括教育、健康、社会、情感、精神文化等各方面的匮乏以及面临风险时的脆弱性，如果从致贫原因角度来理解，贫困则是指对达到最低生活水准的能力的剥夺。[②]

对贫困的分类，从不同学科领域视角有不同的标准，如经济学视角下的物质贫困和社会学视角下的精神贫困。目前，国内外关于贫困主要有两种分类方式：一是主流的分类，即分为绝对贫困和相对贫困；二是分为单维（收入）贫困与多维贫困。绝对贫困与单维（收入）贫困、相对贫困与多维贫困分别又存在内涵与外延上的交叉重叠。绝对贫困作为经济视角下的概念，主要是指个人或家庭的收入不能满足基本的生存需要，也就是说处于绝对贫困线以下水平，一般是通过收入或消费支出来进行测度，这与单维的收入贫困存在重合。而相对贫困作为综合社会性意义上的概念，既是一种客观状态，也涉及主观体验；既反映经济收入与分配问题，也反映社会结构、社会排斥及社会心态问题，[③] 主要表现为个人或家庭的收入与社会平均收入水平的差距超过一定的标准（相对贫困线），即收入分配不均等程度。随着世界各国尤其是我国绝对贫困的消除，相对贫困目前已成为学术界正在探究的重要研究命题。

关于贫困内涵的争议还在于贫困衡量标准（或贫困识别）问题。从微观个体或家庭角度来看，对贫困的衡量，常用的方法是通过单维的收入或支出指标予以衡量，这主要是因为单一的收入标准较为简单，能够便捷高效地识别贫困人口，易于操作，而且识别成本较小，但贫困并不仅只体现在单一收入或支出上，还体现在教育、医疗、健康、就业、生活质量等多个维度（郭熙保和周强，2016）。贫困作为一个复杂的多维概念，不仅因为导致贫困的因

---

① ［印］阿马蒂亚·森：《以自由看待发展》，中国人民大学出版社 2012 年版，第 85 页。

② "城乡困难家庭社会政策支持系统建设"课题组：《贫困概念的界定及评估的思路》，载《江苏社会科学》2018 年第 2 期，第 28 页。

③ 向德平、向凯：《多元与发展：相对贫困的内涵及治理》，载《华中科技大学学报（社会科学版）》2020 年第 2 期，第 33 页。

素众多，也因为贫困的表现形式多样（Alkire and Foster，2011）。从动态的人的发展角度来看，人的贫困并不能仅从收入维度进行衡量，而应从人的可行能力和自由的多个维度进行考察（Sen，1999）。随着贫困理论与减贫实践的发展，从多维度衡量贫困已成为学术界的基本共识。由此，不同的机构和学者先后研究提出了以具体的多维度指标为测度标准和以能力为核心的贫困评价方法，如 Watts 法、HPI 指数法、MPI 指数法、A-F 测度法等。从理论上讲，随着贫困内涵的发展，对贫困全面而准确的测度应采用多维贫困测度方法，但由于多维贫困的测度较为复杂，尤其是非收入维度的测度不易操作，多维度贫困测度在实际的应用中还较为有限。

综上辨析，本书依据目前减贫研究中的一般界定，同时考虑到截至目前的对口支援政策减贫实践主要是在消除绝对贫困阶段，为便于分析比较对口支援政策的减贫效应，本书中的贫困主要是指采用收入（或消费）维度来测度的绝对贫困，这在本书宏观层面的各章实证分析中予以体现。但是，在基于微观实地调查获取的第一手资料减贫效应的分析中，这时的贫困主要是指包含收入、就业、教育、医疗、生活质量等内容的多维贫困。

减贫是世界各国发展中面临的首要任务，本书中的减贫主要是指针对在我国扶贫阶段减少受援地区的绝对贫困人口，但在脱贫之后的阶段则指代防止返贫、巩固脱贫成果和促进脱贫人群增收致富。从宏观层面上看，一个地区的贫困测度主要是依据收入贫困标准，以贫困发生率为核心测度指标，贫困发生率通常是指低于贫困线的贫困人口占地区总人口比例。贫困发生率取决于贫困线的确定，贫困线有国家标准和国际标准的区分。自 1978 年以来，我国分别于 1978 年、2008 年、2010 年制定了三条国家贫困线标准，贫困线分别经历了 2008 年、2010 年两次大幅度上调，目前仍在使用的是 2010 年的国家贫困线标准，即农村居民家庭年人均纯收入为 2300 元，在明确这一不变价为基数的贫困线标准后，需再根据物价指数的变动逐年调整按照现价计算的年度贫困标准，同一贫困线标准在不同年度之间的变化主要体现的是物价水平的变化，所表示的实际生活水平大致相当，而不同贫困线标准则代表了实际生活水平的差异。事实上，我国制定的农村收入贫困线也具有多维性，包括维持基本生活的食物和非食物消费支出（衣着、住房、交通、燃料、用品、医疗、教育和娱乐等）两个部分（罗必良，2020）。就国际贫困线而言，世界银行（WB）提出的人均每天 1 美元和 2 美元的标准被广泛使用。对于中国的贫困度量，从国内学者的研究来看，最常用的贫困线标准是 1 天 1 美元的国际贫困线和我国 2010 年开始使用的每人每年人均纯收入 2300 元国家贫困线，目前这两条贫困线的差距已缩小至大致相当，结合受援地贫困的现状，本书研究中的贫困标准仍沿用国家贫困线标准。

3.2.2 对口支援减贫效应的内涵

对口支援作为国家层面的一项区域发展援助政策，具有特定的功能和区域指向性。对口支援是中国政治优势和制度优势的重要体现，始终是中国扶贫开发的重要手段，在脱贫攻坚中再次被派上用场。[①] 在本书中，对口支援的减贫效应是指对口支援政策的实施对受援地区贫困减少（减缓）产生的作用效应，即对口支援在减贫实践执行中的政策效果，重点考察对口支援的减贫作用机制（传导路径）、减贫效应的程度大小和方向以及减贫效应的提升机制创新。分析对口支援的减贫效应，旨在揭示对口支援政策对受援地区贫困减缓的有效性。由于贫困的内涵是动态变化的，减贫效应的内涵也随之发生动态变化。以中国减贫进程来看，在消除绝对贫困阶段，对口支援的减贫效应主要是指对口支援政策对减缓绝对贫困的作用效应；在巩固拓展脱贫攻坚成果阶段，对口支援的减贫效应体现为促进脱贫人口和低收入人口持续增收，确保不发生规模性返贫；在全面推进乡村振兴和缓解相对贫困阶段，对口支援政策的减贫效应主要反映在通过对口支援的"先富帮后富"长效机制的作用，促进脱贫地区乡村的振兴发展，加快乡村脱贫人口和低收入人口实现收入可持续增长，缩小居民间收入差距和地区间发展的不平衡性，逐步缓解相对贫困并最终实现共同富裕的目标。因此，在我国农村消除绝对贫困、巩固脱贫攻坚成果、推进乡村振兴和解决相对贫困以及促进共同富裕的各个历史阶段，作为一项长期实施的区域政策，对口支援均可以发挥减贫效能，促进受援地的振兴发展。随着中国彻底消除绝对贫困、衔接推进乡村振兴，对口支援反贫困逐步过渡为巩固脱贫攻坚成果和接续推进乡村振兴。[②]

---

① 燕继荣：《反贫困与国家治理——中国"脱贫攻坚"的创新意义》，载《管理世界》2020 年第 4 期，第 215 页。

② 王禹澔：《中国特色对口支援机制：成就、经验与价值》，载《管理世界》2022 年第 6 期，第 81 页。

根据中国当前的减贫进程，在脱贫后阶段，为充分发挥对口支援政策的效应，需要总结分析对口支援政策在消除绝对贫困中发挥的作用效应，完善现行对口支援政策，创新提升对口支援政策减贫效应的机制，以接续发挥其效能。基于此，本书中的对口支援减贫效应主要是针对绝对贫困。在此前提下，减贫效应的大小可以通过贫困分析中已普遍采用的 FGT 贫困指数（Foster et al.，1984）的变动进行测度。我们假设同一个家庭中生活的人口具有相同的生活水平，在收入离散分布的前提下①，FGT 贫困指标可以表示为：

$$P_\alpha = \frac{1}{n} \sum_{i=1}^{q} \left(\frac{z - x_i}{z} \right)^\alpha, \ (\alpha = 0,1,2) \qquad (3-1)$$

在式（3-1）中，q 为贫困人口数，n 为全部人口数，z 为贫困线，x_i 为第 i 个人的收入水平，$z - x_i$ 代表收入缺口，α 表示社会贫困厌恶系数②。由此，当 $\alpha = 0$ 时，$P_0 = \frac{q}{n}$，即贫困发生率，表示贫困人口占全部人口的比例，测度贫困的广度；当 $\alpha = 1$ 时，$P_1 = \frac{1}{n} \sum_{i=1}^{q} \frac{z - x_i}{z}$，称为平均贫困距，通过测度收入与贫困线的差距（缺口）比例以反映贫困的深度，通常也称为贫困差距指数；当 $\alpha = 2$ 时，$P_2 = \frac{1}{n} \sum_{i=1}^{q} \left(\frac{z - x_i}{z} \right)^2$，称为平均平方贫困距，通过对贫困距的加权平均（权重为贫困距）反映贫困人口内部收入分配的差距（不平等程度），衡量贫困的强度，通常也称为贫困差距平方指数。因此，考察贫困广度（P_0）可以反映收入水平低于贫困线的人口占总人口的比例，考察贫困深度（P_1）可以反映贫困人口遭受贫困的程度，考察贫困强度（P_2）可以反映贫困人口内部的收入差距状况，有助于分析贫困人口中极端贫困人口的福利状况，各指数的测度数值越高，表示相应的程度越深。对口支援政策实施前后的 FGT 指数之差即可以衡量对口支援政策的减贫效应，记为 PR_α，表示为式（3-2）：

$$PR_\alpha = P_{\alpha A} - P_{\alpha B} \qquad (3-2)$$

---

① 在收入为连续分布状态下，$P_\alpha = \int_0^z \left(\frac{z-x}{z} \right)^\alpha f(x) \mathrm{d}x$，$x$ 为居民收入，$f(x)$ 为收入分布的密度函数，z 为贫困线，$\alpha = 0$、1、2，对应的 P_1、P_2、P_3 的含义与收入离散分布状态下一致。

② 社会贫困厌恶系数（α）主要用于表示对贫困人口中不同贫困程度人口的关注度，值越大，表明 FGT 指数对所有贫困人口中更为贫困的人口关注度越高。

基于此，本书在考察贫困人口和贫困发生率下降速度的基础上，将综合运用以上三个 FGT 指数，从贫困广度、贫困深度和贫困强度三个角度测度分析对口支援政策的减贫效应，而在实证分析中将以恩格尔系数、收入水平（或消费支出）等指标对对口支援政策减贫效应进行度量。

3.3　本章小结

本章对本书涉及的支援、对口支援、援藏、对口援藏、贫困、减贫、对口支援减贫效应等核心概念进行了甄别与辨析，在此基础上进行了内涵界定。首先，基于现有研究文献，对支援与对口支援、援藏与对口援藏这两组核心概念进行了辨析与比较，进而界定本书中这些核心概念的具体内涵。其次，梳理借鉴关于贫困的既有研究成果，对贫困与减贫的内涵进行了清晰厘定。在此基础上，对本书的核心概念——对口支援的减贫效应进行了明确界定。由于贫困概念的动态发展和反贫困任务的变化，对口支援政策减贫效应的内涵也是动态变化的，主要表现为：随着我国反贫困阶段性任务的变化，从对口支援减少贫困人口单维的收入贫困，以实现消除绝对贫困的目标，后到促进脱贫人口和低收入人口稳定持续增收，防止规模性返贫，以巩固拓展脱贫攻坚成果，再到缓解相对贫困和全面推进乡村振兴，直至最终促进受援地区与全国一道实现共同富裕。后文的研究正是在本章概念内涵界定的基础上全面展开的。

第 4 章

对口支援政策减贫理论作用
机制及其实践解析

对口支援作为国家层面的一种政策行为，对
对口支援政策减缓贫困的研究，首先应对对口支
援政策减贫的内在理论作用机制进行深入剖析与
阐释。本章立足于对口支援既有实践和相关理论，
分别从整体与局部视域尝试对对口支援政策减贫
的传导路径进行理论解析，并以对口援藏为例，
基于对口援藏实践中产生的典型案例进行初步的
佐证分析，为后文进一步的实证分析奠定基础。

4.1 对口支援政策减贫作用
机制的理论分析

4.1.1 整体视域下对口支援政策多维
减贫作用机制分析

自 1979 年对口支援政策正式提出以来，加快
边疆少数民族地区建设、兴边富民就成为其主要

目标，政策实施的初衷旨在通过对加大对边疆地区的帮扶和支援，使边疆地区加快发展、尽早实现富裕。然而，面对边疆地区贫困面广、贫困发生率高和脱贫难度大的现实，要加快当地全面建成小康和振兴致富，首要任务就是要实现全面脱贫。鉴于此，对口支援政策从实施之初就将实现边疆地区贫困群众的脱贫作为首要任务。至 20 世纪 90 年代中期，我国开始实施了规模宏大的东西部扶贫协作战略，并把对口支援政策的经验方法引入扶贫政策，至此，对口支援与扶贫更加紧密地结合在了一起，可以说，对口支援政策从我国政府提出之时开始，就一直将减贫与脱贫摆在政策目标的首要位置。那么，对口支援政策究竟是如何实现减贫作用效应的呢？通过梳理既有文献，尚鲜见学术界有专门探讨对口支援政策减贫作用机制的研究，仅有极少数学者的研究涉及对口支援政策产生的减贫效应及作用路径，如刘金山和徐明（2017）、徐明和刘金山（2018）将 19 省市对口支援新疆政策作为一次自然实验，采用双重差分法、三重差分法、中介效应等方法，实证分析了省际对口支援政策的经济绩效和影响机制，发现对口支援政策显著促进了新疆的经济增长，且这一政策的有效性在新疆经济条件较好的地区更为明显，同时对口支援政策也抑制了受援地区的城乡收入差距扩大；省际对口援助政策可通过"引致劳动力产业转移机制"和"提升受援地人均财政支出规模机制"对受援地区经济绩效产生传递效应。鉴于此，本书欲尝试对对口支援政策的减贫作用进行理论探讨。从财政资金流向角度来看，对口支援具有财政转移支付的性质，而公共转移支付的减贫作用已被较多学者证实（Agostini and Brown，2011；樊丽明和解垩，2014；解垩，2017；陈国强等，2018）。本书认为，促进贫困地区经济增长是实现其减贫的重要基础，而对口支援政策可通过省际横向转移支付等渠道提升受援贫困地区的经济发展条件，从而促进该区域实现减贫。其次，以省际对口支援来看，承担支援任务的地方政府和受援的地方政府出于中央政府的支援效果监督考核压力以及支援方政府之间、受援方政府之间政绩竞争的压力，更为重视受援地的基础设施建设和公共服务水平等民生领域，而通过省际对口支援实现省际的横向转移支付增加了受援地的财力，因此，通过对口支援能够促进受援地基础设施和公共服务的改善。基于以上分析，基于发展援助、区域政策、产业发展、转移支付等理论，本书认为，若从整体视域考察，对口支援政策主要通过促进受援地经济增长和改善受援地福利水平两条路径实现减贫。

一是从宏观层面上讲，受援地作为一个区域经济系统，其经济增长取决于资本、劳动力、土地等要素投入和将生产要素转化为产出的能力（技术水平或全要素生产率）。对口支援政策产生的直接效应在于：将外部的资本、技术、信息、知识、管理等要素向受援区域内输入。事实上，对口支援作为政府投资的一种重要形式，不仅是一种外部资本注入，还带来了技术、人力资本、市场理念和发展精神等一揽子要素，促进投资效率的提高（陈志刚，2005）。按照经济增长的一般理论，对口支援的要素投入会产生直接的增长效应，促进受援地的经济产出规模的扩张。尤其对于受援地而言，其初始经济发展水平一般较低，基本上是经济欠发达地区（如西藏、新疆），处于资本积累的初始阶段，对口支援带来的大规模要素投入，在边际产出递减规律和规模经济效应的作用下，会引致受援地更快的经济增长。从中观层面上讲，受援地可以利用援助项目的投入提升本地区的要素禀赋结构，利用支援方先进的技术和人才干部资源，通过技术引进和制度模仿，促进产业结构变迁和生产技术升级（刘金山和徐明，2017），这对受援地的产业发展和技术进步产生积极作用。从微观层面上讲，对口支援搭建了受援地企业与支援方企业之间经济交流与合作的新平台，一方面不仅降低了受援地企业对外学习的成本，而且通过援受双方的合作促进了支援方先进的技术和管理经验等向受援地外溢，从而提升受援地企业的生产率和技术水平；另一方面有利于加快受援地企业"走出去"的步伐，促进受援地企业扩大对外投资和对外贸易，融入全球价值链分工体系，加快受援地企业的规模扩张和效益提升，促进受援地企业经济增长。因此，从不同层面来看，对口支援政策的实施均能对受援地产生增长效应，随着受援地的经济增长，贫困人口的收入水平也会普遍增长（"涓滴效应"），同时经济增长为贫困人口提供了更多和更好的就业和创收机会，促进其增收脱贫。这一减贫效应的传导路径为："对口支援—经济增长—收入增长效应—减缓收入贫困"。

二是通过对口支援政策公共支出效应产生的减贫作用。从财政转移支付的角度看，政府之间的对口支援本身就具有横向财政转移支付的性质，对口支援政策的实施，增强了受援地的公共财政供给能力和范围，有效促进了受援地的公共支出力度加大，进而提升受援地的基础设施建设水平和公共服务水平，对保障和改善城乡居民的就业、教育、医疗、健康、生活质量等基本福利具有重要的推动效应。具体来讲，推动效应包括对口支援对受援地基础设施建设投资产生的带动效应和公共服务保障效应。一方面，受援地的交通、通信、农林水利等生产性基础设施一般较为落后，而这些基础设施建设通常需要大量的资本投入，而对口支援的资金投入主要用于改善受援地的基础设施建设，基础设施的不断完善带动了受援地具有比较优势的产业发展，从而促进受援地经济发展和贫困人口福利的改善。另一方面，对口支援资源投入教育、医疗、科技、生活设施等领域产生的保障效应，增强了公共支出的范围和发挥的作用，提升了受援地的社会保障水平，进而提升受援地贫困群体的受教育水平、健康状况、生活质量和幸福感受，不仅可以直接改善受援地贫困群体的福利和分配状况，减缓非收入维度的贫困，还能间接助推收入贫困的减缓，同时也有助于缩小受援地居民的城乡区域收入差距。这一减贫效应的传导路径为："对口支援—公共支出增长—基础设施建设投资带动效应和公共服务保障效应—减缓非收入贫困"。

整体上看，对口支援政策主要通过经济增长效应、公共支出效应这两条动态作用路径来分别减缓收入贫困和非收入贫困，其中经济增长效应主要是对贫困人群的收入贫困产生减贫效应，而公共支出效应主要通过带动产业发展和公共服务水平提升，进而对贫困人群的就业、教育、医疗、健康、住房、生活质量等非收入维度的贫困产生影响，但同时也能够间接发挥减缓收入贫困的作用。此外，对口支援政策需根据减贫效应的发挥程度进行动态调整和优化，从而不断提升对口支援政策的减贫效应，在防止规模性返贫和推进受援地振兴致富中充分发挥对口支援政策的减贫作用。整体视域下对口支援政策减缓多维贫困的作用机制见图 4 – 1。

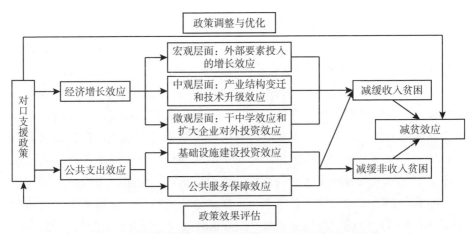

图 4 – 1　整体视域下对口支援政策减缓多维贫困的作用机制

4.1.2 对口支援政策减缓收入贫困的具体作用机制分析

从多维贫困视角审视，由于教育、医疗、住房、健康、生活质量等非收入贫困尚没有统一的度量标准，且量化较为困难，而就中国目前的减贫进程来看，2020 年已全面消除绝对贫困和解决了"两不愁三保障"① 问题，但其他非收入维度的贫困和相对贫困等问题还没有解决，并且脱贫人口仍面临返贫风险，脱贫地区自我发展能力仍需持续增强。因此，促进脱贫人口实现持续增收仍是重点工作。基于此，有必要厘清对口支援政策减缓收入贫困的具体作用机制，为接续发挥对口支援政策的作用效应提供理论支持。若仅从单维的减缓收入贫困视角看，从理论上而言，对口支援政策可能会从多个路径对受援地区的收入贫困产生影响。贫困户家庭收入主要来源于工资性收入和经营性收入，转移性收入和财产性收入占比相对较少，对口支援政策拓展了贫困家庭的收入渠道。本书认为，对口支援政策的减贫作用传导路径主要包括产业发展效应、就业效应、人力资本效应和贸易开放效应等四个具体作用机制。

（1）产业发展效应。这一减贫效应的具体作用机制为："对口支援—促进受援地产业发展—提升贫困人口家庭经营性收入和工资性收入—减缓收入贫困"。一般来说，受援地的贫困人群主要是当地的农村居民，而产业帮扶作为对口支援政策的核心内容之一，一方面可以通过产业支援项目为载体，给予受援地产业发展资金、生产技术、技能人才等资源，支援欠发达地区农林牧渔等产业中具有特色优势的产业发展，从而促进受援地特色产业增产增收，由此能够直接提升贫困农户的家庭经营性收入；另一方面可以通过支援受援地的工业、服务业等非农产业发展，为受援地提供更多就业岗位，增加当地贫困农户工资性收入，从而实现增收脱贫。以对口援藏为例，农牧业作为西藏基础产业和特色产业，各对口支援省市因地制宜不断加大援助农牧业发展力度。例如，上海援藏工作队在日喀则市拉孜县创办拉孜农业技术示范园，并从上海选派技术员入藏，免费让农牧民到园中学习温室栽培技术，免费给农民送苗、送技术；广东援藏工作队在林芝市引进实施高集装箱恒温养

---

① "两不愁三保障"是指稳定实现农村贫困人口不愁吃、不愁穿，义务教育、基本医疗、住房安全有保障，是贫困人口脱贫的基本要求和核心指标。

鱼、有机肥生产加工厂等产业扶持项目；山东援藏工作队将高原温室蔬菜种植打造成带动日喀则市白朗县群众脱贫致富最重要的产业，成功树立了"西藏蔬菜看白朗"的品牌，在日喀则市桑珠孜区边雄乡引进青岛农业新技术培育发展"萝卜小镇"；天津帮扶昌都拓宽产品销售渠道，将昌都农副产品进行加工和品牌包装后，打入京津冀大市场销售。又如，湖北引进的巴山农牧生猪养殖项目是西藏目前最大的生猪养殖基地，2018年完成投资1.04亿元，除扩大本地生鲜肉供应外，还带动西藏本地200余名贫困群众就业，年增收近600万元。[1] 湖北推动支柱企业到西藏山南投资兴业，实施的产业支援项目——西藏华新公司创立初期的2004年共有员工200余人，其中有160余人都是从西藏本地招聘，近一半是藏族劳动力。[2] 根据本书课题组2020年入藏实地访谈调查，多数对口援藏干部认为，产业支援对西藏贫困农牧民收入提升产生了最直接的作用。

（2）就业效应。不同于第一种作用机制，提升农户收入进而实现减贫的第二条传导路径是对口支援产生的就业效应。具体表现为："对口支援—增加贫困人口就业机会—提升贫困人口工资性收入—减缓收入贫困"。具体来看，这一路径至少又可以通过三条分路径实现增加贫困人口就业机会：第一条分路径是对口支援通过实施城乡基础设施援建项目，可以为贫困人口直接提供参与项目建设的就业岗位，进而能够增加贫困人口在本地就业的机会；第二条分路径是对口支援对本地非农产业帮扶和引进外地企业在本地投资建厂，能够为贫困人口创造本地更多就业渠道和岗位；[3] 第三条分路径是各支援单位通过东西部劳务协作、招聘吸纳受援地高校毕业生等方式，可以直接转移受援地贫困人口及其子女到内地务工就业，从而促进受援地贫困家庭实现就业增收。基于以上路径，对口支援可以通过增加贫困人口就业机会和工作岗位进而提升其工资性收入，从而实现减缓收入贫困。以对口援藏为例，2014年全国对口支援西藏20周年电视电话会议提出，对于点多面广且技术难度不大的援建项目，同等条件下优先安排西藏本地的施工队伍，既保障工

---

① 庄辉锦：《藏汉一家亲　建设新山南——湖北省第八批援藏工作综述》，载《民族大家庭》2019年第5期，第54页。

② 张辉：《"华新模式"：飞出雪域高原》，载《湖北日报》2008年12月9日，第5版。

③ 第二条分路径与产业支援产生的就业带动效应具有一定的交叉重合，两者都可以通过促进引进推动受援地外企业到受援地投资，从而产生就业增收效应。

程质量，又锻炼本地施工队伍，拓宽农牧民增收渠道。[①] 2017 年，湖南省加强对山南市农业、科技技能培训，推进产业发展，扩大就业渠道，在农业、科技方面累计转移就业 900 人，在隆子县通过教育培训实现转移就业 459 人，在隆子、贡嘎、扎囊、桑日等县启动内地技能培训班，安排贫困群众就业400 余人，通过招商引进湖南晏子青稞食品生产项目，总投资 1.6 亿元，直接安排当地 300 多人就业；2017 年浙江省出台实施意见，支持包括西藏等对口支援地区高校毕业生到浙江基层就业创业，在税费减免、小额担保贷款、社保补贴、创业奖励等方面可同等享受系列优惠政策。[②]

（3）人力资本效应。贫困人口由于长期处于低水平物质均衡状态，致使其人力资本禀赋积累严重不足（王瑜和汪三贵，2016）。阿玛蒂亚·森认为，贫困本质上是基本可行能力被剥夺，人力资本水平低下是导致贫困人口能力不足的主要原因。人力资本的提高不仅可以通过提高劳动生产率增强贫困家庭增收的可持续性，还可以保证其面对突发外部冲击时灵活运用自身技能降低损失，迅速恢复到原有状态（程玲，2019）。长期来看，人力资本的积累是预防因病致贫和返贫、阻断贫困代际传递、缓解相对贫困的内生动力（蔡昉，2020）。因此，本书认为对口支援政策可以通过提升贫困家庭人力资本进而实现减贫。这一作用机制的具体路径为："对口支援—提升贫困人口受教育程度—提升贫困人口人力资本水平—增强贫困人口增收能力—减缓收入贫困"。一般来看，受援地的教育水平较为落后，而对口支援的重点工作之一就是促进受援地受教育水平的提升。通过教育对口支援的资金、人才投入，受援地教育硬件和软件设施得以明显改善，从而能够明显提升受援地人口的受教育程度，而贫困人口在教育支援政策下能够更为受益，受教育水平能得以明显提升，进而提升其人力资本水平和就业能力，更容易获取工作机会和劳动收入，最终实现减缓收入贫困。以对口援藏为例，各支援单位一直将帮扶受援地建设学校基础设施和提供人才智力支持作为重点领域。比如，"十三五"期间，浙江省投入教育援藏资金 3.1 亿元，重点实施那曲市浙江中学教职工周转房、那曲市色尼区第二中学、乡镇中心小学供暖工程等项目

---

① 本报评论员：《改进援藏项目和资金管理》，载《西藏日报（汉）》2014 年 9 月 10 日，第1 版。

② 西藏自治区地方志办公室：《西藏年鉴 2018》，西藏人民出版社 2019 年版，第 173、179 页。

建设。① 山东将教育援藏作为对口支援重要内容，1995~2019 年先后共选派九批次 840 名教师入藏支援，累计投入援藏资金 50.4 亿元、实施项目 1442 个，建成了日喀则市职业技能公共实训基地以及昂仁县、聂拉木县、南木林县的职教中心等一大批援藏项目。② 根据实地访谈调查，不少对口援藏干部认为，教育对口支援与产业对口支援同等重要，是促进西藏贫困农牧民获取就业机会，实现就业增收的最直接有效方式之一。在中央一系列特殊政策和各省市的支援下，2018 年西藏小学净入学率和初中、高中、高等教育毛入学率分别达到 99.5%、99.5%、82.3% 和 39.2%，人均受教育年限达到 9.55 年③，"十三五"时期西藏教育"五个 100%"④ 已全面实现。

（4）贸易开放效应。在经济全球化和区域经济一体化发展趋势下，随着中国对外开放程度的不断提升，西部欠发达地区也逐步融入对内对外开放进程中。其中，通过开放能够促进欠发达地区旅游业的发展，主要体现在为受援地区尤其是乡村发展旅游产业提供规模庞大的消费需求，由此促进乡村贫困群体通过提供旅游住宿、餐饮、购物、休闲娱乐等服务增加家庭经营收入，从而实现脱贫。此外，通过扩大贸易开放，不仅能够增加受援地企业与国内外其他地区企业的进出口贸易额，还能吸引受援地区外的企业到本地投资建厂，这都将增加吸纳本地低收入劳动力就业，从而促进其增加工资性收入，实现增收致富。基于此，本书认为这一作用机制的具体路径为："对口支援—扩大贸易开放—乡村旅游产业发展和促进本地劳动力就业—增加贫困人口家庭经营性收入和工资性收入—减缓收入贫困"。以西藏为例，中央第五次西藏工作座谈会提出"把西藏建设成为重要的世界旅游目的地，做大做强做精特色旅游业"。国家旅游主管部门和全国对口援藏省市长期高度重视西

① 西藏自治区地方志办公室：《西藏年鉴 2018》，西藏人民出版社 2019 年版，第 172 页。
② 常川、冯骥、蒋翠莲：《山东·西藏对口支援工作座谈会召开》，载《西藏日报（汉）》2021 年 8 月 4 日，第 1 版。
③ 李德成：《超越梦想 奋进如歌——民主改革 60 年西藏的腾飞巨变》，载《光明日报》2019 年 3 月 30 日，第 3 版。
④ 即中小学双语教育普及率 100%、小学数学课程开课率 100%、中学数理化生课程教学计划完成率 100%、中学理化生实验课程开出率 100%、职业技术学校国家目录规定课程开出率 100%。"五个 100%"教育目标是西藏基础教育重点工程的主要内容，于 2016 年正式确定，西藏将继续发挥内地教育人才"组团式"援藏的作用，推进教育教学改革，加快补齐教育"短板"。参见《2020 年西藏自治区政府工作报告》，西藏自治区人民政府办公厅，http://www.xizang.gov.cn/zwgk/xxfb/zfgzbg/202003/t20200302_133323.html。

藏旅游发展，不断加大政策扶持、资金投入、项目落实、人才援藏等力度，不仅极大地促进了西藏旅游业的发展，而且密切了内地各省市与西藏各受援地的交流联系，提升了各地人群入藏的旅游需求。① 西藏天然拥有丰富的旅游资源，近年来旅游业已成为西藏经济发展的支柱型产业。"十三五"期间，西藏累计接待国内外游客 15763.26 万人次，完成旅游收入 2125.96 亿元，分别是"十二五"同期的 2.3 倍和 2.4 倍，旅游经济在西藏国民经济总收入中占比达到 33.3%；各援藏省市和西藏本地旅游企业针对乡村开展结对支援，打造具备旅游接待能力的乡村旅游点 300 余个，家庭旅馆达到 2377 家，2016 ~ 2020 年通过旅游产业带动 2.15 万户、7.5 万建档立卡贫困人口实现脱贫，完成旅游带动 7.2 万贫困人口的脱贫目标。② 西藏旅游重点突出乡村旅游发展，2020 年乡村旅游接待游客 1061 万人次，实现收入 12.17 亿元，旅游业带动农牧民转移就业 25.9 万人次，实现总收入 6.3 亿元。农牧民直接和间接参与乡村旅游就业 8.6 万人次，人均实现收入 4300 余元。③

综上分析，对口支援政策至少可以通过产业发展效应、就业效应、人力资本效应、贸易开放效应四条传导路径对受援地收入贫困减缓产生促进作用，但这些作用机制产生的减贫成效究竟如何，仍需要通过实证检验进行全面考察。对口支援政策减缓收入贫困的具体作用机制见图 4 - 2。

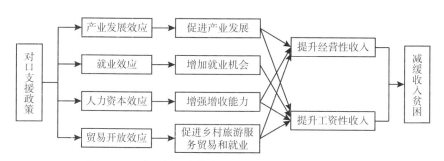

图 4 - 2　对口支援政策减缓收入贫困的具体作用机制

---

① 高启龙：《旅游援藏助推旅游业跨越式发展》，载《西藏日报（汉）》2014 年 10 月 3 日，第 1 版。

② 徐驭尧：《西藏"十三五"接待游客近 1.6 亿人次》，载《人民日报（海外版）》2021 年 5 月 6 日，第 2 版。

③ 贾华加：《"十三五"期间西藏累计接待游客 1.5 亿人次》，中国西藏网，http://www.tibet. cn/cn/news/yc/202104/t20210424_6996085.html。

4.2 对口支援政策减贫作用机制的实践解析： 基于对口援藏案例

在对口支援政策长期实践过程中，已经产生了多种类型支援减贫的典型案例，这些案例可以初步证明和揭示对口支援政策产生减贫效应的多条传导路径。基于此，在对口支援政策减贫理论作用机制的分析基础上，本小节以对口援藏为案例，采用具体的案例研究方法对对口支援政策各条减贫传导路径及其效应进行解析，从实践角度为对口支援政策减贫理论作用机制分析结论提供支撑。需要特别指出的是，除西藏外，对口支援政策已在西部地区多个省份（如新疆、青海、云南等）的部分地区实施，其减贫路径创新的实践探索从未停滞，产生的案例亦多种多样，本书认为符合对口支援政策减贫的内在逻辑，并且在西部欠发达地区尤其是脱贫地区具有普适性和一般性的案例，才可能具有重要的示范和推广价值。基于以上考虑，本书基于多次入藏实地调研和访谈考察，选取符合以上要求并具有典型代表性的对口援藏案例进行深入解析，案例资料主要是根据对案例地点和企业的实地考察、访谈调查、文献资料和网络资料整理而得，部分资料由西藏自治区人民政府发展研究中心提供，多样化的数据来源渠道保证了案例资料的可靠性和完整性。①

4.2.1 产业发展减贫案例：产业援藏的"华新模式"

1. 湖北对口支援山南的"华新模式"：产业援藏的典型

作为对口援藏政策的核心内容和重要方式，产业支援是增强西藏自我发展能力和促进西藏经济社会发展"造血"机制形成的最重要举措之一。1994

---

① 案例资料及相关数据主要由本书课题组 2020 年 7 月入藏实地调研和访谈考察时所获取的第一手资料和笔记资料整理而得（部分资料来自课题负责人于 2013 年和 2014 年两次入藏调研时获取），其他背景资料来源于搜集整理现有研究文献和相关网站报道资料，下文不再一一说明。

年中央第三次西藏座谈会正式做出了对口援藏政策安排，并确定由湖北、湖南两省共同对口支援西藏山南地区①。山南是隶属于西藏自治区的地级市，地处西藏中南部，喜马拉雅山脉东段，属藏南谷地，以高原为主体，2020 年山南市常住人口为 35.4035 万人。山南是西藏重要的产粮区，长期以传统农牧业生产为主，改革开放初期，西藏的工业基础十分薄弱、产业规模很小、信息化水平极低，现代工业体系基本上处于空白。湖北承担对口支援山南的任务后，为拓宽援藏渠道，改变过去直接的资金和物资的支援，通过考察调研和科学论证，确定把产业援藏作为支援工作的突破口和主攻方向，提出并实施以经济合作和项目建设为核心的产业援藏新模式，围绕山南产业发展需求打造一批重点援藏项目。2002 年 8 月，湖北省委、省政府提出推进湖北大型国企华新水泥股份有限公司（以下简称"华新公司"）在西藏投资办厂、为山南经济发展提供持续增长动力的新思路，由此正式拉开了产业援藏"华新模式"的序幕。华新公司是水泥行业具有百年历史的龙头企业，是我国水泥行业最早的企业之一，被誉为"中国水泥工业的摇篮"，公司为国内 500 强企业，具有很强的技术、设备和管理优势。2003 年 7 月，华新水泥与山南兴业水泥厂达成合作建设日产 1000 吨级新型干法水泥生产线项目协议，总投资 1.6 亿元，由华新公司控股 60%，兴业水泥厂控股 40%，由此，作为湖北产业援藏项目的华新水泥（西藏）有限公司（以下简称"西藏华新公司"）在山南市桑日县开始筹建，成为西藏自治区成立以来最大的内地援藏项目，也是迄今为止单体投资最大的产业援藏项目。2004 年 7 月，公司日产 1000 吨水泥生产线项目正式开工建设，公司第一、第二、第三期生产线项目分别于 2005 年、2010 年、2018 年竣工投产运营。截至 2018 年底，西藏华新公司累计实现工业产值 70.76 亿元，向当地上缴税收 10.66 亿元，成为山南第一税源大户。② 华新公司不仅将资金、先进的技术和管理经验输入西藏，促进了山南的工业经济发展，还带动了当地贫困人口通过就业等途径实现脱贫致富，由此开创了闻名全国的"华新模式"，多次得到中央领导的肯定，并被社会各界誉为由"输血"变"造血"的产业援藏典范。

---

① 2016 年 2 月，国务院批复西藏自治区撤销山南地区，设立地级山南市。
② 刘枫：《企业"联姻"促双赢——湖北省对口支援山南市水泥产业发展综述》，载《西藏日报（汉）》2019 年 3 月 7 日，第 11 版。

2. "华新模式"减贫的经验路径

一是遵循市场经济规律，支援方通过引导推动实力企业进入受援地投资建厂，依托产业直接投资，促进资金、技术、管理经验、信息等要素向受援地流动，促进受援地产业发展，由此直接增加受援地就业岗位，带动受援地贫困人口就业增收。华新公司响应对口援藏政策，根据企业扩大生产规模和区域布局的战略需要，在西藏山南市桑日县与当地兴业水泥厂合作，直接投资建立子公司西藏华新公司。该项目启动之前，山南仅有山南兴业、雅砻江立窑式两家水泥厂，年产水泥16万吨，技术落后且能耗高，华新公司入驻山南后，以资金、先进的技术、管理和经营模式推动西藏华新公司发展，一期投产运行后年产水泥就达到30万吨以上，同时也降低了西藏整个地区的水泥价格和建筑工程成本，水泥价格从800多元每吨降至400多元每吨，华新水泥的供给已遍及西藏7个地市，广泛用于西藏工程建设中。① 这不仅直接为受援地增加了就业岗位，而且也降低了西藏农牧区基础设施建设的经济成本。

二是强调"参与式支援"理念，产业支援项目重心向农牧区和农牧民倾斜，让受援地贫困农牧民切实受益。西藏是一个农牧民人口占绝大多数的省份，农牧民人口占总人口比重长期在80%左右，而大多数农牧民长期处于贫困，以往的产业支援项目往往存在"重城市、轻农村""政绩工程""面子工程"等问题②，西藏华新公司突出民生导向，以满足当地农牧民需求和改善农牧民生活水平为出发点，在项目施工、竣工、运营、后续管理等过程中，让受援地基层干部和农牧民广泛参与项目建设，在就业岗位和技能培训等环节，照顾受援地农牧民尤其是贫困人口的利益，促进农牧民尤其是贫困人口从中切实受益。例如，华新公司积极参与2016年西藏实施的"百企帮百村"扶贫行动，至2018年底已累计实施扶贫项目7个。③ 受援地很多农牧民不仅在公司做了员工、技术骨干，不少成长为公司的技术能手、工程师和

---

① 杨明洪、项晓峰：《对口援藏的"华新模式"调查与分析》，载《民族学刊》2015年第1期，第41页。

② 王磊：《对口援藏有效性研究》，中国社会科学出版社2016年版，第70页。

③ 刘枫：《企业"联姻"促双赢——湖北省对口支援山南市水泥产业发展综述》，载《西藏日报（汉）》2019年3月7日，第11版。

中高级管理干部，他们的技术技能水平得到提高，旧社会观念也逐步得到改变。①

三是充分发挥产业关联效应，带动受援地工业原材料产业链上下游协同发展，为受援地农牧民创业就业提供更多渠道和机会。山南市矿产资源丰富，劳动力成本较低，但因地方经济发展长期滞后，市场经济不发达，市场体系不健全，农牧区的广大农牧民缺乏务工就业和创业的条件和环境。西藏华新公司投产运营后，有效带动了受援地采矿、电力、运输、商贸、服务等关联产业发展，为农牧民增加工资性收入创造了有利条件，随着农牧民市场经济观念的增强，更多的农牧民通过外出务工或创办小微服务企业，依靠勤劳脱贫致富。课题组在山南市实地调研中发现，山南市的餐饮业、运输业近些年发展速度较快，不少农牧户家庭在当地县城、乡镇开办餐馆的过程中逐渐融入了城镇，成为城镇居民。

3. 产业援藏"华新模式"的减贫有效性

从目前的援助成效上看，湖北产业援藏的"华新模式"，应当说是相当成功的。遵循市场经济规律，通过援藏政策引导内地大型企业到受援地投资当地需求缺口较大的产业，促进本地生产能力和生产技术水平提升，以创造低收入农牧民群体的就业岗位提升其家庭经营性收入增长，在受援地产生了丰厚的经济、社会、生态、文化等多方面效益，在推动产业对口支援向产业对口合作转化过程中实现了多元主体的"共赢"。

从减贫角度来看，湖北援藏"华新模式"产生的有效性主要体现在：一是以产业援藏项目为载体，在市场供求机制作用下，通过引导社会资本进入，能够有效破解长期以来援藏资金供给相对受援地需求缺口较大的问题，提高援藏资源使用效率，促进受援地经济发展，从而提升人均生活水平，发挥经济增长减贫效应。截至 2020 年底，华新公司累计生产水泥 1700 多万吨，实现工业产值近 100 亿元，向当地上缴税收 17.8 亿元。2004～2019 年山南市生产总值由 19.05 亿元增至 187.77 亿元，其中第二产业产值占地区生产总值的比重由 34.92% 升至 49.15%，人均地区生产总值由 5917.24 元增长到

① 杨明洪、项晓峰：《对口援藏的"华新模式"调查与分析》，载《民族学刊》2015 年第 1 期，第 42 页。

49077.36 元。① 二是产业援藏项目重点向改善受援地民生和扶贫领域倾斜，通过直接创造和间接带动，重点提供给当地贫困农牧民和低收入群体更多就业岗位，促进其脱贫致富。从 2003 年开始，华新公司先后三次在西藏山南投资建厂，不断将资金和先进的管理技术注入当地，直接为藏族农牧民提供就业岗位超过 800 个，促进了其增收脱贫；华新公司还通过"结对子"等方式，快速提高藏族员工的工作技能，经过系统培养和锻炼，有些藏族员工也逐步成长为企业骨干，并走上管理岗位。② 在华新模式的示范带动下，围绕山南市的藏鸡、青稞、核桃、文旅等高原特色产业，更多的产业支援项目在山南落地，如武汉宏农、北大荒集团、安琪集团、湖北中旅等行业龙头先后入驻山南。③ "十三五"时期山南市共吸引社会资本 40 余亿元，提供就业岗位超过 4500 个，其中在产业支援的有力助推下，截至 2018 年底，山南市 12 个县（区）全部实现了"脱贫摘帽"，贫困发生率降至 0.23%；2019 年山南市建档立卡贫困人口全部清零，贫困发生率降为零，实现了消除绝对贫困的目标。④

4.2.2 就业增长减贫案例：帮扶高校毕业生的就业援藏政策

1. 就业援藏政策的形成

就业支援作为对口支援政策的重要内容，可以通过在受援地直接投资援建项目、引进受援地之外企业入驻、帮扶受援地人口转移就业创业等多条路径促进贫困人口就业增收，进而实现脱贫致富。就业是西藏的一个民生重点，从 2012 年开始，承担对口援藏任务的省市和中央企业均将帮扶西藏高校毕业生就业作为对口援藏的重点，并与西藏自治区政府共同实施就业援藏项目，由此形成了就业援藏政策。

---

① 根据 2005 年和 2020 年的《西藏统计年鉴》中相关数据计算整理而得。
② 根据课题组在西藏山南市实地调研获取的资料整理。
③ 何庆良：《来自雪域高原的"湖北答卷"——湖北省用心用情用力开创高质量援藏工作新篇章》，载《民族大家庭》2021 年第 6 期，第 43 页。
④ 赵二召：《山南市实现消除绝对贫困目标》，中国西藏网，https://www.tibet3.com/news/zangqu/xz/2020 – 12 – 02/195119.html。

改革开放以来，西藏高校毕业生就业一直实行的是计划经济体制下的"统包统分"政策。随着 2002 年西藏高等教育扩招，西藏高校在校生规模不断增长，2003 年西藏高校在校生规模首次达到万人以上，2006 年更是突破 2 万人，导致预期毕业生人数迅猛增长，在此背景下，政府通过"计划分配"包办就业的压力骤增。① 为适应市场经济和促进人才资源有效配置，西藏自治区政府于 2006 年开始实施高校毕业生就业制度改革，决定取消大学专科毕业生计划分配就业政策，实行"市场导向、政府调控，毕业生和用人单位双向选择、自主择业"的就业政策，2007 年该就业政策开始在本科及以上毕业生中实行，由此结束了西藏大学生就业"统包统分"的历史。② 在政策过渡的 2006～2008 年期间，西藏通过提供公务员、事业单位等公职类就业岗位等措施确保了高校毕业生年均就业率在 85% 以上，但随着政策过渡期的结束，西藏政府从 2009 年开始逐步减少了公职岗位的提供，高校毕业生经历了"政府调控"下的就业政策考验，毕业生就业率下降了 5%。③ 西藏农牧民人口占八成以上，随着农牧民家庭对教育的重视，农牧民家庭子女考上大学的比例也大幅上升，2013 年西藏高考招收农牧民家庭子女人数占招生总人数的比例达 60%④。尽管西藏长期实施的教育"三包"政策⑤减轻了不少农牧民家庭的经济负担，但对于多数农牧民家庭成员而言，学历一般是初中及以下，收入主要来自土地资源，子女入学致使家庭劳动力不足，从事农牧业生产的经营性收入和工资性收入均下降，导致不少农牧民家庭仍会出现因教育致贫的现象。因此，高校毕业生就业不仅事关人才资源的有效配置，更是关系到千

① 朱华鹏、王琳、周圣良：《反思与展望：西藏高校毕业生就业政策改革十年》，载《西藏大学学报（社会科学版）》2017 年第 3 期，第 196 页。

② 由此西藏成为我国最后一个取消大学毕业生计划分配的省份。参见韩海兰：《西藏就业形势稳中向好》，中国西藏新闻网，http://www.tibet.cn/cn/news/zx/201807/t20180718_6100440.html。

③ 朱华鹏、王琳、周圣良：《反思与展望：西藏高校毕业生就业政策改革十年》，载《西藏大学学报（社会科学版）》2017 年第 3 期，第 196 页。

④ 尕玛多吉：《西藏六成大学生为农牧民子女》，载《光明日报》2014 年 1 月 20 日，第 6 版。

⑤ 教育"三包"政策是国家对西藏自 1985 年开始实施的一项特殊教育政策，即在免费接受义务教育的基础上，对农牧民子女实行了包吃、包住、包学习费用的"三包"政策，年生均经费标准先后经 18 次调整，从 1985 年的小学 274 元（边境县 304 元）、中学 310 元（边境县 330 元）提高到了 2020 年的年生均 3720 元，累计投入资金 200.79 亿元，惠及学生 893.33 万人次。参见《西藏教育"三包"经费 35 年投入超 200 亿元》，中国日报网，https://baijiahao.baidu.com/s?id=16690738071 35009734&wfr=spider&for=pc。

家万户贫困农牧户家庭能否实现脱贫。事实上，调查中发现，在西藏，"就业一个人，脱贫一家人，稳定一群人"的扶贫理念已得到援藏干部们的广泛认同，让有就业能力的贫困户劳动者实现就业已成为援藏工作助力脱贫的最有效方法。

为拓宽就业渠道，缓解市场化就业背景下的西藏高校毕业生就业压力，按照 2010 年中央第五次西藏工作座谈会提出的"对口支援省市、企业每年吸纳一定数量的西藏籍高校毕业生就业"要求，从 2012 年开始，17 个援藏省市和 17 家援藏中央企业与西藏自治区政府共同实施了就业援藏项目。按照就业援藏政策的要求，17 个援藏省市每年招录一定名额的西藏生源毕业生到该省市就业；17 家中央企业和援藏省市重点企业，在招聘高校毕业生中，拿出一定比例的就业岗位，用于西藏生源高校毕业生就业；中央企业和援藏省市建立适合西藏高校毕业生就业的见习、实训基地；鼓励西藏高校毕业生到区外就业，在享受当地生源毕业生同等就业扶持政策外，适当对西藏生源高校毕业生就业、创业给予适当照顾，力争实现"每个援藏省市和中央援藏企业每年各安置 100 名西藏籍高校毕业生"的目标。由此，就业援藏政策正式形成，此后这一政策在实践中又逐步产生了一些创新做法。

2. 就业援藏政策减贫的经验路径及成效

自 2012 年就业援藏政策形成以来，各援藏省市和中央企业按照政策要求对西藏高校毕业生采取了一系列具体的就业支援措施，这些举措产生了一定的减贫成效，同时在实践中也初步形成了一些减贫的经验做法。

（1）在西藏高校毕业生就业政策由计划向市场转型的过渡期，通过具有一定程度"行政再分配"性质的政策措施，按照"双向选择、自主择业"的就业基本原则，发挥援藏单位的优势，将就业机会和工作岗位等就业资源向西藏本地生源高校毕业生倾斜，为西藏农牧民家庭子女实现转移就业脱贫创造机会。据不完全统计，2010～2012 年各援藏省市和中央企业通过企业招聘、招考公务员、公益性岗位等方式向西藏籍高校毕业生提供了超过 13000 个就业岗位；2012 年各援藏省市和中央企业共为西藏提供了超过 3400 个就业岗位，助力当年西藏籍毕业生就业率回升至 99% 以上；2013～2014 年各援藏省市和中央企业就为西藏籍高校毕业生提供了 10000 余个就业岗位；2012～

2019 年 17 个援藏省市和 17 家援藏中央企业共为西藏提供了 60000 余个高校毕业生就业岗位，促进了 2400 余名西藏籍高校毕业生到区外就业。[①] 从各援藏省市来看，例如，2012~2020 年湖北累计为西藏山南籍高校毕业生提供岗位 2200 多个[②]；2021 年北京和江苏两省市 242 家用人单位提供就业援藏岗位 817 个[③]。

（2）实施优惠政策，搭建多元化就业创业平台，拓宽就业渠道，促进西藏高校毕业生"走出去"。长期以来，与内地高校毕业生相比，西藏本地的藏族高校毕业生由于受就业能力、距离家乡远近、传统文化习俗等因素的制约，到西藏之外就业的意愿并不强，而由于西藏的经济总量小，本地市场中的经济实体可以提供的就业岗位较为有限，由此导致就业岗位供求之间的矛盾突出。就业援藏政策实施以来，各援藏单位通过多种举措，积极支持引导西藏高校的藏族毕业生到自治区外就业。例如，湖北建立西藏自治区高校毕业生区外组团式市场化就业示范基地，举办就业专场招聘会，2021 年共提供区外企业岗位 635 个，招聘西藏籍高校毕业生 92 人；[④] 江苏于 2019 年创新实施 "1 + 3 + N" 就业援藏模式[⑤]，举办 "格桑花开大学生就业创业成长营"，通过吸纳西藏籍高校毕业生在南京参加就业创业培训，实现在支援省份高质量就业创业；山东成立对口支援就业工作领导小组，制订中长期和年度就业援藏工作计划，设立驻山东就业援藏联络服务中心，为日喀则籍高校毕业生提供精准的就业服务；针对 "就业援藏" 项目认定的西藏籍高校毕业生，上海市于 2016 年出台户籍和居住证、公共租赁住房和租房补贴、就业补贴等方面的 "十项措施"，鼓励西藏籍高校毕业生到沪就业。据统计，2012~2019 年，西藏已累计有 6000 多名高校毕业生在区外实现就业，在区外就业的西藏籍高校毕业生人数占毕业生总人数的比例年均达 10% 左右，与西藏就业制度

[①] 根据中国西藏新闻网、新华网、西藏日报等媒体的相关报道数据整理而得。

[②] 何庆良：《书写高质量援藏的湖北答卷》，载《中国民族报》2021 年 11 月 2 日，第 4 版。

[③] 《北京江苏对口支援助力西藏籍高校毕业生实现内地就业》，拉萨市发展和改革委员会，http://fgw.lasa.gov.cn/fgw/yzgz/common_list2.shtml。

[④] 何庆良：《来自雪域高原的 "湖北答卷" ——湖北省用心用情用力开创高质量援藏工作新篇章》，载《民族大家庭》2021 年第 6 期，第 45 页。

[⑤] 这一模式是指通过在南京封闭式集中培训 1 个月，在南京见习实习 3 个月，获得多（N）个管理工具，掌握多（N）项技能，开创在南京就业创业及在西藏就业创业等多（N）个可能的就业援藏模式。

改革前相比，实现了大幅上升。

总体上讲，尽管就业援藏政策实施时间并不长，至今只有约 10 年时间，但各援藏单位在实践中已探索出了一些具有创新性的经验路径，并产生了较佳的就业成效，由此促进了贫困人口家庭就业增收，从而形成"教育投入—就业增长—脱贫致富—加大教育投入"这一良性循环，有利于阻断"因教育致贫"。相关统计数据显示，2015~2019 年，西藏全区贫困家庭高校毕业生均实现了 100% 就业，在实现就业的西藏贫困高校毕业生中，有近 60% 来自农牧民家庭。这些毕业生更为渴望通过进入城市就业，以减轻家庭负担、摆脱家庭困境和实现市民化，在政府和各援藏单位一系列优惠的就业政策激励下，他们通过增强自身就业能力，抓住就业机会，实现就业脱贫。值得一提的是，尽管就业援藏政策产生了一些实践成效，但也暴露出一些问题：一是在行政再分配下的就业援藏政策，政府和各援藏单位强势的就业扶持容易造成当地高校毕业生产生一定程度的就业依赖思想；二是在各援藏单位提供的就业岗位中，公务员、事业单位等公职岗位的占比较大，容易致使毕业生在择业观念上的视野狭隘单一，同时也加剧了毕业生竞争公职岗位的压力，这并不利于西藏市场化的就业改革；三是一系列优惠的就业援助政策容易使得当地高校毕业生自主就业和创业的主动性不强，在读期间对个人就业能力的培养不够重视，导致毕业生的就业能力和从业竞争能力较弱，并不利于毕业生的长远发展。因此，为促进西藏籍高校毕业生高质量就业，持续稳定提升毕业生的工资性收入和福利待遇，促进西藏农牧民家庭长效脱贫，需要以市场化需求为导向，有针对性地优化现行的就业援藏政策。

4.2.3 人力资本投入减贫案例："组团式"教育人才援藏模式

1. "组团式"教育人才援藏的形成：人力资本投入方式的实践创新

长期以来，我国欠发达地区尤其是西部地区普遍存在的一个"短板"是，教育发展滞后，人口受教育程度偏低，由此导致贫困家庭脱贫能力匮乏和贫困代际传递现象，往往使得欠发达地区陷入"越穷越不要教育，越不要教育越穷"的恶性循环和"贫困陷阱"。教育是促进人力资本形成的重要方式，公平而高质量的教育投入能够提升贫困地区人力资本水平，增强贫困人口就业增收能力，从而实现减贫。众所周知，西藏是我国西部原深度贫困地区之一，其教育水平一直极为落后。应该说，教育是西藏民生领域最为突出的"短板"之一。

自 1951 年西藏和平解放以来，中央和全国各省份对西藏的教育支援从未间断过。[1] 1954 年，中央从内地选派首批援藏教师共 1500 名入藏工作，以发展西藏的现代教育。1974 年，《国务院批转国务院科教组关于内地支援西藏大、中专师资问题意见的报告》规定，支援西藏实行定区、定校包干，分三批，每两年轮换一批，当年国家有关部委和上海、江苏、四川、山东、湖南、湖北、辽宁、河南等省市先后选派 389 名中学和大学教师入藏工作。总体来说，改革开放之前的教育援藏人才投入规模较小，是与当时计划经济体制相适应的援藏模式。1980 年中央第一次西藏工作座谈会后，中央决定继续选派定期轮换援藏教师，各省市援藏教师数量由原来的 45 名增至 60～80 名。1979～1983 年，内地 14 个省市先后选派 2526 名教师和干部支援西藏教育事业。1980～1983 年，国家和有关省市共选派各种短期援藏教师近 3000 人。1994 年对口援藏政策正式确立，中央第三次西藏座谈会确立了"长期支援、自行轮换"的干部人才支援方式，由于当时将对口援藏的重点放在干部援藏和经济援藏上，在西藏经济建设全面铺开之后，人才短缺问题日渐突出。自 2002 年全国第一次教育对口援藏工作会议之后，教育对口援藏的重要作用被强调，2002～2017 年全国教育系统先后选派 6 批共计 5400 多人次援藏干部、教师入藏工作。2010 年中央第五次西藏工作座谈会进一步要求将对口支援西藏教育作为重点工作，由此各援藏单位加大了教育援藏的投入力度。2011～2017 年各级援助部门共落实教育援助资金超过 12.74 亿元。尽管教育援藏规模不断增长，但由于西藏经济不发达，现代教育发展起步晚，气候环境恶劣，工作条件艰苦，导致地区内优秀教师外流和内地教师不愿进入的现象成为常态，短期内教育教学水平和质量难以显著提升。另外，随着西藏农牧民生产生活水平的提升，农牧民对其子女的教育越来越重视，对子女接受优质教育

---

[1] 这主要是由于 1951 年西藏和平解放之时，其现代教育几乎是空白，此前的教育主要由寺院承担，而且宗教成为教育教学的主要内容。参见杨明洪：《对口援藏机制创新与绩效提升："组团式"教育援藏的调查与分析》，载《西北民族大学学报（哲学社会科学版）》2021 年第 1 期，第 118 页。

的需求日益增强。因此，西藏的教育供给水平和质量远远满足不了西藏学生的需求，供求之间的矛盾逐渐突出，于是较为富裕的农牧民家庭选择将自己的子女送到内地"西藏中学"或"西藏班"就读，甚至在内地普通学校择校插班，而贫困或低收入农牧民家庭纷纷选择将子女转至所在地级市或拉萨市就读，由此导致其家庭经济负担逐渐加重。① 为摆脱这一困境，2012 年开工建设的拉萨"教育城"成为西藏本行政辖区内实施异地办学的一种新探索。拉萨"教育城"是集学前教育、义务教育、高中教育、职业教育、大学科研、师资培训、教师住宅小区等多功能为一体的现代化教育城区，那曲拉萨第二高级中学、阿里拉萨高级中学等先后在"教育城"兴建，教育城也逐渐成为西藏自治区异地办学的集中地。在此背景下，对口支援拉萨的北京和江苏两省市分别投资 2.5 亿元和 2.6 亿元在拉萨"教育城"援建了拉萨北京实验中学和拉萨江苏实验中学（均为寄宿制完全中学），并于 2014年 9 月正式投入使用。2014 年 8 月，北京、江苏两省市分别向拉萨北京实验中学和拉萨江苏实验中学选派第一批 52 名和 35 名援藏教师，支教的时间为一年，这成为教育援藏模式的一种创新探索，也为"组团式"教育人才援藏模式形成奠定了基础。

2015 年中央第六次西藏工作座谈会明确提出，要加大教育援藏力度，每年选派基础教育阶段若干名教师进藏支教，并组织西藏教师到内地培训。2015 年 12 月，教育部等部委联合印发《"组团式"教育人才援藏工作实施方案》，正式开始实施"组团式"教育人才援藏工作，从对口支援省市和教育部直属高校附属中小学选派 800 名左右教师进藏支教，每 10～50 名教师组成 1 个团队，集中对口支援西藏 1 所中小学。其中，河北和陕西两省共同对口支援 1 所中学，由教育部直属高校附属中小学分别对口支援拉萨和林芝的 3 所中学和 1 所小学（具体见表 4－1）。2016 年由 17 个省市和30 所教育部直属高校附属中小学共派出 810 名教师以"组团"方式对口支援西藏全区 20 所中小学校。至此，"组团式"教育人才援藏政策模式正式形成。

① 杨明洪：《对口援藏机制创新与绩效提升："组团式"教育援藏的调查与分析》，载《西北民族大学学报（哲学社会科学版）》2021 年第 1 期，第 119 页。

表 4-1   "组团式"教育人才援藏的对口支援关系

对口支援单位	受援学校	受援学段
北京	拉萨市北京实验中学	高中
江苏	拉萨市江苏实验中学	完中
山东	日喀则市第一高级中学	初中
上海	日喀则市上海实验学校	高中
黑龙江	日喀则市桑珠孜区第二初级中学	高中
吉林	日喀则市第三高级中学	高中
湖北	山南市第一高级中学	高中
湖南	山南市第三高级中学	初中
安徽	山南市第二高级中学	高中
广东	林芝市巴宜区初级中学	完中
重庆	昌都市第一高级中学	高中
天津	昌都市第二高级中学	高中
福建	昌都市第三高级中学	高中
浙江	拉萨市那曲第一高级中学	高中
辽宁	拉萨市那曲第二高级中学	高中
河北	拉萨阿里高级中学	初中
陕西		小学
教育部直属高校附属中小学	林芝市第二高级中学	高中
	林芝市八一中学	初中
	拉萨市实验小学	小学
	拉萨中学	高中

注：林芝市第二高级中学由清华大学附属中学、中央美术学院附属中学、北京师范大学附属中学、天津大学附属中学、南开大学附属中学、西南大学附属中学等六所学校负责对口支援；林芝市八一中学由华中师范大学附属中学、中央音乐学校附属中学、东北师范大学附属中学、北京师范大学第二附属中学、武汉大学附属中学、陕西师范大学附属中学、华中科技大学附属中学等七所学校负责对口支援；拉萨市实验小学由教育部直属高校附属小学负责对口支援，援藏教师来自北大附小、清华附小等十余所部属高校的附属小学；拉萨中学由北京大学附属中学、中国人民大学附属中学、北京师范大学附属实验中学、华东师范大学第二附属中学、上海外国语大学附属中学等学校负责对口支援。"完中"是完全中学的简称，是指既有初级中学的学段，又有高级中学学段的学校。

资料来源：杨明洪：《扶贫模式与援助方式的双重转换："组团式"援藏的实践与启示》，载《西北民族研究》2018 年第 4 期，第 45 ~ 46 页。

2. "组团式"教育人才援藏模式的主要创新探索

（1）创新教育对口支援方式，将传统的"粗放型"对口支援转变为"精准型"对口支援。这里的"精准"主要包括两个方面内容：一是支援对象精准。传统的对口支援将受援地的某个领域作为整体支援对象，以教育援藏方式来看，各援藏单位均将所有层次教育作为一个整体对象进行对口支援，难以精确瞄准西藏教育"短板"，"组团式"教育人才援藏模式首先瞄准西藏教育最突出的"短板"——基础教育，将基础教育作为教育对口支援的重点对象。二是支援目标和内容精准。从支援目标定位上看，"组团式"教育人才援藏模式以提高受援学校的整体办学质量与水平为最终目标，采取"因校施策"的办法，即在充分尊重受援学校办学自主性的前提下，针对20所受援学校的教育阶段、管理水平、属地教育发展水平等特征，综合确定差异化的援助目标。例如，拉萨市北京实验中学以"创办有引领示范作用的一流学校"为目标；日喀则市上海实验学校以"建设自治区具有示范作用的精品学校"为目标；浙江援助的拉萨市那曲第一高级中学则将"那曲顶尖、自治区一流、全国知名的现代化高中"作为目标。从支援内容上看，将学生发展与教师发展作为援助的核心内容，一方面各支援单位一次向一所学校选派10～50名内地"组团式"援藏教师和教学管理人员，全方位参与受援学校的教育教学和教学管理，系统传授内地的先进教育管理理念和教育方法，在短期内提升受援学校的教育教学水平，从而实现学生发展；另一方面通过援藏教师和管理人员将先进的教学理念、方法和管理经验对受援学校当地教师和管理人员的"传帮带"，送受援学校的教师和管理人员到对口支援学校参加培训和在岗锻炼，实现当地教师和管理人员的能力提升。[①] 此外，不少援藏教师团队还深入西藏的县乡开展了送教下乡活动，扩大优质教育资源的辐射范围。

（2）创新对口支援的教育人才资源配置方式，提升援助的有效性。既往的教育对口支援一般是由承担援藏任务的支援单位"单兵作战"，自主确定其所支援地区的援藏教师和教学管理人员规模和结构，援藏教育人才一般不能在不同受援地区之间进行自由调配，这种方式往往造成援藏教育人才供给

---

① 杨明洪：《民族地区教育发展模式与援助方式的双重转换——关于"组团式"教育援藏的调查与分析》，载《湖北民族大学学报（哲学社会科学版）》2022年第2期，第152页。

与受援地实际需求之间的不匹配，导致教育人才资源配置效率不高，援助有效性有限。"组团式"教育人才援藏模式则是根据受援学校的具体发展目标和需求，通过教育人才资源在不同援藏单位之间的跨区域配置（"组团式作战"），整合不同支援单位的优势力量集中向中小学发力，促进受援学校的教育教学质量在短期内得到明显提升，从而尽早实现打造一批高水平的示范性高中和标准化中小学校的目标，以此产生示范带动效应，在一段时期内提升西藏整体的基础教育水平和质量，再从不同层次的教育非均衡发展走向均衡发展，助推西藏教育迈向高质量发展。

（3）建立教育精准对口帮扶机制，精准提升受援学校教师和管理人员的业务能力。"组团式"教育人才援藏政策明确将援藏人才入藏工作周期由原来的一年、一年半或两年延长至三年，从而保障了精准化的教育援藏机制的建立。在"组团式"教育人才援藏政策实施过程建立了精准对口帮扶机制，主要包括三个方面内容：一是建立了援受双方的岗位供求对接机制，即支援方根据受援学校事先提出的岗位实际需求来选派优秀的教师和管理人员，由此可以精准填补受援学校缺乏的师资，全面改进学校管理的薄弱环节。二是建立了援受双方教师之间的结对帮扶机制，这一机制把提升受援学校教师的业务水平作为帮扶重点，采取"组团式"援藏教师与受援学校教师之间形成"一对一""一对多""多对一"等多种形式的结对关系，进行"点对点"的业务帮扶，从而实现提升受援学校教师专业素养和教学能力的目的。三是建立了援受双方教师之间的"跟岗学习"机制。主要的创新探索体现在，挖掘受援学校有潜力的教师和管理人员并选派到内地学校参加跟岗学习，从而提升其人力资本水平，这一探索与以往的教育援藏过程中选派受援地区教师和管理人员到内地培训或挂职锻炼的明显区别之处在于，参加跟岗学习是较为规范化和机制化的有明确目的性地培训人才，减少了培训目标的不确定性或随机性；受援学校教师和管理人员能够被选派到对口支援的内地学校对应岗位上参加学习培训，参与各项教育教学和科研活动，从而促进其业务能力得到切实提升。

3. "组团式"教育人才援藏模式的减贫效果

尽管"组团式"教育人才援藏政策于 2016 年才正式启动实施，至目前的实践时间并不长，实施规模亦不大，但这一教育援藏模式首次改变了以往教育人才分散化的"撒胡椒面"式支援方式，通过"组团"集中向受援学校进行精准支援，将内地学校先进的教学理念、教育教学方法和管理经验输入受援学校，从而全方位促进受援学校办学质量和水平的跃升，由此产生的示范效应和推广价值明显，为实现"建好一所学校、代管一所学校、示范一个地区"的总体要求打下了坚实基础。扶贫必扶智，通过教育脱贫是我国扶贫战略的重要内容。"组团式"教育人才援藏不仅为西藏广大农牧民家庭子女提供了优质的基础教育资源，而且援藏教育人才通过家访、"送教下乡"和"扶贫结对"等活动还逐步改变了以往农牧民家庭不重视科学文化教育的观念，提升了贫困农牧民家庭子女的制度化文化资本（学历等）、具体的文化资本（工作能力、基本素质等），加之职业教育支援的辅助作用，共同推动了贫困人口人力资本水平的整体提升，开辟了通过精准教育支援促进贫困家庭人力资本积累，进而提升贫困家庭就业增收能力，实现依靠内生力量脱贫的路径。通过"组团式"教育人才援藏，2017 年有 89.3% 的受援高中取得了前所未有的优异成绩，高考升学率由 2016 年的 63.7% 提升至 2017 年的94.1%。实地调查中得知，在受援的 20 所中小学中，有许多是来自西藏农牧民家庭的学生，在学校的农牧民子女和城镇困难家庭子女均享受西藏自治区的"三包"政策的支持下，得以顺利完成学业并考入大学。例如，北京组团援助的拉萨北京实验中学，高考上线率和一本录取率分别从 2016 年的 90%、25% 提升至 2017 年的 100%、33.13%；浙江组团援助的拉萨那曲高级中学2017 年高考上线率达 99%，文科上线率达 100%，普通本科上线率达 62%；湖南开创教育组团式援藏"联校模式"，2017 年湖南教育对口支援的山南市第三高中高考上线率达 79.3%。[①] 与此同时，各援藏省市积极协调人才招聘的就业岗位，充分利用对口援藏协调机构的平台，促进了西藏籍大学生尤其是贫困和低收入家庭子女高质量就业。

【案例小资料 4 – 1】2017 年，山东派出援藏教师 50 名，"组团式"援助日喀则市第一高级中学，通过推行导学案制和导师制，实施以"名管理人才、名班主任、名教师"为主要内容的"三名工程"，开展援藏教师展示课、高效课堂等活动，开展以家庭帮扶、资金帮扶、物资帮扶、学业辅导、行为

---

① 西藏自治区地方志办公室：《西藏年鉴 2018》，西藏人民出版社 2019 年版，第 168、172、178 页。

引导、心理疏导等为主要内容的帮扶指导活动，日喀则市第一高级中学在学校管理、校园文化、教师队伍建设、办学业绩等方面均取得了较大发展。组织受援五县区 60 名教师到山东开展交流培训，鲁藏援受双方各组织 20 所学校开展结对交流。在聂拉木县开展送教下乡活动，组织 10 名援藏教师到县中学开展听课、评课、教研讨论、示范课等一系列活动。在日喀则市桑珠孜区投入援藏资金 100 万元，设立了贫困家庭大学生帮扶基金，对 200 名建档立卡贫困家庭在校大学生进行资助，帮助他们顺利完成学业；在白朗县投入援藏资金 60 万元，对建档立卡贫困家庭学生进行资助，组织 20 名中小学骨干教师到山东跟岗学习；为南木林县建档立卡贫困家庭学生和教学一线优秀教师发放助学金和奖金 100 万元。[①]

2021 年，日喀则市新一批"组团式"教育人才援藏教师共有 85 名，其中上海市 30 名、山东省 20 名、黑龙江省 20 名、吉林省 15 名，分别支援日喀则市上海实验学校、市第一高级中学、市桑珠孜区第二中学和市小学 4 所学校。围绕"建好一所学校、代管一所学校、示范一个地区"的要求，结合受援学校实际，"组团式"教育人才援藏工作领导小组提出先进办学理念，制定三年发展规划，为受援学校理清发展思路，有序推进教育援藏工作。85 名援藏教育人才主动融入当地师生，积极开展"一带一""一带多"结对帮教活动，搭建教育质量攻坚联盟、"三交平台"，实施"青蓝工程""同辉互促""十个一"工程，创设德育论坛、教育联盟等交流平台，成立珠峰少年合唱团、少年足球队。通过援藏教师兼任教研组长、学科组长等方式，加强教研组建设。组织"优秀主题教研案例"评选、援藏教师示范课、课堂听评课诊断活动，推动"规范化教科研体系建设"。创新主题教研载体，开展"同课异构""导学制""齐鲁大讲堂""龙藏杯"等教学活动，促进教师业务水平提升，促进受援学校教学质量整体提升。截至 2021 年底，共有结对帮扶本地教师 119 名，示范引领 1789 节优质课、示范课，辐射引领非受援学校 21 所，援藏省市专家"进藏送教"惠及师生 2 万余人。四省市教育援藏管理团队围绕办学治校、教学科研、教师业务、青年教师研修、援藏教师管理、学生安全管理等方面，充分引进后方学校先进管理理念和教育教学方法，大胆改革受援学校各项管理制度，帮助受援学校制定完善《援藏党支部工作制

---

① 根据《西藏年鉴 2018》中的山东省教育援藏相关内容整理。

度》《学校教科研管理制度》《学校"十净十美"德育管理制度》《学生成长德育百分制》《学校安全管理制度》《学校主题教研活动实施办法》等48项管理机制，规范了学校管理、优化了学校制度。适应日喀则教育事业发展新要求，做大做强日喀则优质学校，打通中小幼衔接、普职融通，推动学校"抱团"发展、共同发展、协调发展，成立全区第一个教育集团（日喀则齐鲁教育集团），集团覆盖学前教育、义务教育、高中教育和职业教育全学段，建成后将有效促进全市优质教育资源最大化、普及化，仅日喀则市高中阶段毛入学率将提高10个百分点。坚持把"输血"与"造血"、"硬件"与"软件"相结合，帮助受援学校完成"智慧校园"项目建设，建成"1+3+X"（智慧校园平台，三个应用系统——课堂教学系统、汉语学习系统、校园管理系统，远程教研平台）项目，借助内地名师名课程资源，开设雪域星空天文社社团课程，创办心理咨询室，利用"空中课堂"与内地学校同步开展升旗仪式和教研活动，推动优质教育资源覆盖到县乡，实现对日喀则市师生培训辅导，惠及18县区近10万师生。引入国际中文教育平台教学资源，全面加强国家通用语言文字教育，日喀则市教育局作为国内唯一的地市级教育行政部门，成为全球第288个"中文联盟单位会员"。此外，先后选派480名骨干教师、管理干部到支援方四省市挂职锻炼、交流学习。①

4.2.4 贸易开放减贫案例：旅游援藏的"鲁朗国际旅游小镇"模式

1. 鲁朗国际旅游小镇项目建设概况

鲁朗镇隶属于海拔较低、植被丰富、风景秀丽并被誉为"西藏江南"的林芝市②巴宜区，位于林芝市东部，距林芝市区约70公里，处于北纬29.7度、东经94.7度，川藏公路横穿全境，向西经八一镇可达拉萨，向东经波密县可达四川，属于典型的高原山地草甸狭长地带，地形起伏大，森林覆盖面

---

① 根据课题组在西藏日喀则市教育局调研时获取的相关材料整理。

② 依托旅游产业发展，2019年林芝市七县（区）6900余户共计2.38万名贫困农牧民全部实现脱贫。

积达 80% 以上，林下资源丰富，辖区面积 3152 平方公里，平均海拔约 3385 米。截至 2020 年，鲁朗镇下辖 9 个建制村，335 户农牧民家庭，共 1710 人，其中包括 2019 年 10 月从昌都市三岩片区整村搬迁入鲁朗镇明吉村的 47 个易地扶贫搬迁户的 321 人。鲁朗镇素有"天然氧吧""生物基因库"之美誉，具有得天独厚的自然风光，舒适宜人的气候，优越的交通区位，具备发展旅游的优越条件。随着交通设施的继续完善，鲁朗有条件建设成为藏东南的旅游集散地。

2010 年，林芝市政府提出"以援藏建设资金为引领，积极引进社会资金参与，把鲁朗镇打造成国内外知名的旅游小镇"的战略构想，并得到了广东、西藏两省区政府的大力支持，"鲁朗国际旅游小镇"（以下简称"鲁朗小镇"）项目由此产生，并被广东省确定为重点援藏项目、旅游援藏扶贫项目和西藏和平解放 60 周年广东援建献礼项目，被西藏自治区确定为重点旅游开发项目和特色小镇建设项目。2011 年，占地 1288 亩和总投资约 35 亿元的"鲁朗小镇"项目获国家发改委审核批复同意。鲁朗小镇规划区范围为东至扎西岗村 - 纳麦村旅游公路，南至纳木林村，西至东久林场场部，北至扎西岗村，面积约 10 平方千米，规划区位于工布自然保护区的非保护区界线之内，小镇建设中借鉴加拿大班夫镇、瑞士英格堡等国际先进旅游小镇经验，并基于小镇居民和游客的活动需要，确定了小镇的核心旅游功能，并确立了公共服务设施（包括镇政府、派出所、农机管理农技推广站、小学、幼儿园、卫生院、中心广场等）、旅游服务设施（包括游客接待设施、商业服务业设施、文化设施、户外休闲设施等）、市政基础设施（消防站、垃圾中转站、污水处理站、储气站、加油站、变电站、电信基站、公厕等）等三大设施体系。[①] "鲁朗小镇"项目于 2012 年开工建设，2017 年正式运营。截至 2020 年，鲁朗小镇总投资已超过 44 亿元。

2. 旅游服务减贫的探索创新：鲁朗小镇模式

一是借助支援方提供的先进旅游发展理念、管理经验和经营模式，以"全域旅游"为总体目标，以打造"国内外知名的旅游小镇、藏东南旅游集散中心"为核心目标，以"藏族文化、自然生态、圣洁宁静、现代时

---

① 《鲁朗国际旅游小镇总体规划》，广东省城乡规划设计研究院，2012 年。

尚"为核心理念，既充分尊重自然，又能为游客提供一个高品质的休闲旅游环境。我国西部欠发达地区尤其是农牧区普遍面临的情景是，一方面是自然风景、人文景观、原始生态等旅游资源十分丰富；另一方面当地农村居民市场经济观念和意识不强，缺乏发展旅游业的理念和动力。在此背景下，西藏林芝市政府较早意识到鲁朗镇当地得天独厚的丰富旅游资源和区位优势可以转化为丰厚的经济社会效益，以尽快实现带动当地居民脱贫致富的目标。其中，广东省对口支援西藏林芝市成为这一目标尽快实现的重要推动力。广东作为我国东部发达地区和改革开放的桥头堡，拥有丰富的市场经济发展经验，尤其是拥有先进的旅游发展理念和旅游管理经验，于是以对口支援为纽带和桥梁，将广东的旅游发展优势和鲁朗当地的旅游资源优势相结合，催生了当地鲁朗小镇，以旅游业发展带动鲁朗当地经济发展。广东援藏工作队投入大规模援藏资金，以援建项目为载体，全面负责鲁朗小镇的设计和运营。直至2018年12月，小镇发展的"接力棒"才从广东援藏队交到鲁朗景区管委会。2019年林芝市委为整合鲁朗辖区旅游资源，提升行政工作效率，让"接力棒跑得更快"，决定对管委会进行管理体制改革，全面托管鲁朗镇人民政府。运营以来，小镇先后获得林芝市首个国家级全域旅游示范区、国家级旅游度假区、国家级运动休闲特色小镇等自治区级以上荣誉10多项。

二是以鲁朗小镇的建设运营推动当地旅游产业转型升级，带动当地贫困人口就业增收。鲁朗镇以传统农牧业生产为主，产业结构单一，农牧民收入水平较低，贫困人口众多。2017年鲁朗小镇正式投入运营之时，已基本建成了旅游类别丰富、品质优良、舒适度好、特色性强的度假产品体系，一改以往配套服务差的劣势，小镇上仅五星级酒店就有3家，还有超过120家家庭旅馆，家庭旅馆不仅保留了传统的藏式建筑风格，而且也配备了现代化设施，因此深受国内外游客的青睐，已成为游客争相打卡的网红地。2017年鲁朗旅游收入大增93.08%，辖区经济总量大增44.63%，实现爆发式增长，旅游带动增长的效应明显。2019年鲁朗小镇共接待游客82.85万人次，实现旅游收入7852.41万元。2017~2020年，鲁朗旅游收入年均增速超过14%，已累计吸引游客突破400万人次，总收入突破3亿元。以2019年为例来看，鲁朗旅游收入达到7380.07万元，占当年鲁朗整个辖区经济总收入的65.67%。2019年鲁朗农牧民人均可支配收入超过3.5万元，比2016年增长了近一倍，2020

年人均可支配收入因昌都市三岩片区明吉村整村搬迁而有所下降，但仍远高于全市平均水平。鲁朗小镇建设运营至今，已为当地群众提供稳定就业岗位近 1000 个，2017~2020 年鲁朗农村经济总收入增长 46.24%。2019 年、2020年连续两年，鲁朗农村经济总收入中，旅游及相关产业收入占比均超过25%，旅游已成为本地农牧民收入的主要来源之一。针对三岩片区搬迁明吉村，通过协调周边各村为该村提供 12 个参与骑马射箭摊位，仅 2020 年便为明吉村每户带来 8000 元的收入，有效帮助了明吉村脱贫致富。随着鲁朗小镇的建设运营，目前当地农牧民通过提供旅游服务增加家庭经营性收入和工资性收入的途径也逐渐多元化，包括发展特色家庭旅馆、从事非农生计（如通过运输和销售沙石提供给援建项目使用以及进入小镇酒店务工等）、合资兴办小型企业等。[①] 目前，借助广东省援藏政策，依靠广东省第九批援藏力量，积极开展鲁朗小镇宣传推介，打造国际小镇品牌，包括进入"7+2"消费援藏平台[②]和广佛地铁广告推广平台、参与广东国际旅游产业博览会等，不断提高鲁朗小镇的知名度。据西藏自治区旅游发展厅 2020 年统计数据显示，广东游客目前在鲁朗旅游总人次的占比高达 24%，成为鲁朗小镇主要的客流来源。

【案例小资料 4-2】鲁朗镇扎西岗村位于 318 国道沿线，距鲁朗镇 2 千米，村内环境优美，交通便利，全村现有 63 户 315 人，劳动力 137 人。耕地面积 1320 亩，该村以旅游为主、农牧业为辅，2017 年该村有五保户 3 户 4人，全村经济总收入 1097.47 万元，人均纯收入 21601.03 元，现金收入16200.78 元，是巴宜区较为有名的旅游村落。自 2012 年鲁朗小镇项目启动以后，在广东援藏工作队的大力支持下，当地镇政府鼓励农牧民们开办家庭旅馆，并对农牧民们进行免费培训，包括语言和技能培训，让农牧民了解相关法律政策，养成良好的卫生习惯，提高服务水平，尤其是注重对农牧民网

① 杨明洪、刘建霞：《旅游资源规模化开发与农牧民生计方式转换——基于西藏"国际旅游小镇"的案例研究》，载《民族学刊》2017 年第 3 期，第 12~13 页。

② "7+2"消费援藏平台是指广东省第九批援藏工作队在广东广州、深圳、珠海、佛山、东莞、惠州、中山等 7 个对口支援西藏林芝的城市，以及香港、澳门 2 个特别行政区设立西藏特色产品和旅游交易推广中心，借助粤港澳大湾区庞大的消费市场潜力，由援藏工作队成员从源头收集优质当地农产品，统一打造"林芝源"品牌，并对外销售，助力林芝当地农牧民持续增收。参见《广东省援藏队"7+2"消费援藏平台广州馆开业，擦亮"林芝源"品牌》，南方网，https://creditgd.southcn.com/node_9df024e8fe/1606df8e6c.shtml。

络使用的培训，让农牧民去了解游客的需求，宣传自家旅馆。广东援藏工作队更加注重对农牧民家庭旅馆进行改造升级，鼓励打造富有特色与格调的藏式民宿，提高家庭旅馆的档次和服务管理水平。截至 2017 年，该村拥有家庭旅馆 47 家，床位 997 张，2017 年全村共接待游客 3 万人次，实现旅游收入近 300 万元。至 2020 年，该村 63 户农牧民家庭中有 52 户开办了家庭旅馆。扎西岗村先后获得全国"精神文明村""妇联基础建设示范村"，西藏自治区"小康建设示范村""旅游富民先进集体"等荣誉称号，目前该村正走在共同富裕的道路上。①

三是延伸旅游产业链条，发展高原特色农牧产业，促进当地脱贫农牧民持续稳定增收。旅游产业的直接增长空间毕竟有限，要持续稳定促进当地居民增收，需要挖掘当地其他特色产业优势，拓展旅游产业链条。为此，鲁朗小镇在广东省提供的资金、干部人才、技术、管理经验和经营模式等方面的对口支援下，围绕"吃、住、行、游、购、娱"六大要素，以当地高原特色农牧产业为重心，延伸拓展旅游产业链。一方面依托农牧民专业合作社平台，积极组织当地脱贫农牧民开展高原生态青稞鸡养殖、林下资源种植和犏牛养殖，打造"鲁朗青稞鸡""鲁朗石锅鸡"等特色品牌，为当地藏式餐馆、民宿和酒店供应优质食材，稳定提升农牧民家庭经营性收入。另一方面以广东援藏干部人才为纽带，发挥广东农业科技优势，积极宣传引进内地农牧企业入驻，推进特色养殖产业化、规模化，促进传统农牧业向现代农业转型升级。在此过程中，积极引导农牧民参与，拓展农牧民收入来源渠道，为农牧民稳定增收致富奠定基础。

【案例小资料4-3】白木村隶属于鲁朗镇，地处鲁朗镇东部 42 公里处，平均海拔 3200 米。2017 年该村有 22 户，共 126 人，劳动力 53 人，五保户 1 户共 2 人。2017 年该村经济总收入 338.5 万元，人均纯收入 16657.0 元，人均现金收入 12492.8 元。该村农牧民合作医疗保险、适龄儿童入学率均达到 100%，水、电、路、通信等基础设施相对完善。该村草场面积充足，林业资源和野生林下产品较丰富。重点发展特色养殖业，加大对牲畜品种的改良和引进，发展牦牛养殖。2018 年，该村采取"企业+合作社+农户"模式进行藏香猪试点养殖。依托鲁朗国际旅游小镇，积极售卖天麻等林下资源，增加

---

① 根据西藏自治区政府发展研究中心和林芝市鲁朗镇政府提供的相关资料整理。

农牧民收入。[①]

4.2.5　增进贫困人口主观福利案例：援藏促进民族交往交流交融

1. 民族交往交流交融：受援贫困人口主观福利的重要体现

从多维贫困视角考察，贫困除了体现在贫困人口获得的收入和享有的基本公共服务等客观经济社会福利之外，还包括贫困人口其他各种主观福利和感受，如贫困人口对生活的满意度、幸福感等。[②] 本书认为，我国的脱贫人口主要集中于西部地区，并且少数民族人口占据其中的较大比重，[③] 因此他们与东中部各民族之间交往交流交融[④]（以下简称"三交"）的关系状况也是反映其主观福利贫困的一个重要维度，这一维度既可以体现出人的现代化和社会融入程度，也反映出国家一体化发展进程中我国各民族团结和谐状况和中华民族共同体意识的强弱。应该说，对口支援政策的实施对促进西部少数民族贫困人口与东中部各民族"三交"这一方面的主观福利产生了重要影响。长期以来，西部民族地区、边疆地区一直是我国对口支援政策的主

---

① 根据西藏自治区人民政府发展研究中心提供的相关资料整理。

② 主观福利指标于 20 世纪 70 年代在经济学中被广泛使用，自评福利指标被认为是衡量福利水平合理的代理变量，大量经济学文献都采用主观自评指标用于分析福利状况，主观福利指标主要包含生活满意度和抑郁指数等。参见王新军、郑超：《退休政策对中国居民消费及主观福利的影响》，载《山东大学学报（哲学社会科学版）》2020 年第 2 期，第 122 页。

③ 以国家级脱贫摘帽的县来看，据 2021 年相关统计数据显示，西部 12 个省份的国家级脱贫县数量占全国 832 个国家级脱贫县的比例接近 70%，其中民族自治地区有 420 个国家级脱贫摘帽县，占比为 50.48%。

④ 需要特别说明的是，理论界关于"民族交往交流交融"的理论内涵曾一度存在较大分歧，直至 2014 年中央民族工作会议召开，习近平总书记科学阐释了"民族交往交流交融"的理论内涵，提出"促进各民族交往交流交融，要正确处理差异性和共同性"，并且强调"要尊重差异、包容多样，通过扩大交往交流交融，创造各族群众共居、共学、共事、共乐的社会条件，让各民族在中华民族大家庭中手足相亲、守望相助"（参见：《中央民族工作会议暨国务院第六次全国民族团结进步表彰大会在北京举行》，载《人民日报》2014 年 9 月 30 日，第 1 版）。因此，民族交往是民族交流的基础，民族交流是在交往基础上的深化，民族交融是最高层次的要求，是最终目的，民族交融绝不是要进行民族同化，民族特征、民族文化和不同民族之间在经济发展上的差距将会长期存在。对口支援作为我国一项国内发展援助政策，正是在"要尊重差异、包容多样"的基本原则前提下，以实现各民族共同富裕和共同走向现代化为目标来促进各民族交往交流交融的。

要实施地（如西藏、新疆以及青海、四川、云南、甘肃四省藏族聚居区等）。因此，对口支援政策的实施搭建了西部少数民族与内地各民族之间互动交流的平台，促进了不同民族之间的"三交"。若从民族交往上来审视对口支援，可以说，对口支援更多体现为一国内民族大家庭中不同民族之间的互帮互助、交流合作。以西藏来看，2010 年召开的中央第五次西藏工作座谈会首次提出"民族交往交流交融"的方针和要求。在 2015 年召开的中央第六次西藏工作座谈会上，习近平总书记明确强调"坚定不移地促进各民族交往交流交融"①。在 2020 年召开的中央第七次西藏工作座谈会上，习近平总书记再次重申了这一要求。事实上，自 2014 年中央民族工作会议以来，"加强各民族交往交流交融"的理念就已成为我国新时代民族工作的指导思想和重要方针，同时也是反映我国各民族关系的重要准绳。根据笔者 2013～2020 年的三次入藏实地调研与分析观察，对口支援政策对西藏当地贫困人口的重要助力作用并不止于经济收入和公共服务层面，事实上，援藏对受援地藏族居民来说，更是搭建了民族之间"三交"的重要通道，促进社会流动，使得他们能够更快适应市场化、融入现代化。习近平总书记在中央第七次西藏工作座谈会上对西藏现代化建设提出的目标定位是："努力建设团结富裕文明和谐美丽的社会主义现代化新西藏"②。因此，对于受自然地理环境、历史文化和传统习俗等因素制约而曾长期处于封闭或半封闭状态的西藏而言，在国家一体化发展进程中，对口支援政策对促进西藏受援居民与内地各民族群体之间的交往交流交融具有重要意义。

2. 对口援藏促进"三交"的典型案例事实

自 1994 年对口援藏政策实施以来，承担援藏任务的中央国家机关、内地省市和中央企业，在促进各民族政治、经济、文化、社会等方面的"三交"上采取了一系列具体措施，在实践中产生了一些创新做法，形成了一些具体案例。受限于个案资料的可得性，本书仅是梳理整合了部分援藏单位在促进各民族"三交"的一些典型案例事实，以从中窥探对口支援政策是通过什么

---

① 习近平：《依法治藏富民兴藏长期建藏　加快西藏全面建成小康社会步伐》，载《人民日报》2015 年 8 月 26 日，第 1 版。
② 习近平：《全面贯彻新时代党的治藏方略　建设团结富裕文明和谐美丽的社会主义现代化新西藏》，载《人民日报》2020 年 8 月 30 日，第 1 版。

渠道产生增进贫困人口主观福利这一作用效应的。需要指出的是，尽管以项目建设为主要载体的一系列具体支援举措在受援地实施过程中也会间接产生促进各民族"三交"的作用，但这里的典型案例事实主要是指对口援藏过程中援受双方（尤其是支援方与受援地贫困或低收入人口）在不同领域的面对面、跨区域的直接互动交往交流。

一是以"点对点"式结对帮扶促进贫困人口在脱贫致富中增强民族认同感和幸福感。例如，从 2019 年 7 月入藏工作以来，湖北省襄阳市第九批援藏干部人才大力实施"党建结对、群众认亲"活动，推动襄阳市援藏工作队与山南市琼结县群众结对帮扶，推进两地交往交流交融。截至 2021 年，襄阳市援藏干部人才共争取交往交流经费 840 万元，组织琼结县政协系统、组织系统、政法系统、教育系统、卫健系统、乡镇村居等涵盖全县各部门的 171 名干部群众分 20 批次赴襄阳交流学习。在党政干部培养上，2020 年襄阳市第九批援藏工作队组织琼结县 4 个先进村（社区）党支部书记赴襄阳市交流，不断提升琼结在基层党建、产业发展、人才培育、基层治理等方面的水平和能力；在基层群众交往上，2020 年襄阳市第九批援藏工作队又组织琼结县 20 个行政村 23 名藏族群众代表赴襄阳市开展"高原乡亲襄阳走亲戚"活动，并邀请琼结县参加湖北汉江流域农博会，促成琼结县高原产品销售一空。截至 2020 年，广东第九批援藏工作队 154 名援藏干部采取"一对多"的结对帮扶方式，先后与 163 户 690 名农牧民群众结亲，几乎每位援藏干部都有一户或多户"亲戚"，累计结对帮扶 1000 多名困难群众，为结亲对象办实事好事近 400 件。[①] 天津第八批援藏干部人才与西藏昌都当地 100 余个贫困户也结成了帮扶对子，为贫困户精准出谋划策，帮助困难户脱贫致富；福建第八批援藏干部工作队采取每位援藏干部与 1～3 户贫困户结对，每位援藏教师与昌都市第三高级中学一名贫困生结对，开展进村入户、结亲交友活动，援藏干部人才深入结对贫困户家中，与群众"同吃、同住、同劳动"和交心谈心，帮助贫困户解决实际困难。[②]

二是以文化、旅游、经贸等领域交流合作方式在促进受援地人口增收过

---

① 黄叙浩、郭冬冬：《广东援藏工作队开展"结对结亲、交流交融"活动增进粤藏情谊》，南方新闻网，https://news.southcn.com/node_54a44f01a2/99119050dd.shtml。

② 西藏自治区地方志办公室：《西藏年鉴 2018》，西藏人民出版社 2019 年版，第 176、186 页。

程中增进民族交流交融。例如，北京第九批援藏工作队于 2021 年实施"携手工程"，以"走出去、请进来"方式促进北京和拉萨两地民族"三交"，组织拉萨市受援县区、市直相关单位、文化文创企业赴北京市开展交流学习；安排援藏资金专门支持受援县区与北京结对区交流交往项目，项目涉及信息化、乡村振兴、医疗、教育等领域。湖南第九批援藏工作队以文化交流促经贸合作为重点，于 2021 年组织促成中国西藏雅砻文化节在湖南举办，文化节包括开幕式晚会、招商与旅游推介会、山南风情与社会成就、非遗手工业品展览等活动，并组织山南市党政代表团与湖南援藏相关地级市开展招商引资、经贸洽谈等活动。2020 年安徽第七批援藏工作队以"皖藏一家亲"活动为核心，以非工程类交流交往精神文化建设为引导，推进援藏展览与援藏博物馆建设，推动群团组织合作交流，多次组织皖藏青少年开展民族团结"手拉手"交流。河北省第九批援藏工作队支持和动员河北省旅游企业于 2020 年开展"旅游援藏点对点结对帮扶行动"，促成河北省旅游投资集团和阿里地区旅游公司、保定市易水湖景区和日土县班公湖景区签约建立友好协作关系，大力推进客源援藏，把引进游客作为重心，分别在石家庄、北京举办阿里旅游推介会，通过旅游促进内地与阿里的交往互融。①

　　三是以充分发挥援藏"示范效应"带动和支持社会各界积极参与民族"三交"，促进受援地人口全面融入现代化。促进西藏与内地各民族"三交"、增进受援地人口主观幸福感是一个长期过程，不仅需要借助对口援藏政策，而且需要充分发挥援藏促进民族"三交"的"示范效应"，引导和带动更多的社会团体、民间机构和普通群众参与其中，目前已有不少援藏单位在此方面积累了一些经验案例。例如，江苏充分发挥群团、教育等部门优势，动员社会资源推动江苏和拉萨两地青少年交流交往，深入推进"结对子、结亲戚、交朋友"等民间交流活动，让拉萨青少年与江苏青少年多层次、多形式互动，于 2017 年组织开展了"江苏西藏少年儿童手拉手"活动，举办民族团结夏令营，结成千对少先队员互助对子；受援的拉萨 4 个县分别制定了《2017 年度民族交流交往交融项目实施方案》，组织创业青年、农牧民、妇女代表等群体分批次赴江苏学习考察，增进了民族情感上的相互亲近。2017 年福建充分发挥民营企业多、海外华侨多的优势，动员社会各界爱心人士参与

---

① 根据北京、湖南、安徽、河北等省份的相关援藏报道资料整理。

福建和昌都两地交流、捐赠资金物资；福建厦门北京商会组织昌都市左贡县青少年赴北京参加"乡村中国梦"素质拓展活动，增强藏族青少年的"五个认同"①；福建新媒体公司开展"益起进藏"活动，在奉献爱心的同时与昌都当地儿童开展互动交流。② 2017 年重庆组织对口支援的昌都市类乌齐县、芒康县民间艺术团赴渝交流，在重庆大型商圈多次举办文艺展演，推介藏族文化，促进两地交往交流。③ 值得一提的是，随着西藏与内地各省市民间交往越来越频繁，藏族人口的跨省社会流动也更加自由顺畅，这对西藏实现脱贫的人口进入城镇就业并实现市民化，促进族际自由通婚和全面融入现代化生活都产生了积极影响。

4.3　本章小结

本章首先基于多维贫困视角，分别从促进受援地经济增长减缓收入贫困和增加受援地公共支出减缓非收入贫困两条动态路径，对对口支援的减贫作用机制进行理论解构。其次，再从具体的收入贫困视角出发，从产业发展、就业、人力资本、贸易开放四个维度对对口支援政策减缓收入贫困的内在具体作用机制进行了深入剖析。最后，以对口援藏为例，立足于实地调研获取的第一手资料，对对口支援减贫的实践案例进行经验总结与解析，以初步印证本书搭建的对口支援减贫作用机制理论分析框架的合理性，同时为后文以对口援藏的实证研究打下基础。

---

① "五个认同"是指增进各族群众对伟大祖国、中华民族、中华文化、中国共产党、中国特色社会主义的认同。

② 西藏自治区地方志办公室：《西藏年鉴 2018》，西藏人民出版社 2019 年版，第 187~188 页。

③ 西藏自治区地方志办公室：《西藏年鉴 2018》，西藏人民出版社 2019 年版，第 190 页。

第 5 章

对口援藏政策的演进历程及减贫现状

对口支援政策实施领域广，涉及的人口众多。从减贫角度来讲，西藏是对口支援政策实践中的典型区域，不仅是由于对口援藏政策实施时间早、范围广、投入规模大、影响深远，还源于西藏具有贫困程度深、少数民族聚集、发展基础较差等典型的西部欠发达地区特征。鉴于此，遵照本书基本思路与推进路径，从本章开始，将以对口援藏为例，对对口支援政策产生的减贫效应进行全面的实证分析。本章先从制度分析视角考察对口援藏政策的演进历程，再分析揭示对口支援政策的演进特征，挖掘对口支援政策减贫功能的变动特征，随后基于贫困的一般性统计指标和 FGT 指数，从多层面对对口援藏的减贫现状进行分析，以初步考察对口援藏政策的减贫成效。

5.1　对口援藏政策的演进历程

对口援藏作为对口支援引入援助西藏政策体系的具体形式，其形成与发展经历了一个较长的历史演进过程。自 1951 年西藏和平解放后，鉴于当时西藏极为贫穷落后的经济社会状况，中央政府高度重视西藏经济社会发展，根据西藏实际，先后多次召开西藏工作专题会议来研究西藏发展问题，制定了一系列政策措施，从物资干部人才、资金、技术等各方面对西藏进行全方位的支援，从农牧业、电力工业、邮电通信业、交通运输业、商业、金融服务业等经济领域和教育卫生等社会事业以及社会稳定等各方面对西藏进行全行业支持，由此形成了最早的援藏政策，而对口援藏政策正是在援藏政策基础上不断形成与演化发展的。

5.1.1　对口援藏政策初步形成时期：1951～1979 年

对口援藏起源于 20 世纪 50～60 年代国家实施的沿海支援内地、城市支援农村，以及全国对西藏的支援等政策措施。1951～1979 年，中央根据实际，制定了一系列特殊政策和优惠措施，帮助西藏发展经济，并动员全国、组织内地发达地区支援西藏建设。1955 年 3 月，国务院第七次全体会议通过的《关于帮助西藏地方进行建设事项的决定》指出：拨款并派遣技术人员，帮助西藏地方进行各项经济和文化建设。当时的燃料工业部、地方工业部、水利部、农业部、建筑工程部和交通部等部门发挥各自优势，对西藏各地进行基础设施建设项目援助和资金援助。此次会议标志着中央人民政府帮助西藏地方开始全面的经济社会建设。

在物资援藏上，20 世纪 50 年代初，进藏部队、城乡居民和经济社会建设对西藏商品物资的需求日益增长，而西藏本地的生产只能满足需求的15%，剩余 85% 全部需要依靠采购或调入。为保障西藏的市场稳定和经济发展，国家有关部委对供应西藏的商品物资在政策上给予优惠，在生产上安排内地的各省区市厂家进行生产，各省区市厂家将其作为一项政治任务来完成。供应西藏粮食和食用油的主要包括四川、湖北、湖南、江西、北京、上海、江苏、山东、陕西、河南等 10 个省市，供应日用工业品的主要是上海、天津和广州，供应副食品的主要是四川、广东、上海、广西、云南和贵州，供应生产物资的厂家主要是首钢、包钢、武钢、鞍钢等。即使是在 1960～1962 年国民经济十分困难的时期，各内地省区市在商品短缺等困难情况下，对西藏人民的生活必需品也仍给予了支援。①

---

① 乔元忠：《全国支援西藏》，西藏人民出版社 2002 年版，第 2 页。

在干部人才援藏上，1951 年中央从北京等地抽调部分藏族干部进藏工作，并成为西藏干部的主要来源。1959 年 3～9 月，中央先后下发了《关于抽调干部赴西藏工作的通知》等 5 个文件，从北京、四川、河南、青海等省份和国务院有关部委抽调 3000 多名干部进藏工作。1960～1963 年，中央又先后下发《关于给西藏抽调干部的通知》《从内地抽调干部到西藏工作的通知》等文件，先是从内地各省份和中央有关部门抽调各类干部1278 名赴西藏工作，后由从北京、河北等 24 个省份和国家外贸部抽调 392名党政干部，以及财贸、邮电、农牧等专业技术干部入藏工作。至 1965 年西藏自治区成立时，西藏干部队伍已由 1951 年的 2000 多人增长至 22818人，增长了 10 倍。1971 年以后，中央从内地又选调大批干部、工人以及1042 名大中专毕业生，充实到西藏干部队伍。至 1976 年，西藏的干部总数达到 40819 人，其中汉族干部为 24029 人。1979 年，中央组织部下发《关于抽调干部支援西藏和在藏干部内返问题的通知》，决定在 1979 年和1980 年每年给西藏抽调干部约 3000 人，其中党政干部和专业技术干部大体各占一半。此外，1953～1979 年，卫生部先后分别选派由 125 名、445名、200 名医务人员组成的赴藏工作队入藏工作。1974 年，国家有关部委以及上海、江苏、四川、山东、湖南、湖北、辽宁、河南等省份先后选派389 名中学和大学教师入藏工作。到 1980 年，西藏干部总数达到 59708 人，其中汉族干部 32498 人。①

在财政支持上，西藏和平解放后，中央对西藏实行"不索取，给补助"的政策，给予西藏巨额财政帮助。1952～1979 年，中央给西藏的财政补贴、定额补助、专项补助、基本建设投资等，累计达 60.94 亿元。② 1952～1958年，中央给予西藏财政补助收入累计达 35717 万元，占西藏各年财政总收入的 91%。1959～1965 年，中央给予西藏财政补助收入累计达 59023 万元，占这一时期西藏财政总收入的 69%。1966 年，中央开始对西藏采取"核定收支，总额计算，多余上缴，不足补助，一年一定"的财政管理办法。1968～1970 年，西藏地方财政收入开始为负数，连年净亏损，中央财政对西藏地方

① 马菁林：《西藏自治区志·国民经济综合志》，方志出版社 2015 年版，第 449～452 页。
② 《援藏 60 年峥嵘岁月》，中国西藏网，http://www.tibet.cn/newzt/yuanzang/yzdt/201105/t20110524_1051503.htm。

财政亏损部分均予以弥补。1971～1979年，中央对西藏财政实行“定收定支，收支包干，保证上缴，结余留用，一年一定”的财政管理办法，根据该办法的规定，西藏地方财政多收即可多支，少收则压缩支出，这一办法调动了西藏财政增收的积极性，使得西藏地方财政逐渐由“入不敷出”转为出现结余。[①]

在全国支援西藏的同时，新中国也在西部其他省份开展了具有对口支援性质的帮扶行动，主要是沿海支援内地、城市支援农村。从20世纪50年代中期开始，较大范围的省际对口支援工作逐步开展，主要是上海、天津等东部沿海发达地区对陕西、新疆、内蒙古等西部落后地区的援助。[②] 1960年3月20日，《山西日报》上一篇以“厂厂包社对口支援——论工业支援农业技术改造的新形势”为题的社论，最早提出了对口支援的概念。[③] 直至1979年4月，中央召开了全国边防工作会议，会议首次正式提出了“对口支援”的概念，并将对口支援以国家政策形式正式确立下来。这次会议指出，国家将加大对边境地区和少数民族地区的资金和物资投入，加强建设，并组织内地省、市对口支援边境地区和少数民族地区。[④] 针对中国边境地区多为经济欠发达的少数民族地区的现状，会议最终确定了东部发达省市与边境及少数民族地区对口支援关系的方案。[⑤] 具体见表5－1。值得关注的是，1979年召开的全国边防工作会议提出了“全国支援西藏”的方针，并首次引入对口支援，对口支援模式的成功使其迅速被借鉴到援藏工作中。[⑥]

---

① 马菁林：《西藏自治区志·国民经济综合志》，方志出版社2015年版，第447～448页。

② 钟开斌：《对口支援：起源及其演化》，载《甘肃行政学院学报》2013年第4期，第15页。

③ 《厂厂包社 对口支援——论工业支援农业技术改造的新形势》，载《山西日报》1960年3月20日。

④ 国家民委政策研究室：《国家民委民族政策文件选编（1979—1984）》，中央民族出版社1988年版，第242页。

⑤ 李庆滑：《我国省际对口支援的实践、理论与制度完善》，载《中共浙江省委党校学报》2010年第5期，第55页。

⑥ 谢伟民、贺东航、曹尤：《援藏制度：起源、演进和体系演进》，载《民族研究》2014年第2期，第18页。

表 5 - 1　　　　　1979 年东部省份与西部省份的对口支援关系

支援方	受援方
北京	内蒙古
河北	贵州
江苏	新疆、广西
山东	青海
天津	甘肃
上海	云南、宁夏
全国	西藏

　　总体上看，1951～1979 年，对西藏的援助在当时确定的支援西藏主体是"全国"，这一虚化的没有明确指向的广义词汇意味着主体尚不十分明晰，且不固定在哪些省份①，也并没有形成规范的运行机制，"对口"方式随机性强、简单化，而且援助的内容也较为粗放，这与当时全国其他省份开展的对口支援相类似。实际上这一时期的对口支援作为当时计划经济的一个组成部分，与后来的"对口援藏"有本质的区别。② 因此，严格来说，这一时期全国对西藏的发展援助并非真正意义上的对口支援。但无论如何，"对口支援"的提法在 1960 年已经出现，并且于 1979 年被中央正式提出并上升为国家政策，这标志着对口支援政策已初步形成，这一阶段的大量援藏实践也为对口支援政策的正式形成奠定了基础。此外，从全国对口支援的对象和重点上看，对口支援政策的实施对象主要是西部欠发达地区，尤其是贫困地区，而援藏政策的功能定位主要是全面支援受援地区的经济社会发展，以促进其摆脱贫穷落后的境地。

5.1.2　对口援藏政策正式形成时期：1980～2000 年

　　党的十一届三中全会之后，为了帮助西藏全面落实十一届三中全会的路

---

　　① 孙勇、杨杰、马伟著：《对口支援西藏工作实践及组织结构与机制演化分析》，载《西藏大学学报（社会科学版）》2019 年第 3 期，第 131 页。
　　② 杨明洪：《和平解放以来中央对口支援西藏政策变迁研究》，载《中国藏学》2019 年第 4 期，第 47 页。

线、方针和政策，加快西藏经济建设。1980 年中央召开的第一次西藏工作座谈会将西藏作为整体支援对象，并提出了"中央关心西藏，全国支援西藏"的概念。直至 1983 年，国务院才决定由四川、浙江、上海、天津等四省市对口支援西藏，上述四省市连同北京、江苏、陕西与西藏建立项目上的对口支援与协作关系，中央、国务院部门也开始与西藏自治区各部门对口联系和帮扶，这标志着"全国支援西藏"的正式开始①，但并未形成明确固定的结对支援关系。1984 年中央召开第二次西藏工作座谈会，确定由全国 9 个省市②和国家有关部委帮助西藏建设 43 项工程，总投资 4.8 亿元，涉及 10 个行业。③ 这次会议标志着全国援藏的正式开始，中央明确提出"国家直接投资项目、中央政府财政补贴、全国人民对口支援西藏"的支援方针。1994 年 7 月中央召开的第三次西藏座谈会是对口援藏政策正式确立的重要标志性会议，会议确定了"分片负责、对口支援、定期轮换"的援藏方式，做出了全国支援西藏和 15 个省市④对口支援西藏 7 个地市的重大决策，中央各部委对口支援西藏自治区各部门（见表 5 - 2），并由国家直接投资和动员全国支援西藏兴建 62 项工程，总投资 23.8 亿元⑤。这次会议将分散的对口支援进行固定化，此后全国对口支援西藏工作如火如荼地开展起来。在第三次西藏工作座谈会的文件（《中共中央、国务院关于加快西藏发展、维护社会稳定的意见》）中提出了对口支援西藏的重点领域：经济开发、教育卫生、干部交流，要求建立相对稳定的、各方面配套的对口支援关系，并提出"支援帮助与自身努力相结合，国家的政策优惠、西藏的资源优势和内地的其他优势相结合"的原则，以及通过支援密切西藏与内地的经济、社会、文化联系，巩固和维护祖国统一、民族团结的经济社会基础，启动西藏自我发展的活力、动力的目的。⑥

---

① 杨明洪、马骏丽：《以"民主改革"为坐标起点考察对口援藏制度》，载《中央民族大学学报（哲学社会科学版）》2019 年第 5 期，第 126 页。

② 这 9 个省市是北京、天津、上海、四川、浙江、江苏、广东、福建、山东。

③ 马菁林：《西藏自治区志·国民经济综合志》，方志出版社 2015 年版，第 446 页。

④ 实际上对口援藏工作开始时只有 14 个内地省市，1997 年重庆市成为直辖市后，继续对口支援昌都地区，对口支援省市增加为 15 个，对口援藏工作是从 1995 年才开始正式启动。参见王磊：《对口援藏有效性研究》，中国社会科学出版社 2016 年版，第 93 页。

⑤ 实际完成投资为 48.6 亿元。参见马菁林：《西藏自治区志·国民经济综合志》，方志出版社 2015 年版，第 447 页。

⑥ 王小彬：《经略西藏——新中国西藏工作 60 年》，人民出版社 2009 年版，第 277 页。

1995 年对口援藏政策正式实施，各对口支援西藏的省市暂定对口支援时间 10 年，派出援藏干部原则上 3 年轮换一次，形成了首批承担对口支援任务的 29 个中央部委、14 个省市对口支援西藏 7 个地市的 44 个县市区的援助格局。这次会议，中央明确要求：一是内地各省市不仅要向西藏各受援地区支援项目建设资金，还要向派遣援藏干部和技术人员入藏支援，使得受援地区经济社会发展得到全方位支援；二是内地各省市与西藏各受援地区的对口关系基本保持稳定，并且形成了"省对市、市对县、部门对部门"的对口支援关系。第三次西藏工作座谈会是对口支援引入援藏政策体系进而形成对口援藏政策的重要标志，同时也是援藏工作的重要转折点，此后对口援藏的运行机制得以确立并基本稳定。

表 5 - 2　　　　　　第三次西藏工作座谈会确立的省际对口支援关系

支援方	受援方
北京、江苏	拉萨市
上海、山东	日喀则地区
湖北、湖南	山南地区
广东、福建	林芝地区
四川、天津	昌都地区
浙江、辽宁	那曲地区
河北、陕西	阿里地区
中央国家机关	西藏自治区直属机关

5.1.3　对口援藏政策发展深化时期：2001～2011 年

在 2000 年西部大开发战略实施的背景下，为通过对口支援加快西藏经济社会建设，2001 年中央召开第四次西藏工作座谈会，对对口援藏政策进行了首次调整，这标志着对口援藏政策开始进入深化发展时期。这次会议决定，新增 3 个省、17 家中央企业对口援藏，并将原来未列入受援范围的西藏 29 个县纳入对口支援范围，由此实现对西藏所有的 73 个县和双湖特别行政区的对口支援全覆盖（见表 5 - 3）。至此，参与对口援藏的省市共有 17 个。中央明确要求内地各省市对西藏各受援地区要保持支援的持续性、主动性，"承担对口支援任务的省市和中央、国家机关要把西藏受援地区和部门作为本省市、本部门的一个特殊地区和部门对待"①，进一步强调了各支援单位的主体责任，加快推动了对口支援走向"实质性支援"。中央第四次西藏工作座谈会后，对口援藏的范围和参与主体均得到扩大，基本形成了目前的对口支援格局。同时，这次座谈会还强调"把干部援藏与经济援藏结合起来"，2005年在《中共中央国务院关于进一步做好西藏发展稳定工作》的文件中又将对口援藏内容体系表述为"以干部援藏为重点，把干部援藏和经济援藏、人才援藏和技术援藏结合起来"。

表 5 – 3　　　　　　第四次西藏工作座谈会后的省际对口支援关系

支援方	受援方
北京、江苏	拉萨市
上海、山东、黑龙江、吉林、中国中化集团公司、上海宝钢集团有限公司	日喀则地区
湖北、湖南、安徽、中国粮油食品集团有限公司	山南地区
广东、福建	林芝地区
四川、天津、重庆、中国第一汽车集团公司、东风汽车公司、中国电信集团公司、中国铝业公司、中国远洋运输集团公司、武汉钢铁集团公司	昌都地区
浙江、辽宁、中国石油天然气集团公司、中国石油化工集团公司、中国海洋石油总公司、神华集团有限公司、中国中信集团有限公司	那曲地区
河北、陕西、国家电网公司、中国移动通信集团公司、中国联合网络通信集团有限公司	阿里地区
中央国家机关	西藏自治区直属机关

注：四川提出本省藏族聚居区也需要支援，经中央批准从 2004 年开始不再承担对口援藏工作，中央决定由武钢集团、中国铝业接替四川，分别对口支援昌都八宿县、察雅县，安排重庆接替四川，承担对口支援昌都类乌齐县和芒康县的任务。

2010 年召开的中央第五次西藏工作座谈会对对口援藏政策进行了第二次调整，主要包括：一是要求各援藏省市年度援藏投资实物工作量按照该省市

———————————

①　中共中央文献研究室：《西藏工作文献选编》，中央文献出版社 2005 年版，第 589 页。

上一年度地方财政一般预算收入的1‰安排用于对口援藏工作，以后各年度按当年财政收入每年递增8%；二是将改善民生作为对口援藏的重点，明确了援藏资金和项目向农牧区倾斜、向基层倾斜的"两个倾斜"政策规定，并且要求确保80%以上的援藏资金用于民生领域、基层和农牧区，此后这一要求也纳入了《"十二五"时期对口支援西藏经济社会发展规划（2011—2015）》，各支援方的资金安排也基本上落实了这一政策。

5.1.4 对口援藏政策逐步完善时期：2012年至今

党的十八以来，以习近平同志为核心的党中央高度重视西藏工作，对对口援藏工作做出了一系列新的部署和安排，由此对口援藏政策开始进入逐步完善时期。习近平总书记立足实际，着眼于西藏同全国一道实现全面小康和现代化，促进西藏经济社会长足发展和长治久安，鲜明提出"治国必治边、治边先稳藏"的重要论述，形成了新时代党的治藏方略。

2014年对口援藏工作20周年电视电话会议召开，会议不仅总结了对口援藏20年取得的显著成效与经验，还对新时期对口援藏政策提出了新的完善要求。一是确立对对口支援的结对关系实行"大稳定、小调整"的基本原则，将根据西藏受援地的实际发展情况对支援方进行适当调整，这一原则实际上是对省市对口援藏资源进行再分配；二是提出"大力实施经济援藏、教育援藏、就业援藏、科技援藏、干部人才援藏，进一步完善全方位、多层次、宽领域的对口支援西藏工作格局"，这是自中央第四次西藏工作座谈会以来对援藏领域的一次发展；三是提出要规范和管理好援藏资金和项目，对援建项目管理和援建方式提出了一系列具体要求，以优化援藏资源配置和提高援藏资金使用效益。此外，这次会议还提出了"依法治藏、长期建藏、争取人心、夯实基础"的重要原则，并指出"对口支援西藏工作的指导思想、基本要求、工作方法对四川、云南、甘肃、青海四省藏区也是适用的"。

在2015年召开的中央第六次西藏工作座谈会上，习近平总书记指出："必须坚持治国必治边、治边先稳藏的战略思想，坚持依法治藏、富民兴藏、长期建藏、凝聚人心、夯实基础的重要原则"，"把改善民生、凝聚人心作为经济社会发展的出发点和落脚点"，"要大力推进基本公共服务，突出精准扶贫、精准脱贫，扎实解决导致贫困发生的关键问题，尽快改善特困人群生活状况"。^① 按照这次会议精神，此后对口援藏政策进一步完善，主要体现在：一是对对口支援的结对关系和资金进行了适当调整，具体表现为，从 2016 年开始将原来对口支援林芝市的福建省调整为对口支援昌都市，北京、江苏、广东每年从本省市援藏资金中各调出 25% 用于支持昌都市，并将昌都市的绝大多数县由原来的一个对口支援单位增加为两个；二是从 2015 年开始，中央相关部委和各援藏省市陆续启动实施医疗人才、教育人才"组团式"援藏模式，将分散的援藏专业技术人员整合"组团"，发挥团队整体优势，集中对口支援受援地，加快受援地医疗、教育服务能力和水平的提升；三是从 2018 年开始，中央启动实施对口援藏绩效综合考核评价，并由中央组织部、教育部、卫生计生委、扶贫办、国家发展改革委地区司和 17 个省市的援藏工作机构组成工作组，入藏开展对口支援绩效综合考核调研工作，目的在于了解援藏年度计划与规划衔接、年度计划执行、经济对口支援资金到位率和项目开工率、竣工验收率、投资完成率，援受双方专门工作机构均设立及履职等情况，注重发现援受双方存在的问题和不足^②。2019 年 12 月，西藏实现全面消除绝对贫困，并即将实现同全国一道步入小康社会的宏伟目标，在 2020 年 8 月召开的中央第七次西藏工作座谈会上，习近平总书记强调："要贯彻新发展理念，聚焦发展不平衡不充分问题。要在巩固脱贫成果方面下更大功夫、想更多办法、给予更多后续帮扶支持，同乡村振兴有效衔接，尤其是同日常生活息息相关的交通设施、就医就学、养老社保等要全覆盖"，"中央支持西藏、全国支援西藏，是党中央的一贯政策，必须长期坚持，认真总结经验，开创援藏工作新局面"。^③ 此次会议一方面再次重申了对口援藏政策是一项长期政策，将在受援地很长一段时期内持续实施；另一方面指出了新时期对口援藏工作的重心要转向解决发展不平衡不充分问题，以巩固脱贫成果和推进乡村振兴为突破口，为实现缩小收入差距、缓解相对贫困和富民兴藏的目标持久助力。

---

① 习近平：《依法治藏富民兴藏长期建藏 加快西藏全面建成小康社会步伐》，载《人民日报》2015 年 8 月 26 日，第 1 版。

② 《国家对口援藏绩效综合考核组赴藏开展实地调研核查工作》，西藏自治区发展和改革委员会，http://drc.xizang.gov.cn/zsyz/dt/201806/t20180630_175349.html。

③ 习近平：《全面贯彻新时代党的治藏方略 建设团结富裕文明和谐美丽的社会主义现代化新西藏》，载《人民日报》2020 年 8 月 30 日，第 1 版。

5.2 对口援藏政策的演进特征分析

对口援藏政策从萌芽、正式确立和实施，再到发展深化，直至目前的逐步完善，经历了多个演化阶段。从历史演进的视角看，这一政策逐渐规范化、制度化，并且呈现出一些鲜明的演进特征。

5.2.1 对口援藏政策内容不断丰富

1. 对口援藏的主体先增加后趋于稳定

对口援藏政策实施以来，对口支援的主体不断增加，由1994年政策实施时确定的15个省市增加为2001年的17个省市、17家中央企业，由此形成省市援藏、中央企业援藏和中央机关援藏的支援体系，此外中央也引导各类非公有制企业积极参与援藏，形成各方社会力量共同参与的"全国支援"格局。在对口援藏的范围和领域上，受援地范围由最初的7个地市44个县，拓展为7个地市全部74个县区全覆盖（见表5-4），援助的领域由初期的主要支援项目和干部，发展为经济、干部、人才、科技相结合，再到逐步形成目前的经济、教育、就业、科技、干部人才的全方位、宽领域、多层次援助体系。

表5-4 对口援藏单位与西藏各县（区）的具体结对关系

对口支援单位	受援地所属地市	具体受援县（区）
北京	拉萨	城关区（3650）、堆龙德庆县（3640）、当雄县（4265）、尼木县（3800）
江苏	拉萨	达孜县（3720）、林周县（3760）、曲水县（3610）、墨竹工卡县（3820）
湖南	山南	贡嘎县（3560）、扎囊县（3550）、桑日县（3560）、隆子县（3980）
湖北	山南	乃东县（3560）、曲松县（3900）、加查县（3280）、琼结县（3769）
安徽	山南	错那县（4370）、浪卡子县（4454）、措美县（4200）

续表

对口支援单位	受援地所属地市	具体受援县（区）
中粮	山南	洛扎县（3800）
上海	日喀则	江孜县（4050）、拉孜县（4012）、亚东县（3002）、萨迦县（4316）、定日县（4320）
山东	日喀则	日喀则市（3860）、昂仁县（4320）、白朗县（3920）、南木林县（4002）、聂拉木县（3757）
黑龙江	日喀则	康马县（4300）、仁布县（3780）、谢通门县（4007）
吉林	日喀则	定结县、吉隆县、萨嘎县（4513）
宝钢	日喀则	仲巴县（4574）
中化	日喀则	岗巴县（4750）
广东	林芝	巴宜区（2960）、波密县（2720）、察隅县（2300）、墨脱县（1130）
福建①	林芝	朗县（3100）、米林县（2940）、工布江达（3450）
天津	昌都	昌都县（3250）、江达县（3540）、丁青县（3873）
重庆	昌都	芒康县（3905）、类乌齐县（3840）
东风	昌都	贡觉县（3640）
中远	昌都	洛隆县（3640）
中铝	昌都	察雅县（3260）
一汽	昌都	左贡县（3780）
电信	昌都	边坝县（3760）
武钢	昌都	八宿县（3260）
浙江	那曲	那曲县（4507）、比如县（3960）、嘉黎县（4510）
辽宁	那曲	安多县（4700）、索县（4040）、巴青县（4140）
神华	那曲	聂荣县（4700）
中石油	那曲	双湖县（4800）

① 2015 年中央第六次西藏座谈会之后，中央对对口支援的结对关系进行了适当调整，将原对口支援林芝的福建省调整为对口支援昌都，调整从 2016 年 1 月开始正式执行。从 2016 年 1 月开始，福建对口支援西藏的地区由林芝市变更为昌都市，并确定由福州、厦门、泉州、漳州、龙岩等 5 个市分别对口支援昌都的八宿、左贡、洛隆、边坝等 4 个深度贫困县。

续表

对口支援单位	受援地所属地市	具体受援县（区）
中信	那曲	申扎县（4800）
中海油	那曲	尼玛县（4500）
中石化	那曲	班戈县（4700）
河北	阿里	扎达县（3728）、日土县（4314）
陕西	阿里	普兰县（3936）、噶尔县（4278）
移动	阿里	改则县（4500）
联通	阿里	革吉县（4445）
国电	阿里	措勤县（4680）

注：中粮、宝钢、中化、东风、中远、中铝、一汽、电信、武钢、神华、中石油、中信、中海油、中石化、移动、联通、国电分别为中国粮油食品集团有限公司、上海宝钢集团有限公司、中国中化集团公司、东风汽车公司、中国远洋运输集团公司、中国铝业公司、中国第一汽车集团公司、中国电信集团公司、武汉钢铁集团公司、神华集团有限公司、中国石油天然气集团公司、中国中信集团有限公司、中国海洋石油总公司、中国石油化工集团公司、中国移动通信集团公司、中国联通集团有限公司、国家电网公司的简称。西藏自治区的直属机关由相应的中央国家机关对口支援。表中括号内的数字为当地海拔高度，单位为米。本表截止日期：2014 年 8 月 25 日。

资料来源：根据中国西藏新闻网（http：//yz.xzxw.com/）中的相关资料整理而得。

2. 对口援藏的投入力度不断加大

在对口援藏的投入力度上，对口援藏政策以项目、资金、干部人才的投入为支援载体，自 1994 年对口援藏政策确立以来，各对口支援方不断加大援藏投入力度，援藏资源投入呈现出稳定增长的态势。据统计，1994 ~ 2014 年，18 个省市、17 家中央企业以及 66 个中央机关承担了对口援藏的任务，共实施 7615 个援藏项目，投入资金 260 亿元，派出超过 6000 人次的援藏干部人才入藏进行工作。① 1994 ~ 2019 年，对口援藏资金累计投入超过 460 亿元，18 个省市、17 家中央企业和 66 个中央机关共选派 7 批次超过 5000 名干部和 2000 名专业技术人员参与援藏工作。其中，1994 ~ 2010 年，各省市、中央企业和中央机关累计向西藏投入援藏资金总额达 156 亿元，实

---

① 刘天亮：《援藏 20 年，翻过米拉山口更向前》，载《人民日报》2014 年 8 月 26 日，第 5 版。

施援藏项目4807个，① 分阶段来看，1994~2004年，各省市、中央企业和中央机关等援藏主体共支援西藏基本建设项目1698个，总投资54亿元，其中第三次西藏工作座谈会确定的62项工程中由各省市援建32个项目，第四次西藏工作座谈会确定的117项工程中由各省市援建70个重点建设项目；2004~2007年，第四批援建项目为1401个，总投资达25.72亿元；2007~2010年第五批援建项目超过1200个，总投资50多亿元。从年均援藏资金投入来看，1995~2004年为6亿元，2004~2007年为8亿余元，2007~2010年近13.5亿元，对口援藏项目资金投入逐步增长。而从2010年开始，各援藏省市明显加大援藏资金投入，2010~2013年、2013~2016年、2016~2019年的年均援藏资金投入分别高达31.42亿元、41.76亿元、44.06亿元。② 2015~2020年累计实施援藏项目1260个，累计完成投资200.07亿元。需要指出的是，从援藏资金投入角度看，省市对口援藏是主要的支援主体，1994~2019年的省市对口援藏资金投入占全部援藏资金总额的比重高达90%以上。③

对口援藏以援建项目为主要载体，以援藏干部人才（包括党政干部和专业技术人员）为核心纽带。以省市对口援藏来看，从图5-1中可以看出，1995~2019年，18个省市（包括四川省）先后共选派对口援藏干部人才7305人，对口援藏累计投入的资金为314.79亿元④；援藏资金的投入呈现出先缓慢增长后快速增长的特征，以2007年为转折点，增长速度明显加快；援藏干部人才总体上呈现稳步上升趋势，同样是从2007年开始增长速度有所加快，这表明各省市从2007年开始明显加大了对口援藏力度，援藏干部人才和援藏资金的投入呈现出快速"双升"的特征。

---

① 王代远：《全国支援西藏工作的经济社会效益研究》，西藏藏文古籍出版社2012年版，第200页。

② 根据本章表5-7中的有关数据计算而得。

③ 根据援藏相关数据计算而得。

④ 根据本章表5-5、表5-6和表5-7中的数据计算而得。按照1994年中央第三次西藏工作座谈会确立的"分批负责、对口支援、定期轮换"的援藏工作机制要求，对口援藏工作在实际运行中，分批次实施，其中1995年7月至1998年7月为第一批（援藏项目和干部人才），之后每三年轮换下一批。对于1995年就开始参与对口支援的省市而言，1995年7月至2019年7月，对口援藏工作已完成了八个批次，截至目前已轮换至第九批（2019年7月至2022年7月）。

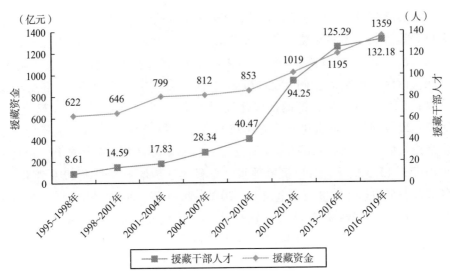

图 5 - 1　1995 ~ 2019 年各省市援藏干部人才和援藏资金分批投入情况

资料来源：西藏和援藏各省市相关网站的援藏工作综述以及报道。

　　根据图 5 - 2，总体上援藏干部人才的投入规模十分有限，与西藏的实际需求存在较大缺口，进一步从援藏干部人才的构成上看，与党政干部投入相比，专业技术人才的投入明显偏少。根据本书课题组 2020 年入藏访谈调查得知，由于西藏本地的教育、医疗和科技水平整体上仍然较为落后，难以依靠自我发展培养出满足当地需求的大规模专业技术人才，尤其是业务能力突出的人才，西藏基层尤其是刚刚脱贫的农牧区现阶段仍然十分缺乏基础教育阶段教师、医疗人员和科技人员等专业技术人才。由于当地人员技术水平"短板"突出，一些受援地的援建项目因前期工作深度不够，年度计划实施与有效施工季的衔接不够紧密，导致项目建设进度迟缓。当然，我们也发现，不少援藏省市（如重庆、天津、湖北等）已关注到此问题，并开展了多批次的专业技术人才短期（一般为半年或 1 年）援藏工作。我们也注意到，从 2016 年开始，绝大多数省份选派的援藏专业技术人才数量已超过了党政干部，从而使得援藏专业技术人才总数量首次超过党政干部，这些举措有利于优化援藏干部人才结构，但目前来看还并不能完全解决农牧区专业技术人才不足的问题。

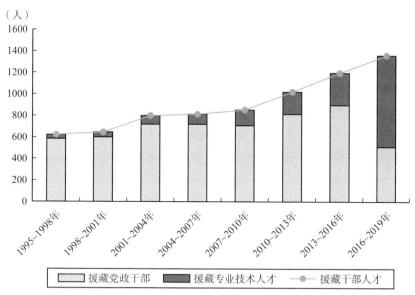

（人）

图 5 - 2 1995～2019 年各省市援藏干部人才投入规模及其构成情况
资料来源：西藏和各援藏省市相关网站的援藏工作综述以及报道。

3. 对口援藏的组织方式逐步探索创新

在对口援藏组织方式创新上，最初是按照"分片负责、对口支援、定期轮换"的方式开展支援，即主要形成"支援省（直辖市）—西藏地级市，支援地级市—西藏县（区）"的结对支援关系，各支援地级市和中央企业与西藏各个县（区）的对口支援关系基本稳定，各省市分别负责所支援的地级市，可以说是"各自为政"，相互之间并没有建立健全统筹协调机制。随着对口援藏的深入推进，2015 年中央第六次西藏工作座谈会后，中央创新发展了"组团式"教育援藏和"组团式"医疗援藏两种新的组织方式，从中央层面统筹整合中央有关部委和支援省市的优质医疗、教育资源开展集中对口支援，促进受援地在较短时期内实现教育和医疗服务水平的较大提升。此外，如湖北省在支援实践中探索"对口下沉"机制，即在湖北省承担支援任务地市对口支援西藏山南市部分县（区）的现有结对关系基础上，将结对关系推广实施至西藏基层的乡镇甚至村一级，即由支援方的某一个县（区、市）对口支援西藏的某一个乡镇甚至村①，应该说，这是对口支援关系由"市—县"下沉至"县—村镇"的创新与发展。

4. 对口援藏的统筹协调机制逐步建立

随着对口援藏深入开展，相应的统筹协调机构也逐步建立和完善。在中央层面，中央西藏工作协调领导小组负责对有关省市和部门的涉藏工作进行调研和协调，其中该小组下设的经济社会组，设在国家发展改革委地区司，主要负责对口援藏工作的统筹协调。在支援方层面，以援藏省市来看，一般在本省市内设立援藏工作领导小组，在受援地成立援藏指挥部，援藏省市的援藏工作领导小组通过召开会议、党政领导带队到西藏实地考察调研或检查指导援藏工作等方式，统筹协调援藏工作，如北京市成立了由市委书记负责的对口支援与经济合作工作领导小组，在受援地拉萨成立了北京援藏指挥部。在受援方层面，先后成立了西藏经济对口援藏工作协调办公室、西藏党委组织部对口支援干部处等单位，专门负责受援工作及援藏干部的管理组织协调工作，同时西藏各具体受援地也先后成立了相应的工作协调领导小组并设立受援办公室，负责与各支援方沟通联系，而教育、医疗系统的"组团式"人才援藏工作设有专门的受援工作机构，以教育系统为例，西藏成立了由一位政府副主席为组长，西藏相关职能部门为成员单位的"组团式"教育人才援藏工作协调领导小组，领导小组下设办公室，专门负责定期调度工作进展、实施等工作。

5.2.2　对口援藏的减贫功能逐渐凸显

通过分析对口援藏政策的演进历程，本书发现，对口援藏的政策功能具有多重性，并且在西藏不同的历史发展阶段，对口援藏的阶段性政策重心并不完全一致，其中一个最为突出的特征是，减贫功能在对口支援政策的演进过程中逐渐凸显。根据本书课题组 2020 年入藏实地访谈调查，对口援藏政策目前有大致五个主要目标地位：一是改善当地群众生产生活条件；二是通

---

① 孙勇、杨杰、马伟著：《对口支援西藏工作实践及组织结构与机制演化分析》，载《西藏大学学报（社会科学版）》2019 年第 3 期，第 138 页。

过产业支援为受援地产业发展奠定基础；三是通过智力和人才支援促进受援地教育、医疗和科技等领域的发展；四是促进内地与受援地不同民族之间的交往交流交融和民族团结；五是帮扶加强受援地基层党组织建设。如果从发挥减贫效能角度来看，对口支援能够直接助力受援地脱贫的主要体现在前三个目标定位，而后两个目标定位最多只能是产生间接的助力脱贫作用。事实上，早在 20 世纪 90 年代初，中央领导就多次强调经济较发达地区要对口支援贫困地区，帮助贫困地区发展。① 然而，早期开展对口支援并不仅仅发挥扶贫功能，而是更侧重于支援欠发达地区发展达到平衡发展。从 1994 年对口支援政策实施的内容上看，当时的减贫功能并不明显，由于当时西藏十分落后的经济社会面貌，对西藏的援助主要体现为"粗放式"的经济社会各领域全方位支援，有限的支援资源并未充分集中于西藏的减贫与脱贫事业。1996年中央决定实施东西部扶贫协作，加快西部欠发达地区脱贫进程，促进东西部平衡发展，在此背景下，对口支援作为有效的协作方式，自然就被直接纳入扶贫政策框架体系，其直接表现就是 1997 年中央扶贫开发会议决定将教育对口支援纳入地方政府经济、科技扶贫计划，开展全面扶贫。由此，各支援方逐渐开始重视受援地的减贫工作，对口支援的减贫功能也逐步显现。②2010 年中央第五次西藏工作座谈会是一个重要转折，这次会议确立的援藏资金 1‰基数和 8% 的递增幅度增长机制以及确保 80% 以上的援藏资金用于农牧区、基层的"两个倾斜"要求，表明对口援藏政策的重心由早期的城镇转向农牧区和占西藏人口 80% 以上的农牧民，而西藏的贫困人口主要是分布于西藏农牧区中的大多数农牧民，这一政策重心的转变，意味着对口援藏已开始将减少贫困和改善民生作为对口援藏的重要任务，援藏资源开始将西藏贫困区域集聚。

党的十八大以来，为解决扶贫开发针对性不强和剩余 1 亿贫困人口脱贫难度大的问题，习近平总书记于 2013 年首创性提出了"精准扶贫"方略③，由此我国打响了一场规模宏大的精准脱贫战。在此背景下，西藏作为我国唯

① 中共中央文献研究室：《十四大以来重要文献选编（上）》，中央文献出版社 1996 年版，第27 页。
② 具体证据见下文 5.3 小节的统计分析结果。
③ 《习近平总书记首次提出"精准扶贫"理念》，央广网，http：//news. cnr. cn/dj/20211103/t20211103_525649312. shtml。

一的省级集中连片特困区和"三区三州"深度贫困地区之一，自然也就成为我国脱贫攻坚的主战场，在实现西藏脱贫和同全国一道迈入全面小康的目标导向下，各支援方将实现受援地脱贫作为对口支援的首要任务，并纷纷建立了援藏扶贫体系，将援藏资金、项目和干部人才等资源聚焦于攻克贫困，在此过程中，"粗放式"对口支援也开始向"精准对口支援"转型。由此，对口援藏政策的减贫功能进一步强化，例如，北京市对口支援拉萨2017年度计划严格按照《北京市"十三五"对口支援拉萨市经济社会发展规划》执行，安排援藏项目73项、资金5.4381亿元，其中扶贫项目17项；截至2018年，北京、江苏两省市累计投入拉萨市的对口援藏资金达25.24亿元，实施援藏项目272个，其中用于扶贫领域资金比例超过75%，共辐射带动2.8万余名贫困群众脱贫增收；《湖南省"十三五"对口支援山南市经济社会发展规划》中智力扶贫、教育扶贫、医疗扶贫、产业扶贫等项目资金占比达90%左右，其中专门投向贫困村的资金1.645亿元，占援藏资金总规模的26.4%。在对口援藏政策的强力助推下，西藏消除绝对贫困和全面建成小康社会的目标得以实现，西藏的发展任务也由此发生了根本性转变，中央第七次西藏工作座谈会对2020年之后西藏的发展定位是："聚焦发展不平衡不充分问题，通过给予更多后续帮扶巩固脱贫成果"。在此背景下，对口支援政策是否应继续实施及功能定位成为各界关注的焦点。事实上，早在2016年东西部扶贫协作座谈会上，习近平总书记就明确指出了"东西部扶贫协作和对口支援是实现先富帮后富、最终实现共同富裕目标的大举措，必须长期坚持下去"[①]。2021年召开的全国脱贫攻坚总结表彰大会又明确强调要坚持对口支援制度，并根据形势和任务变化进行完善。由此可以看出，2020年之后仍然需要长久发挥对口支援政策的助力作用，但对口支援政策需要根据受援地的发展阶段进行优化完善，当前的对口支援减贫功能已不再是消除绝对贫困，而是体现为要接续推进脱贫地区发展，持续增加脱贫人口和低收入人口的收入，并将教育、医疗、就业、健康、生活质量等多维贫困作为支援重点，以防止规模性返贫、缓解相对贫困和促进共同富裕作为政策目标的重心。

---

① 习近平：《认清形势聚焦精准深化帮扶确保实效 切实做好新形势下东西部扶贫协作工作》，载《人民日报》2016年7月22日，第1版。

5.2.3 对口援藏投入呈现主体趋同性与区域差异性

在对口援藏政策演进过程中，随着援藏总投入规模不断增长，各支援主体的投入与各受援地区获得的援助之间也呈现出一定的演化特征。以援藏省市来看，同一受援地区的不同援藏主体投入呈现出一定程度的趋同性。从表 5 - 5 中可以看出，在 1995~2001 年各援藏省市实施的前两批（第一批、第二批）援藏投入上，同一受援地区的不同支援省市在援助资金与援藏干部人才的投入数量上存在较为明显的趋同化倾向，有的省市甚至在派遣援藏干部人才的总数上完全相同（如共同支援那曲的浙江和辽宁），而在西藏 7 个地市中的 4 个受援地（拉萨、日喀则、山南、那曲）的援助项目数量上也基本趋同。这一特征在 2001~2010 年（第三批、第四批、第五批）① 各省市的援藏投入上也较为明显，即使是对于从 2001 年开始新增为一同支援日喀则的黑龙江和吉林来说，由于经济发展水平的差异性，两省的援藏投入与上海、山东存在一定的差距，但两省之间的援助资金、援藏干部人才与援助项目的数量也基本上一致（见表 5 - 6）。表 5 - 7 展示的是搜集整理的 2010~2019 年（第六批、第七批、第八批）② 各省市的对口支援资金投入情况，从表 5 - 7 中可以发现，同一受援地的不同援藏省市在不同批次的援助资金、援藏干部人才的投入数量上仍然呈现趋同性，不少省市的援助项目数量甚至也存在趋同倾向。当然，2010 年中央第五次西藏工作座谈会确立的省市援藏资金 1‰基数和 8% 的递增幅度的稳定增长机制，对 2010 年之后各省市的援藏投入增加了很多确定性因素。但是，这并不能解释对口援藏投入一直以来呈现的趋同性特征。本书认为，除了中央的政治动员和行政指令之外，中央和各援藏省市在援藏过程中不断探索创新而陆续建立的对口支援绩效考核评价体系可能是其中的重要原因，例如国家发展改革委开展的"十三五"援藏规划绩效评估和各援藏单位自主开展的绩效考核等，在考核评价体系逐步建立的约束下，各支援方之间的竞争机制（即"谁也不想落到考核结果的末位"）也可能由此产生。这一特征背后也折射出对口援藏政策实施过程中需要通过建立

---

① 从 2001 年开始新增为对口援藏省市的黑龙江、吉林和安徽均为第一、第二、第三批。
② 黑龙江、吉林和安徽均为第四、第五、第六批。

合理有效的激励机制,以稳定保障援助投入的规模。

表 5 - 5   1995 ~ 2001 年各援藏省市的对口支援投入情况

受援地市	支援省市	援助项目(个)	援助资金(亿元)	援藏干部人才(人)
拉萨	北京	56	1. 21	66
	江苏	61	2. 203	61
日喀则	上海	435	2. 801	99
	山东	492	2. 94	97
林芝	广东	129	4. 975	47
	福建	229	3. 86	45
山南	湖北	119	2. 007	105
	湖南	127	1. 714	100
那曲	浙江	148	0. 9094	88
	辽宁	106	0. 909	88
昌都	四川	—	0. 94	74
	天津	—	1. 16	68
阿里	河北	40	0. 8775	42
	陕西	12	0. 5911	39

注:"—"表示未能获取到统计数据。四川省包括重庆市,1997 年原属四川省管辖的重庆市升为直辖市以后,继续承担对口支援昌都地区任务。

资料来源:根据《各地区对口支援西藏情况一览表》(http://media. tibet. cn/newzt/yuanzang/zcbj/201005/t20100511_577942. htm)整理而得。

表 5 - 6   2001 ~ 2010 年各援藏省市的对口支援投入情况

受援地市	支援省市	援助项目(个)	援助资金(亿元)	援藏干部人才(人)
拉萨	北京	74	4. 7599	155
	江苏	190	4. 33	186
日喀则	上海	575	13. 5	150
	山东	559	13. 9	152
	黑龙江	163	3. 94	75
	吉林	134	3. 39	75

续表

受援地市	支援省市	援助项目（个）	援助资金（亿元）	援藏干部人才（人）
林芝	广东	—	11.95	121
	福建	—	8.51	131
山南	湖北	240	4.7292	157
	湖南	193	4.7183	147
	安徽	115	3.4627	77
那曲	浙江	179	4.1190	138
	辽宁	88	2.5910	138*
昌都	四川	8	0.0479	—
	重庆	47	1.3398	78
	天津	41	2.1111	96
阿里	河北	—	3.01	29
	陕西	—	1.92	24

注："—"表示未能获取到相关统计数据，"＊"表示按照该省各批次援藏干部轮换人数不变的估计数。四川从 2004 年开始不再承担对口支援昌都任务，重庆接续对口支援昌都，表中四川的援助项目、资金为 2001～2004 年的统计数值。

资料来源：根据各对口援藏省市网站的援藏工作综述以及相关报道整理而得。

表 5－7　2010～2019 年各援藏省市对口支援资金投入情况　　　　　单位：亿元

受援地市	支援省市	2010～2013 年	2013～2016 年	2016～2019 年
拉萨	北京	14.64	22.0	16.1596
	江苏	10.19	15.42	15.79
日喀则	上海	8.6	10.35	15.8667
	山东	7.13	8.2	11.1
	黑龙江	1.75	2.22	2.33
	吉林	1.45	2.16	1.8
林芝	广东	11.75	14.8	32.08
	福建	2.96	3.42	—
山南	湖北	2.84	2.95	6.345
	湖南	2.45	2.99	3.59
	安徽	2.46	4.0	3.816**

续表

受援地市	支援省市	2010～2013 年	2013～2016 年	2016～2019 年
那曲	浙江	6.85	8.3	11.34
	辽宁	5.36	5.8	7.41**
昌都	重庆	3.11	7.99	10
	天津	3.04	4.2	6.12**
	福建	—	—	5.775
阿里	河北	3.69	3.76	4.872**
	陕西	2.23	4.47	4.8**

注:"—"表示未投入援藏资金,从 2016 年 1 月开始,福建省的对口支援对象由林芝市调整为昌都市。"**"表示根据各省市对口支援西藏受援地经济社会发展规划(2016～2020 年)的累计援藏资金投入总额按年度平均后估算而得的数值。

资料来源:根据各对口援藏省市网站的援藏工作综述以及相关报道整理而得。

从受援地区获得的援助投入来看,不同受援地区获得的援助资金数量存在较大差异性,即呈现出援藏投入的区域差异性特征。从表 5－5、表 5－6 和表 5－7 中可以看出,1995～2019 年林芝、日喀则、拉萨、山南这 4 个地市获得的援助资金,无论是从总额上还是各批次的投入上都明显高于那曲、阿里和昌都这 3 个地市。其中,1995～2001 年受援助额最高的林芝(8.835 亿元)是最低的阿里地区(1.4686 亿元)的 6.016 倍;2001～2010 年受援助额最高的日喀则(34.73 亿元)是最低的昌都(3.4988 亿元)的 9.926 倍;2010～2019 年受援助额最高的拉萨(94.1996 亿元)是最低的那曲(14.15 亿元)的 6.657 倍。此外,援藏项目与援藏干部人才的数量也在不同受援地之间存在一定的差异性。总体上看,各受援地区获得的援助存在较大差异性,并且较西藏的经济相对发达地区而言,经济相对落后地区获得的资金、项目和干部人才的援助数量反而更少。这可能是由于 1994 年确定的"对口支援"关系具有一定程度的"富帮富、穷帮穷"[1] 特征,体现为不同援藏省市的经济发展水平和财力本身存在差异,而在开始实施对口支援政策时,采取的对口关系存在一定程度的错配,这一结果可能会产生因对口支援资源分配的异

---

[1] 这里的"富帮富""穷帮穷"分别是指内地经济相对发达的省市对口支援西藏相对发达的地市、内地经济相对落后的省市对口支援西藏相对落后的地市。

质性而导致减贫效果也存在区域不平衡性。当然，我们也注意到，2014 年对口援藏工作 20 周年电视电话会议提出了按照"大稳定、小调整"的基本原则进行对口关系优化调整，2015 年中央第六次西藏工作座谈会后也适时调整了林芝、昌都等地市的对口支援关系，并且采取了对北京、江苏、广东等经济发达地区每年从本省市援藏资金中各调出 25% 用于支持昌都市的政策，主要目的是加大对受到支持力度相对较弱、困难较多的地区的援助力度，逐步改变"富帮富、穷帮穷"的局面。

5.3 对口援藏政策的减贫现状：一般性统计指标分析

衡量绝对贫困程度的指标较多，最常用的指标是贫困人口数量和贫困发生率（P_0）。从现有研究来看，减贫成效的大小通常就是根据贫困人口数量的变化进行直接衡量，但贫困人口数量显然受到人口总规模和贫困线的影响，因此为消除这一影响，一般需配合使用贫困发生率进行分析，贫困发生率越高，说明贫困面越广，社会中处于贫困线以下的人口多。此外，基于消费支出角度反映贫困状况的主要指标就是恩格尔系数，而从可支配收入角度测度贫困的指标主要是居民人均可支配收入。本节将基于以上衡量贫困状况的一般性统计指标，从多层面进行统计分析，以初步考察对口援藏政策取得的减贫成效。

5.3.1 贫困人口数量与贫困发生率"双降"

总体上看，适应于经济社会发展的现实，1978～2019 年，我国共制定了三条不断上升的收入贫困线，即 1978 年的 100 元标准、2008 年的 1196 元标准、2010 年的 2300 元标准。西藏自治区政府在国家贫困线标准的基础上，除 1978～1994 年及 2010～2019 年按照国家贫困线标准外，另外又制定了适用于本地区的三条贫困线标准，包括 1994 年的分区贫困标准、2000 年的 1300 元标准和 2005 年的 1700 元标准。

从图 5-3 中可以看出，尽管贫困线标准处于变动之中，但按照三条不同的贫困线标准来看，1978～2000 年、2000～2010 年、2010～2019 年的西藏贫困人口数量和贫困发生率在不同贫困线的年份区间内均呈现出明显的下降态势（即"双降"），至 2019 年末，西藏的贫困发生率已降至 5.6%，绝对贫困人口数量仅为 15 万人。至 2020 年，西藏的绝对贫困人口数量和贫困发生率均已动态清零，历史性消除绝对贫困，成为我国集中连片贫困地区脱贫的典型缩影。对于发展基础较差的西藏而言，随着贫困线标准的不断上升，贫困人口总规模和贫困发生率均呈现出先增加后又下降的趋势，总体上贫困人口数量和贫困发生率在波动起伏中不断下降，直至最终降为零。

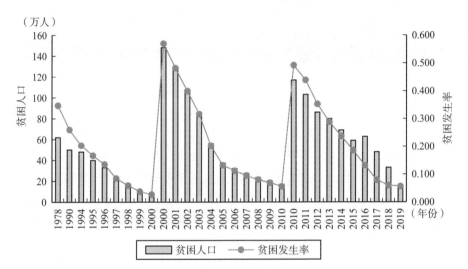

图 5 - 3　1978~2019 年不同贫困标准下的西藏贫困人口与贫困发生率变动

注：由于 2000 年和 2010 年贫困线标准的变化，故这两年的贫困人口和贫困发生率均有两个不同数字。

资料来源：国家贫困线标准来自相关年份的《中国农村贫困检测报告》，西藏自治区贫困线标准、贫困人口和贫困发生率数据均由西藏自治区扶贫办数据处提供。

　　改革开放初期，西藏的贫困人口众多，贫困发生率极高，按照 1978 年的 100 元国家贫困线标准，1978 年西藏有贫困人口 62 万人，贫困发生率高达 34.7%。在政策支援力度较小的背景下，仅依靠西藏经济发展产生的自然减贫作用，至 1990 年，西藏的贫困人口仍有 50 万人，贫困发生率为 26%。1994 年，西藏自治区政府在 1978 年国家贫困线的基础上，按照《西藏自治区扶贫攻坚计划》，把农区人均纯收入低于 600 元、牧区人均纯收入低于 700 元、半农半牧区人均纯收入低于 650 元的人口作为贫困人口，制定了这一新的较高贫困线（分区贫困线）。按照这一新贫困线标准，在 1994 年对口支援

政策实施之前，西藏的贫困人口仍高达 48 万人，贫困发生率仍处于 20.3%
的高位。减缓贫困是西藏经济社会发展的第一"民生工程"，援藏扶贫是西
藏大扶贫格局中的重要组成部分。自 1994 年确立实施对口援藏政策以来，西
藏的绝对贫困逐步得以消除。1994～2000 年，西藏的贫困人口由 48 万人降
至 7 万人，贫困发生率由 20.3% 降至 2.7%，贫困状况明显减缓，其中 1996
年东西部扶贫协作实施时的贫困人口为 33 万，贫困发生率仍高达 13.5%。
2000 年，西藏自治区政府再次提高本地区的贫困线标准，制定了农牧民人均
纯收入 1300 元的贫困标准，对应的贫困人口为 148 万人，贫困发生率陡升至
57%。随着对口支援政策的深入实施，2000～2010 年，西藏贫困人口由 148
万人下降为 16.8 万人，贫困发生率由 57% 下降为 5.6%，贫困状况再次得以
明显减缓。其中，2005 年西藏自治区政府按照西藏"十一五"规划确定的扶
贫开发标准，以 2005 年为基础年，把农牧民人均纯收入 1700 元作为新的贫
困线，即使按照这一标准，2005～2010 年西藏的贫困人口仍由 96.4 万人降
至 50.2 万人，贫困发生率由 34.4% 降至 16.7%，表明对口支援政策的减贫
成效较为明显。2010 年以来，随着国家贫困线的大幅上升，西藏自治区也将
区内贫困标准同步提升至国家贫困线，按照国家贫困线，2010 年西藏贫困人
口为 117 万人，贫困发生率高达 49.2%。从深度贫困数量上看，综合考虑贫
困发生率和经济社会发展程度，西藏自治区于 2018 年认定了深度贫困县 44
个，深度贫困乡镇 315 个，深度贫困村 2440 个，分别占全区县、乡、村总数
的 59.5%、45.3%、44.6%，82.7% 的建档立卡贫困人口分布于这 44 个深度
贫困县，占西藏自治区全部县区的比例为 59.46%。2010～2019 年，是我国
扶贫开发、精准扶贫、乡村振兴等一系列脱贫攻坚战略举措的密集实施期，
对口支援政策作为西藏长期的扶贫政策举措之一，按照 2010 年中央第五次
西藏工作座谈会的"两个倾斜"要求，各支援方将援藏资金和项目等资源
集中投向西藏贫困人口集中的农牧区、农牧民，对口支援产生了明显的减
贫效果。至 2019 年，西藏的贫困人口已大幅下降为 15 万人，贫困发生率
降至 5.6%。2020 年以后，按照现行贫困标准，西藏的绝对贫困人口和贫
困发生率已动态清零，扶贫工作重点转向巩固拓展脱贫攻坚成果同乡村振
兴有效衔接、防止发生规模性返贫、缓解相对贫困和促进共同富裕的新
阶段。

进一步分阶段从贫困下降速度进行考察，图 5-4 表明，从改革开放到对

口支援政策实施之前，即 1978～1994 年，西藏的贫困人口数量和贫困发生率的年均下降速度仅分别为 1.6%、3.4%。1994 年实施对口援藏政策以后，西藏的贫困人口、贫困发生率年均下降速度迅速加快，1994～2000 年西藏贫困人口、贫困发生率的年均下降速度增长十分明显，分别增至 37.8%、40%。即使 2000 年以后，贫困线标准不断上升，2000～2010 年西藏贫困人口、贫困发生率的年均下降速度也分别为 24.3%、26.1%，2010～2019 年则分别为 25.6%、27.2%，均处于高位，这从一定程度上说明对口支援政策的实施对西藏贫困人口下降产生了直接的推动作用。

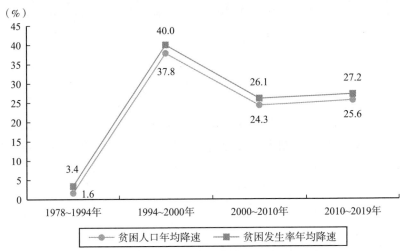

图 5 - 4 1978～2019 年西藏贫困人口和贫困发生率分阶段年均下降速度

资料来源：西藏自治区贫困人口和贫困发生率数据均由西藏自治区扶贫办数据处提供。

5.3.2 恩格尔系数明显下降

恩格尔系数（EC）是国际上常用的衡量一个家庭贫富程度的指标，是指居民家庭中食品支出占消费总支出的比重，通常作为城乡贫困状况的代理变量。随着居民生活消费水平的上升，恩格尔系数一般呈下降趋势，恩格尔系数越大意味着贫富程度的恶化。图 5 - 5 为改革开放以来西藏居民和全国农村居民的恩格尔系数变化状况。

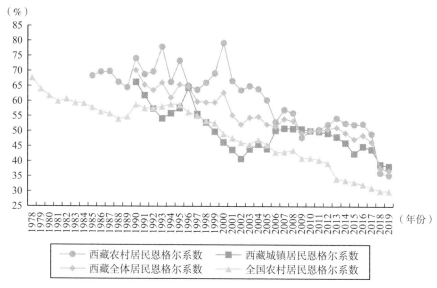

图 5 - 5 1978 ~ 2019 年西藏城乡居民和全国农村居民的恩格尔系数变动

资料来源：根据相关年份《西藏统计年鉴》《西藏自治区国民经济和社会发展统计公报》《中国统计年鉴》《新中国六十年统计资料汇编》《中国农村统计年鉴》及相关统计局官方网站数据整理计算而得。

1978 年以来，西藏城乡人口不断自然增长，但西藏农村居民人口数占总人口的比重一直高达 70% 左右，西藏的贫困人口主要集中于农牧区，包括农民、牧民、农业和牧业兼业型农牧民，因此，西藏的贫困主要体现为农村贫困，西藏农村居民恩格尔系数的变化可从一定程度上反映西藏贫困程度的变动。从图 5 - 5 中可以得出，总体上看，西藏农村居民恩格尔系数在波动中明显下降，由 1985 年的 68.4% 降至 2019 年的 35.3%，年均下降 1.96%，这表明西藏农牧区贫困状况明显得以减缓，农牧民生活消费水平有了显著提升。分阶段看，1985 ~ 1994 年，西藏农村居民恩格尔系数年均下降 0.35%，而 1995 ~ 2019 年，西藏农村居民恩格尔系数年均下降 3.09%，这从一定程度上说明了自 1995 年对口支援政策正式实施后，西藏农牧区的贫困减缓速度明显加快，大量贫困农牧民逐渐脱贫，对口支援政策有力地加快了西藏脱贫进程。从西藏城乡居民比较来看，西藏农村居民恩格尔系数的下降速度要快于西藏城镇居民，1990 年西藏农村居民恩格尔系数高出城镇居民 7.9 个百分点，但从 2018 年开始，西藏农村居民的恩格尔系数首次低于城镇居民和西藏全体居民，至 2019 年，西藏农村居民恩格尔系数已低于城镇居民 5 个百分点，低于西藏全体居民恩格尔系数 1.5 个百分点。这表明，西藏农村居民贫困状况改善的速度确实有显著加快。从与全国农村居民比较来看，1995～2019 年，西藏农村居民恩格尔系数年均下降速度（3.09%）快于全国农村居民（2.83%），但绝对值始终高于全国平均水平，至 2019 年仍高于全国农村居民平均水平 5.3 个百分点，一方面表明对口支援政策的实施加快了西藏减贫进程，西藏贫困状况的改善对全国扶贫脱贫的贡献在增长；另一方面也表明西藏的贫困面广、贫困程度深，减贫与脱贫仍需要对口支援政策的长期持续投入。

5.3.3　居民人均可支配收入持续增长

减贫与脱贫的程度主要取决于贫困人口人均可支配收入的增长状况，西藏农村居民人均可支配收入变化从一定程度上可以反映西藏贫困人口的收入变动状况。根据图 5 - 6 和图 5 - 7，1978～2019 年西藏城乡居民人均可支配收入均呈现出较为明显的增长态势。其中，1978～1994 年西藏农村居民人均可支配收入年均增长 10.1%，1995～2019 年西藏农村居民人均可支配收入年均增长 11.9%，这表明自 1995 年对口援藏政策正式实施后，西藏农村居民人均可支配收入年均增速上升 1.8 个百分点。横向比较来看，1978～1994 年西藏农村居民人均可支配收入年均增速分别低于西藏城镇居民 1.6 个百分点、西藏全体居民 1.4 个百分点，同时低于全国农村居民人均可支配收入年均增速高达 4.7 个百分点。1995 年对口援藏政策实施以后，西藏农村居民人均可支配收入增速上升明显，1995～2019 年西藏农村居民人均可支配收入年均增速分别高出西藏城镇居民 2.2 个百分点、西藏全体居民 0.3 个百分点，同时高出全国农村居民人均可支配收入年均增速 1.8 个百分点。

以上分析表明，对口援藏政策实施以后，西藏农村居民人均可支配收入增长速度明显加快，尤其是随着对口援藏政策导向变化，这一政策的减贫成效逐渐趋于强化。2001 年中央第四次西藏工作座谈会召开之前，对口援藏项目和资金主要投向西藏城镇基础设施建设，而涉及农牧民民生领域的投入偏少。2001 年中央第四次西藏工作座谈会召开，明确要求将援藏资金和项目要向西藏农牧区、农牧民倾斜，着力改善农牧区生产生活条件。2001 年之后，按照中央提出的援藏资金和项目向基层倾斜、向农牧区倾斜的"两个倾斜"要求，各援藏单位的项目和资金由重点投向城镇逐渐转为农牧区，2010 年以后各支援单位的对口援藏资金的 80% 以上用于农牧区和农牧民，主要用于改善农牧民生产生活条件、增加农牧民收入和提升农牧区基本公共服务水平。[①]2017 年，西藏自治区政府印发《关于进一步加强对口援藏扶贫工作的意见》，并与国务院扶贫办联合召开深化对口援藏扶贫工作会议，明确了对口援藏扶贫的目标、原则、任务、重点、政策、措施等，要求完善结对帮扶机制，确保对口援藏资金的 80% 向脱贫攻坚倾斜、向贫困群众倾斜、向深度贫困地区倾斜。[②] 随着对口援藏政策向农牧区、农牧民倾斜，全国各对口支援单位和受援方也将加快受援地的贫困人口尽快摆脱贫困作为首要任务进行推进，这无疑将有助于发挥对口支援政策的减贫效应。

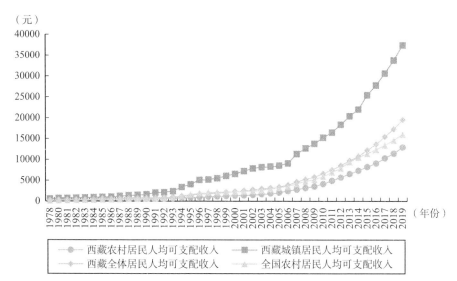

图 5 - 6 1978 ~ 2019 年西藏城乡居民和全国农村居民的人均可支配收入变动

注：图中 1979 年数据缺失。

资料来源：相关年份的《西藏统计年鉴》《西藏自治区国民经济和社会发展统计公报》《中国统计年鉴》。

---

① 王磊：《对口援藏有效性研究》，中国社会科学出版社 2016 年版，第 96 页。

② 西藏自治区地方志办公室：《西藏年鉴 2018》，西藏人民出版社 2019 年版，第 265 页。

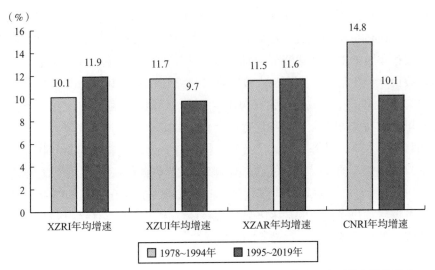

图 5 - 7　1978～2019 年西藏城乡居民与全国农村居民人均可支配收入增长速度

注：XZRI 表示西藏农村居民人均可支配收入（即农村居民家庭平均每人纯收入）、XZUI 表示西藏城镇居民人均可支配收入、XZAR 表示西藏全体居民人均可支配收入、CNRI 表示全国农村居民人均可支配收入。

资料来源：根据相关年份《西藏统计年鉴》《西藏自治区国民经济和社会发展统计公报》《中国统计年鉴》的相关数据整理计算而得。

　　需要特别关注的一点是，根据图 5 - 8，1978～2019 年西藏城乡居民人均可支配收入差距一直较大，在不少年份均超过了 4∶1，少数年份甚至超过 5∶1，2012 年以来，这一指标一直处于 3∶1 的高位。与全国农村居民人均可支配收入相比，尽管近年来西藏城乡居民收入差距有所缩小，但西藏农村居民人均可支配收入仍长期低于全国平均水平。其中，1995 年实施对口支援政策以后，西藏农村居民与城镇居民、全国农村居民的收入差距并没有出现明显收窄，总体上呈现出先上升后缓慢下降的变动过程。进一步从长期线性变化趋势来看，西藏城乡居民收入比和全国与西藏农村居民收入比都仍然有不断拉大的态势。因此，在对口援藏政策实施过程中，要更加重视西藏的城乡协调与融合发展，在消除西藏绝对贫困的基础上要着力缓解相对贫困和促进城乡共同富裕。

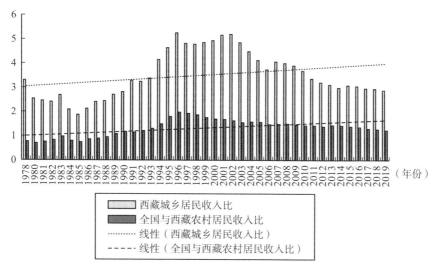

图 5 – 8　1978 ~ 2019 年西藏城乡居民收入比及全国与西藏农村居民收入比的变化

注：①图中 1979 年数据缺失。②西藏城乡收入比 = 西藏城镇居民人均可支配收入/西藏农村居民人均可支配收入；全国与西藏农村居民收入比 = 全国农村居民人均可支配收入/西藏农村居民人均可支配收入。

资料来源：相关年份的《西藏统计年鉴》《西藏自治区国民经济和社会发展统计公报》《中国统计年鉴》。

　　通过一般性统计指标的综合分析，总体上可以得出，对口援藏政策实施以来，无论是从直接的贫困人口、贫困发生率指标来看，还是从间接的恩格尔系数、人均可支配收入指标来看，西藏的贫困均呈现出明显的减缓态势。相较于对口援藏政策实施之前，西藏的脱贫与减贫进程在实施对口支援政策后出现了明显加快的趋势，这从一定程度上证明了对口支援政策有力地促进了西藏的减贫。当然，改革开放以来，西藏的贫困减缓是多种因素综合作用的结果，这里的分析并没有剔除西藏经济高速增长产生的自然减贫效应以及其他专门的扶贫战略举措产生的减贫效应。因此，要准确识别对口援藏政策的减贫效应还需要进行深入的实证检验。

5.4　对口援藏政策的减贫成效：FGT 指数分析

　　由福斯特等（Foster et al. ，1984）学者提出的 FGT（Foster-Greer-Thprbeck）贫困指数在贫困分析测算中应用十分广泛，该指数仅涉及收入或消费单一维度。[①]在上一小节对口援藏政策减贫效应综合统计分析的基础上，本小节将运用 FGT 指数测度分析全国对口援藏政策的减贫效应，进一步识别对口支援政策对西藏贫困减缓的作用效应，并揭示西藏贫困的内在变动特征。根据 FGT 指数的测度要求，首先需要获取贫困人口的相关数据，由于西藏的贫困人口绝大多数为农村居民，因此本书通过数据搜集与整理来获得农村居民人均可支配收入的相关数据。

表 5 - 8 为西藏农村居民按照人均可支配收入等级分组的基本数据。由于西藏的相关统计数据缺失严重或并未有相关统计（1998～2017 年），在现有的官方数据中，仅能获取 1987～1997 年及 2018～2019 年的相关分组数据。2018～2019 年按照农村居民人均可支配收入农户比例五等份分组，即将所有调查户按人均可支配收入水平从低到高顺序排列，平均分为五个等份，处于最低 20% 的收入群体为低收入组，以此类推，依次为中间偏下收入组、中间收入组、中间偏上收入组、高收入组，分组标准和数据均来自 2019～2020 年《西藏统计年鉴》。根据《西藏统计年鉴》中的农村居民收入等级分组，结合农村居民人均可支配收入的实际变化，1987～1997 年均按照农村居民人均可支配收入水平进行不同等级分组，具体来说，将 1987～1997 年西藏农村居民的收入分组标准整合确定为：年人均可支配收入 300 元以下为低收入户、300～500 元为中等偏下户、500～1000 元为中等收入户、1000～1500 元为中等偏上户、1500 元以上为高收入户，每组收入取组上限和组下限的均值，1500 元以上组按照组上限 2000 元取均值。

表 5 - 8 西藏农村居民人均可支配收入等级分组基本数据

年份	指标		低收入户	中等偏下户	中等收入户	中等偏上户	高收入户
1987	人均可支配纯收入	金额（元）	150.0	400.0	750.0	1250.0	1750.0
		占总户数比重（%）	51.27	33.12	12.87	1.69	1.05

---

① 关于 FGT 指标的计算方法请参见本书 3.2.2 节对口支援政策的减贫效应这一小节。

年份	指标		低收入户	中等偏下户	中等收入户	中等偏上户	高收入户
1988	人均可支配纯收入	金额（元）	150.0	400.0	750.0	1250.0	1750.0
		占总户数比重（%）	44.08	37.56	16.88	0.21	1.27
1989	人均可支配纯收入	金额（元）	150.0	400.0	750.0	1250.0	1750.0
		占总户数比重（%）	38.44	32.15	25.21	3.78	0.42
1990	人均可支配纯收入	金额（元）	150.0	400.0	750.0	1250.0	1750.0
		占总户数比重（%）	17.71	42.08	38.75	0.63	0.83
1991	人均可支配纯收入	金额（元）	150.0	400.0	750.0	1250.0	1750.0
		占总户数比重（%）	10.21	23.54	45.62	14.17	6.46
1992	人均可支配纯收入	金额（元）	150.0	400.0	750.0	1250.0	1750.0
		占总户数比重（%）	2.50	19.37	49.59	20.83	7.71
1993	人均可支配纯收入	金额（元）	150.0	400.0	750.0	1250.0	1750.0
		占总户数比重（%）	3.54	11.88	48.13	25.00	11.45
1994	人均可支配纯收入	金额（元）	150.0	400.0	750.0	1250.0	1750.0
		占总户数比重（%）	5.01	11.46	36.03	23.75	23.75
1995	人均可支配纯收入	金额（元）	150.0	400.0	750.0	1250.0	1750.0
		占总户数比重（%）	4.60	9.40	32.10	25.20	28.70
1996	人均可支配纯收入	金额（元）	150.0	400.0	750.0	1250.0	1750.0
		占总户数比重（%）	0.60	1.10	31.20	33.30	33.80

年份	指标		低收入户	中等偏下户	中等收入户	中等偏上户	高收入户
1997	人均可支配纯收入	金额（元）	150.0	400.0	750.0	1250.0	1750.0
		占总户数比重（%）	2.10	8.40	33.30	30.40	25.80
2018	人均可支配纯收入	金额（元）	3781.9	7521.1	10922.1	15421.1	27884.2
		占总户数比重（%）	20	20	20	20	20
2019	人均可支配纯收入	金额（元）	4208.8	8090.9	11725.2	16381.3	31817.0
		占总户数比重（%）	20	20	20	20	20

资料来源：相关年份《西藏统计年鉴》《中国统计年鉴》。

表5-9报告了部分年份西藏农村居民FGT贫困指数的测度结果，由此刻画对口援藏政策的减贫效应。结果显示，在1978年国家贫困线标准下，对口支援政策实施以前，1987年西藏的贫困发生率、贫困缺口（差距）、贫困缺口（差距）平方的指数值（即以原指数值×100）分别高达33.92、15.16、7.76，这表明西藏农村居民中有33.92%的人口处于贫困状况，贫困面广，而且反映出西藏的贫困程度深，贫困人口内部的收入差距大，收入最低人群的福利状况堪忧，三个贫困指数此后各年均在高位中波动。至1994年，三个指数值分别降至21.48、8.71、4.03，但处于高位。自1995年对口支援政策大规模正式实施以后，处于贫困状况的人口降至1997年的12.54，这些贫困人群的收入与贫困线的差距也缩小至6.43，同时贫困强度也降至2.66，尽管国家贫困线分别在2008年和2010年进行了两次大幅上调，但至2019年西藏农村居民的这三个贫困指数仍分别降至5.97、2.83、1.18，由此可以初步表明对口支援政策的实施对西藏的贫困减缓产生了积极效应。如果比较对口援藏政策实施前后FGT指数的测算结果，1994~1997年的对口支援政策减贫效应可表示为：$PR_1 = 8.94$，$PR_2 = 2.28$，$PR_3 = 1.37$；而1994~2019年的对口支援政策总体减贫效应可表示为：$PR_{1总} = 15.51$，$PR_{2总} = 5.88$，$PR_{3总} = 2.85$，这在一定程度上反映出对口支援政策的

减贫效应显著，即使是在国家贫困线大幅上调后，对口援藏政策的减贫效应依然较为明显，体现在对口支援政策的助推下西藏贫困的广度、深度、强度都有了明显减缓。

表 5 – 9   1987 ~ 2019 年西藏农村居民 FGT 贫困指数测度结果

年份	贫困线（z）	FGT 贫困指数		
		贫困发生率（P_0）	贫困差距指数（P_1）	贫困差距平方（P_2）
1987	227	0.3392	0.1516	0.0776
1988	236	0.2201	0.0892	0.0409
1989	259	0.2613	0.1221	0.0580
1990	300	0.1877	0.0760	0.0376
1991	307	0.1938	0.0780	0.0380
1992	317	0.1891	0.0776	0.0378
1993	350	0.1709	0.0731	0.0322
1994	440	0.2148	0.0871	0.0403
1995	530	0.1993	0.0790	0.0385
1996	580	0.1749	0.0755	0.0369
1997	640	0.1254	0.0643	0.0266
2018	2995	0.1091	0.0525	0.0232
2019	3218	0.0597	0.0283	0.0118

注：1987 ~ 1997 年贫困线按照 1978 年国家贫困线标准，即农村居民年人均可支配收入 100 元标准，2018 ~ 2019 年贫困线按照 2010 年国家贫困线标准，即农村居民年人均可支配收入 2300 元标准。

资料来源：根据相关年份《西藏统计年鉴》《中国统计年鉴》《中国农村贫困检测报告》相关数据整理，并经世界银行（WB）官网 Povcalnet 软件平台（http：//iresearch. worldbank. org/PovcalNet/）计算而得。

如果进一步从西藏减贫速度的变动上看，表 5 – 10 报告了 1987 ~ 2019 年不同年份区间的西藏农村居民贫困广度（P_0）、贫困深度（P_1）、贫困强度（P_2）的下降速度，从表 5 – 10 中可以看出，1987 ~ 1994 年西藏农村居民的贫困广度（P_0）、贫困深度（P_1）、贫困强度（P_2）的年均下降速度分别为 6.32%、7.61%、8.94%，而 1994 年开始实施对口支援政策之后，1994 ~

1997 年这三个指标的年均下降速度分别增至 16.42%、9.62%、12.93%，年均下降率的增速较快，这表明对口支援政策的减贫效应较为明显，不仅加快了西藏贫困人口的减缓速度，而且也缓解了西藏的深度贫困问题，促进了贫困群体内部的收入差距缩小。事实上，对口支援政策的目标之一在于逐步解决我国区域发展不平衡不充分的问题，促进区域协调发展，具体体现为缩小城乡居民收入差距，缩小区域间、区域内部及贫困群体内部的收入差距。对口援藏政策实施后，明显改善了西藏城镇基础设施和农牧区的生产生活设施，按照中央"两个倾斜"的要求，各援藏省市、中央企业以产业援藏、项目援藏、就业援藏为重点，结合医疗援藏、教育援藏、文化援藏，将 80% 以上的对口援藏资金、项目投向西藏基层、农牧区，更多地惠及广大农村贫困人口，为西藏贫困群体就业增收提供了更多渠道，发挥了明显的减贫增收作用。[1]

表 5-10　　　　西藏农村居民 FGT 贫困指数年均下降速度　　　　单位：%

年份	贫困广度（P_0）降速	贫困深度（P_1）降速	贫困强度（P_2）降速
1987~1994	6.32	7.61	8.94
1994~1997	16.42	9.62	12.93
2018~2019	45.28	46.10	49.14

---

　　① 如 2017 年山东省对口支援日喀则市的援建产业项目达 105 个，总投资 3.19 亿元，带动了 5000 多名贫困群众脱贫致富，并投资 5320 万元建设日喀则市农牧民脱贫致富职业技能实训基地；上海市援藏工作组以援藏扶贫为重点，探索完善配套扶贫、效益分红扶贫、创造就业扶贫、技能培训扶贫、金融杠杆扶贫、教育医疗扶贫等六大精准扶贫工作模式，2017 年上海援藏资金实施的扶贫项目共帮助 3002 户建档立卡贫困户、9975 人次实现了脱贫。参见西藏自治区地方志办公室：《西藏年鉴 2018》，西藏人民出版社 2019 年版，第 169、176~177 页。

第6章

对口援藏政策减贫效应及作用
机制的实证检验：宏观视角

第 5 章采用多层面统计指标分析方法，对对口援藏政策的减贫现状进行了初步探究，但由于受援地的减贫与脱贫是多种因素综合作用的结果，要精准识别对口援藏政策减贫效应及其内在作用机制，还需要剔除其他因素的影响，甄选适宜的方法进行全面的实证分析。基于此，本章依据手工搜集整理的相关宏观统计数据，主要从支援方的视角对对口援藏政策减贫效应及作用机制进行全面的实证考察。①

6.1 对口援藏政策减贫效应评估：
基于合成控制法（SCM）

6.1.1 模型设定

为准确评估对口支援政策对西藏贫困减缓的

---

① 本章部分内容出自本书已发表的阶段性研究成果。

作用效应，如果采用单差法直接比较对口支援政策实施前后的西藏贫困状况变化，由于未排除经济增长、收入分配政策、普惠式农业农村发展政策以及政府扶贫政策（如八七扶贫攻坚计划、兴边富民行动、扶贫开发等）等影响的干扰，分析结果很容易产生选择性误差，难以精准识别出对口支援政策对西藏贫困减缓的"净效应"。对口援藏主要包括省市对口援藏、中央企业对口援藏和中央机关对口援藏三种方式，其中省市对口援藏是覆盖面最广、投入资金占比最大、最为规范的对口援助形式（杨明洪和刘建霞，2018）。因而，可以将全国东中部17个省市对口援藏视为一项政策性准自然实验，探究省际对口支援政策对受援地的减贫效应，一种常用的方法是，选择政策效应评价的双重差分法（DID）来评估对口援藏政策的减贫效应，但这一方法要求处理组与对照组在实施对口支援政策之前是可比的，即满足平行趋势假设，而作为受援地区的西藏，由于其存在发展基础、区位条件、"非典型二元结构"① 等方面的特殊性，可能会导致难以较好地满足这一假设。由于对口支援属于仅选择一个或者两个地区作为试点的独特政策，很难从其他没有试点的地区找到合适的反事实参照组。其原因在于，试点地区一般都非常特殊，严格来说，没有其他地区与试点地区是完全相似的（范子英，2018）。鉴于此，为有效评估对口援藏政策的减贫效应，本书仍将省际对口支援政策视为是对西藏实施的一项准自然实验，但首先选择使用阿巴迪和加德亚萨瓦尔（Abadie and Gardeazabal，2003）提出的政策效应前沿评估方法——合成控制法（SCM）来识别对口援藏政策的减贫效应，然后再运用DID方法进行稳健性检验。合成控制法通过数据驱动确定对照组及权重，避免了选择对照组的困难以及主观性，能够有效避免双重差分法估计产生的问题，是目前政策效果评估中一种行之有效的方法，在各个领域的政策效应评估中应用逐渐广泛。

---

① 西藏的非典型二元结构这一论断最早是由长期从事西藏研究的学者孙勇（1991）分析概括而提出的，是指西藏非典型的二元社会运行机制和非典型的二元经济结构。非典型的二元社会运行机制是指在中国政治经济一体化过程中，西藏占据主导地位的是社会主义国家的社会、文化、经济、方针政策等，其中相当一部分又以立法形式确立和巩固下来，而原有的社会机制即不能忽视的封建农奴制残余的影响，以及区域社会中旧意识形态的特殊性，即藏传佛教的广泛性以及由此形成的文化特征和上层建筑残余在西藏社会以非成文的、习惯风俗形态运行，并带有很强的基础性和惯性；非典型的二元经济结构是指在西藏，长期以来的二元经济结构中的现代部门与传统部门相比，后者产值比重占主导，国民收入的一半以上来自农村，从投入产出率的角度看，西藏经济的实质性增长也在传统部门。参见孙勇：《西藏：非典型二元结构下的发展改革》，中国藏学出版社1991年版，第34页。

　　对口援藏政策于 1994 年 7 月在中央第三次西藏工作座谈会上被正式提出并开始实施，由于政策产生的效应存在一定的滞后性，并且 1995 年该政策才开始在西藏大范围正式实施，因此本书将 1995 年作为政策冲击的时点，考察自 1995 年开始对口支援政策对西藏产生的减贫效应。根据合成控制法的基本思路，假设观测到 $J+1$ 个地区的贫困减缓情况，其中第 1 个地区（西藏）受到了对口支援政策实施实验的影响，其他 J 个地区为对照组地区，由于可以观测到这些地区 T 期的贫困减缓情况，用 T_0 代表实施对口支援政策之前的年份，对应着对口支援政策实施之前的 1995 年，因此在估计中有：$1 \leqslant T_0 \leqslant T$，那么对于地区 $i=1, \cdots, J+1$ 和时刻 $t=1, \cdots, T$，用 P_{it}^N 表示地区 i 在时刻 t 没有实施对口支援政策时的贫困状况，用 P_{it}^I 表示地区 i 在时刻 t 实施对口支援政策时的贫困状况。因此，$\alpha_{it} = P_{it}^I - P_{it}^N$ 就表示实施对口支援政策试验所产生的减贫效果。假设实施对口支援政策对于开始之前的贫困减缓没有影响，因而对于 $t \leqslant T_0$ 的年份来说，所有地区都存在 $P_{it}^I = P_{it}^N$，而对于时刻 $T_0 < t \leqslant T$ 存在 $P_{it}^I = P_{it}^N + \alpha_{it}$。假设用 D_{it} 代表是否实施对口支援政策的虚拟变量，如果地区 i 在时刻 t 实施试验，那么该变量等于 1，否则等于 0。基于此，在时刻 t 观测到地区 i 的结果就是 $P_{it} = D_{it} P_{it}^I + (1 - D_{it}) P_{it}^N$，由此得到 $P_{it} = P_{it}^N + D_{it} \alpha_{it}$。对于没有实施对口支援政策的地区，则有 $P_{it} = P_{it}^N$。由于只有第 1 个地区在时刻 T_0 之后开始受到对口支援政策的影响，因而要估计的就是 α_{1t}。当 $t > T_0$ 时，$\alpha_{it} = P_{it}^I - P_{it}^N = P_{it} - P_{it}^N$，$P_{it}$ 实施对口支援地区（西藏）的贫困状况，是可以观测到的。为了估计 α_{it}，需要估计 P_{it}^N，因为它无法观测到，因此根据阿巴迪等（Abadie et al., 2010）提出的因子模型来构造 P_{it}^N：

$$P_{it}^N = \delta_t + \theta_t Z_i + \lambda_t \mu_i + \varepsilon_{it} \qquad (6-1)$$

　　式（6-1）中，δ_t 是地区时间固定效应，θ_t 是一个 $1 \times r$ 维未知参数向量，Z_i 为不受对口支援政策影响的控制变量，λ_t 为一个 $1 \times F$ 维观测不到的共同因子，μ_i 则是 $F \times 1$ 维观测不到的地区固定效应，ε_{it} 为每个地区观测不到的短期冲击，各地区水平上的均值为 0。

　　从式（6-1）的构成可以看出，式（6-1）对双重差分模型进行了扩展，传统的双重差分模型通常将不能观测的因素转化为时间上的常数，从而限制不可观测因素的影响，而式（6-1）设定 λ_t 不为常数，可以使不可观测到的因素随时间的变化而变化，因此取时间差之后并不会消除不可观测因素

μ_i 的影响。与传统的因子模型相比，合成控制法为更加广泛的领域提供了有效的估计。

假设第 1 个地区（$i=1$）实施了对口支援政策，余下的 J 个地区（$i=2$，…，$J+1$）均未实施该政策。考虑一个 $J \times 1$ 维权重向量 $W=(w_2,…,w_{j+1})$ 满足对任意的 j，$W_j \geqslant 0$，$j=2$，…，$J+1$，并且 $w_2+…+w_{j+1}=1$。权重向量 W 为对照组的加权平均，每一个特定的取值代表一种合成对照组合，即对 J 个地区的特定权重。针对每个对照组地区的结果变量值，经过加权后可以得到：

$$\sum_{j=2}^{J+1} w_j P_{jt} = \delta_t + \theta_t \sum_{j=2}^{J+1} w_j Z_j + \lambda_t \sum_{j=2}^{J+1} w_j \mu_j + \sum_{j=2}^{J+1} w_j \varepsilon_{jt} \qquad (6-2)$$

假设存在一个向量组 $W^* = (w_2^*,…,w_{j+1}^*)'$ 满足：

$$\sum_{j=2}^{J+1} w_j^* P_{j1} = P_{11}, \quad \sum_{j=2}^{J+1} w_j^* P_{j1} = P_{12}, \quad …, \quad \sum_{j=2}^{J+1} w_j^* P_{jT_0} = P_{1T_0}, \quad \sum_{j=2}^{J+1} w_j^* Z_j = Z_1$$
$$(6-3)$$

如果 $\sum_{t=1}^{T_0} \lambda_t' \lambda_t$ 非奇异，则有：

$$P_{1t}^N - \sum_{j=2}^{J+1} w_j^* P_{jt} = \sum_{j=2}^{J+1} w_j^* \sum_{s=1}^{T_0} \lambda_t \left(\sum_{n=1}^{T_0} \lambda_n' \lambda_n\right)^{-1} \lambda_s' (\varepsilon_{js} - \varepsilon_{1s}) - \sum_{j=2}^{J+1} w_j^* (\varepsilon_{jt} - \varepsilon_{1t})$$
$$(6-4)$$

阿巴迪等（Abadie et al.，2010）证明在一般条件下，式（6-4）的右边将趋近于 0，因此对于 $T_0 < t \leqslant T$，可以用 $\sum_{j=2}^{J+1} w_j^* P_{jt}$ 作为 P_{it}^N 的无偏估计来近似 P_{1t}^N，从而可得到 $\hat{\alpha}_{1t} = P_{1t} - \sum_{j=2}^{J+1} w_j^* P_{jt}$ 就可以作为 α_{1t} 的估计。

为了估计 $\hat{\alpha}_{1t}$，需要找到使得式（6-3）成立的特定权重向量 W^*，为了使得式（6-3）成立，需要第 1 个地区的特征向量位于其他地区的特征向量组的凸组合之内。但在实际计算中，现实数据很难存在这样的权重使得式（6-3）严格成立，因此需要通过近似解来确定合成控制向量 W^*。一般可以通过选择最小化 X_1 和 $X_0 W$ 之间的距离 $\|X_1 - X_0 W\|$ 来确定权重向量 W^*。其函数表达式为：$\|X_1 - X_0 W\|_v = \sqrt{(X_1 - X_0 W)' V (X_1 - X_0 W)}$。其中，$W$ 满足对任意的 $j=2$，…，$J+1$，有 $w_j \geqslant 0$，并且满足 $w_2+…+w_{J+1}=1$。X_1 表示处理组

西藏实施对口支援政策前可以影响贫困减缓的预测变量的（$k \times 1$）维特征向量，X_0 表示对照组在对口支援政策实施前可以影响贫困减缓的预测变量组成的（$k \times J$）维矩阵，V 是（$k \times k$）维的对称半正定矩阵，表示对口支援政策实施前各个预测变量对贫困减缓的权重。根据阿巴迪和加德亚萨瓦尔（Abadie and Gardeazabal，2003）的做法，选择对角半正定矩阵 V 最小化对口支援政策实验之前贫困状况估计的均方误差，使得合成西藏的贫困减缓路径尽可能近似对口支援政策实施之前的西藏实际的贫困减缓路径。在估计权重 W^* 时要求 $w_j \geqslant 0$，这样就把合成对照组限制在对照组的凸组合内，减少处理组和对照组差异过大而外推估计带来的偏差。本书使用阿巴迪等（Abadie et al.，2010）开发的 Synth 程序包在 Stata 15 软件中实现模型的估计。

6.1.2 变量选取与数据来源

根据合成控制法，首先需要确定合适的对照组。由于西部地区多为少数民族聚集区，地理环境、发展模式、经济结构相似，国家政策也基本趋同（刘瑞明和赵仁杰，2015），根据刘金山和徐明（2017）等学者的研究做法，本书选择西部地区除西藏之外的其他省份作为对照组，考虑到从 2010 年开始国家对新疆也实施了对口支援政策，2010 年之后新疆不适宜再作为西藏的对照组，因而将新疆样本从对照组中全部予以剔除，重庆由于从 1997 年开始从四川省单独划出为直辖市，考虑到直辖市的特殊性，也将其从对照组中予以剔除，因此本书选择西部地区除西藏之外的其余 9 个省（自治区）① 作为对照组。由于西藏自 1986 年开始才呈现出平稳增长的特征，借鉴董珍和白仲林（2019）的研究，以 1986 年为本书样本选择的起点，同时考虑到从 2014 年开始我国全面实施了精准扶贫政策②，对西部各省份减贫进程的影响及其差异性均较大，从而对对照组样本造成潜在影响（徐明，2022），为规避其产生的内生性影响，因此本书采用 1986～2014 年中国西部 10 个省（自治区）贫

---

① 这 9 个省（自治区）分别为四川、贵州、云南、广西、陕西、甘肃、青海、宁夏、内蒙古，尽管也存在实施对口支援政策的情况，但相对于对口援藏政策而言，其实施的规模、范围、影响均较小。

② 2014 年 5 月，国务院扶贫办、中央农办、民政部等 7 部门联合制定了《建立精准扶贫工作机制实施方案》。

困状况及相关变量的平衡面板数据①进行实证评估。

鉴于样本期内国家贫困线标准进行了多次调整，贫困发生率、贫困人口数量等直接测度贫困状况的指标在贫困线变化前后不具有可比性，导致难以得到长序列分析数据，同时按照中国当前的收入状况，贫困主要体现为收入贫困和消费贫困，因此本书借鉴单德朋等（2015）的研究，采用农村居民恩格尔系数（EC），即农村居民食品支出占生活费总支出的比重，来衡量贫困状况②（Poverty），作为合成控制法的被解释变量（结果变量）。作为解释变量的控制变量组，参考现有文献普遍支持的贫困影响因素（丁建军等，2016），选取了地区经济发展水平（lnPerGDP）、政府规模（GOV）③、对外开放水平（OPU）、教育水平（EDU）、产业结构（STR）、城镇化水平（URB）这6个影响贫困减缓的预测变量。各变量的数据主要来自各省、自治区相关年份的统计年鉴，部分数据来自《中国农村经济统计年鉴》《新中国六十年统计资料汇编》《中国区域经济统计年鉴》及各省、自治区《国民经济和社会发展统计公报》。在数据处理过程中，本书使用省级层面GDP平减指数将各省、自治区的人均GDP平减为1985年的不变价人均GDP。各变量的含义及描述性统计如表6-1所示。

表6-1 变量的定义、计算方法及描述性统计

变量	变量含义	计算方法	均值	标准差	最小值	最大值
Poverty	地区贫困状况（%）	农村居民恩格尔系数（农村居民食品支出/生活费总支出的比重）×100	53.569	10.421	29.100	79.300
lnPerGDP	地区经济发展水平（元/人）	人均实际GDP取自然对数	7.613	0.846	6.075	9.839

① 考虑到精准扶贫战略的减贫效应存在一定的滞后性，不会对2014年的减贫产生较大影响，因而本书仍选择至2014年的研究数据，在稳健性检验中将样本时期延长至2020年的估计结果印证了这一点。

② 这里主要是从经济上的收入（消费）的单维贫困（绝对贫困）角度来评估对口支援政策的减贫效应。

③ 由于西藏的政府支出主要来源于中央对西藏的财政补贴，具有区别于其他省份的特殊性，考虑到合成西藏各项影响对口支援政策减贫效应的因素与真实西藏要尽量保持一致，经过测试，在合成控制法中并未加入这一预测变量，但在DID稳健性检验中纳入这一因素。

续表

变量	变量含义	计算方法	均值	标准差	最小值	最大值
GOV	政府规模	财政支出/GDP×100	26.872	19.766	5.985	129.144
OPU	对外开放水平	进出口贸易总额/GDP×100	12.854	5.885	3.944	48.842
EDU	教育水平	高等学校在校生数/总人口数×100	0.601	0.588	0.078	2.913
STR	产业结构	第一产业增加值/GDP×100	22.769	9.736	7.882	50.903
URB	城镇化水平（％）	城镇化率（各地区城镇人口/总人口）×100	29.259	12.032	11.730	59.505

6.1.3 实证结果与分析

按照合成控制法的思路，在 Stata 15 软件中进行合成控制法的相关计算。表 6 - 2 报告了合成西藏的权重组合①，合成西藏中占比最大的为四川，占比为 54.3%，其次广西的占比为 36.9%，内蒙古占比为 8.1%。这一结果与现实基本相符，四川、广西与西藏同属中国西南地区，具有较为相似的区域性贫困及区域发展等方面的特征，且四川与西藏地理位置毗邻，四川省内也有藏族聚居区，而内蒙古与西藏在发展基础和人口分布特征等方面具有一定的相似性。

表 6 - 2   合成西藏的省份权重

省份	四川	广西	内蒙古
权重	0.543	0.369	0.081

表 6 - 3 报告了西藏作为处理组下的预测控制变量拟合与对比值，同时本书还随机选取了对口援藏政策实施之前的 1986 年、1990 年、1994 年三个年

---

① 将合成西藏的四川、广西、内蒙古这 3 个省份分别作为处理组并利用合成控制法得到各自的合成结果，发现参与合成的省份和权重是不同的，因此西藏与这 3 个省份的权重不存在线性关系，即不存在线性内推的问题。

份的贫困状况数值作为观测变量。可以看出，我们关注的贫困状况数据，真实西藏与合成西藏的差异率仅为 1.08%，其他影响贫困状况的地区经济发展水平、对外开放水平、教育水平、产业结构、城镇化水平这些因素的合成值与实际值差异率也相对较低，这说明合成西藏较好地拟合了对口支援政策实施之前的西藏特征，因而可以按照合成控制法将四川、广西和内蒙古三省区的加权平均作为西藏的对照组来评估对口援藏政策的减贫效应。

表 6 - 3   **合成西藏的预测变量拟合与对比**

变量	真实西藏	合成西藏	差异率（%）
Poverty	69.733	68.980	1.08
ln*PerGDP*	6.813	6.609	2.99
OPU	15.452	14.948	3.26
EDU	0.099	0.116	1.72
STR	48.091	39.979	16.8
URB	15.208	16.325	7.34
*Poverty*1986	69.700	69.426	0.39
*Poverty*1990	74.100	69.410	6.33
*Poverty*1994	66.300	69.717	5.15

图 6 - 1 报告的是整个样本期内合成西藏和真实西藏的贫困状况（恩格尔系数）的减缓路径。可以发现，在 1995 年之前，西藏和合成西藏的贫困减缓路径保持较为一致的趋势，说明合成西藏可以较好地模拟真实西藏的贫困减缓路径[1]。在 1995 年对口援藏政策正式实施之后，西藏恩格尔系数的实际变化路径在开始一段时间内仍高于合成西藏，但至 1999 年开始一直低于合成西藏的路径，这表明在对口援藏政策实施一段时期后，政策效应逐渐显现，产生了较为明显的减贫效应。但同时也注意到，对口援藏政策的减贫效应并不

---

[1] 需要说明的是，在 1995 年对口支援政策实施之前，真实西藏与合成西藏的减贫路径并没有高度重合，这已是在现有条件下经多次测试后的最优结果，这可能是由于西藏曾长期存在非典型二元结构，即非典型二元社会运行机制和非典型二元经济结构（孙勇，1991），尚难以找到与其经济社会结构相似度极高的省份。

稳定，呈现出较为明显的波动性，表现为真实西藏和合成西藏的贫困状况变化曲线之间的差距在政策实施的一段时期内较大，之后又有收窄的趋势，而至 2010 年之后又逐渐扩大。

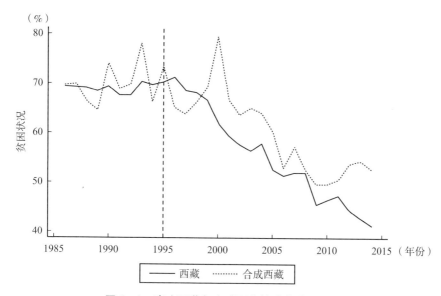

图 6 - 1　真实西藏与合成西藏的减贫路径对比

为更加直观地观察对口援藏政策对西藏贫困减缓路径的影响，应用 Stata 15 软件进一步计算政策实施前后真实西藏和合成西藏恩格尔系数的差值，结果见图 6 - 2。从图 6 - 2 中可以看出，在 1995 年对口援藏政策正式实施之前，真实西藏与合成西藏恩格尔系数的差值在 ±5% 附近波动，而从对口援藏政策实施后的第五年（1999 年）开始，二者恩格尔系数差值均为正，但二者差值大小在 1999～2014 年存在波动性，具体表现为：1999～2001 年二者恩格尔系数的差值明显上升，而该差值在 2002～2009 年呈现出波动中下降，至 2010～2014 年又逐渐上升。由此可以看出，尽管对口援藏政策整体上产生较为明显的减贫效应，但这一政策效应存在时期波动性，出现这一结果的可能原因在于：对口支援政策实施一段时期后，产生的经济增长效应和公共支出效应逐渐发挥，减贫成效明显，但随着对口支援政策的深入实施，存在的粗放性、"重城镇、轻农牧区"和"重基础设施、轻民生"等问题也逐渐凸显，导致政策产生的减贫效应趋于下降。尽管自 2001 年第四次中央西藏工作座谈会之后，中央先后多次要求今后援藏资金和项目应重点向西藏农牧区倾斜，突出改善农牧民生活这个重点，但能够实际到农牧区、农牧民的支援资源依然有限，同时还存在较为明显的地区差异（王磊，2016）。直到 2010 年第五次中央西藏工作座谈会召开，明确要求各援藏省市将上一年度地方财政一般预算收入的 1‰安排用于对口援藏工作。2010 年第六批援藏干部进藏之初，国家发改委对援藏项目建设又出台了"两个倾斜"新规定，即对口援藏资金要向基层倾斜、向农牧民群众倾斜，在投入比例上明确对口援藏资金的 80% 要投向基层和农牧民群众。在"十二五"期间，全国 17 个对口援藏省市累计投入对口援藏资金 141.6 亿元，援建 1610 个项目，涵盖农牧区基础设施、市政建设、社会事业和产业发展等领域[①]。因此，2010～2014 年对口援藏政策的减贫效应有明显提升。

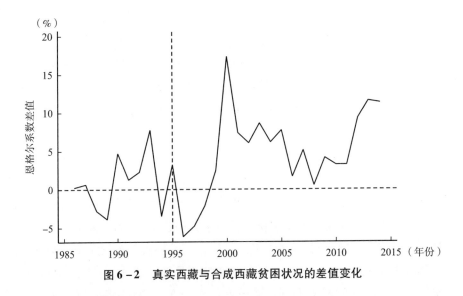

图 6-2　真实西藏与合成西藏贫困状况的差值变化

6.1.4　稳健性检验

为验证合成控制法拟合结果的可靠性和有效性，以进一步证实对口支援

---

① 《"十二五"时期对口支援西藏经济社会发展总体规划》。

政策的实施对西藏的减贫作用效应，本书又做了以下稳健性检验。

1. 安慰剂检验

首先利用阿巴迪等（Abadie et al.，2015）提出的基于经典的随机化推理方法——安慰剂检验法（Placebo Test）进行稳健性检验。具体做法是：假设没有实施对口支援政策的省份与西藏一样在同一时间实施了该政策，并逐一对每个地区进行合成控制分析，分别得到每个省份贫困减缓指标真实值与合成值的差，并将每个省份的该差值与西藏进行对比。如果西藏的差值明显高于其他各个地区，则通过安慰剂检验。通常，使用干预后 RMSPE[①] 与干预前 RMSPE 之间的比值来反映实证分析结果与安慰剂检验之间的差异。对于处理地区西藏而言，如果实施对口支援政策对西藏贫困减缓产生显著影响，则合成西藏将无法很好地预测真实西藏在实施对口支援政策后的贫困状况，导致较大的"干预后 RMSPE"；若对口支援政策实施之前，合成地区就无法很好地预测真实地区的结果变量（即较大的"干预前 RMSPE"），也会导致产生较大的"干预后 RMSPE"。因此，使用二者的比值，如果西藏 RMSPE 的比值明显高于其他省份，而其他地区的安慰效应都很小，则表明实施对口支援政策确实能够产生显著的减贫效应。用 Pre-RMSPE、Post-RMSPE 分别代表某个省份与其合成省份在对口支援政策实施之前和之后的拟合差异度，用后者与前者的比值来表示安慰剂检验的结果。Pre-RMSPE、Post-RMSPE 的计算表达式为：

$$\text{Pre-RMSPE} = \left[\frac{1}{T_0} \sum_{t=1}^{T_0} \left(P_{1t} - \sum_{i=2}^{J+1} w_i^* P_{it} \right)^2 \right]^{\frac{1}{2}} \quad (6-5)$$

$$\text{Post-RMSPE} = \left[\frac{1}{T-T_0} \sum_{t=T_0+1}^{T} \left(P_{1t} - \sum_{i=2}^{J+1} w_i^* P_{it} \right)^2 \right]^{\frac{1}{2}} \quad (6-6)$$

需要注意的是，在对对照组某个省份进行安慰剂检验时，如果在"干预之前"其合成控制的拟合效果很差（Pre-RMSPE）很大，则有可能出现在"干预之后"的处理效应也很大，则安慰剂检验结果不可信。借鉴阿巴迪等

---

① RMSPE（root mean square prediction error）即均方预测误差的平方根，是反映地区与合成该地区虚拟估计量的平均差异程度的指标。在安慰剂检验中，每一个地区都存在一个 RMSPE 值，其定义是真实地区和合成虚拟该地区的被解释指标的差值平方和的均值。

（Abadie et al. , 2010）的研究，依次剔除政策干预前 RMSPE 的比值超过 20 倍、5 倍和 2 倍地区的做法，因此这里以剔除超过 1.5 倍西藏 RMSPE 值的省份为例，安慰剂检验的结果见图 6 – 3。图 6 – 3 中的黑色实线表示西藏的政策处理效应（即西藏与合成西藏的恩格尔系数之差），即贫困状况的减缓程度，而灰色虚线表示其他 8 个控制省份的安慰剂效应（即这些省份与其相应合成省份的恩格尔系数之差）。可见，与其他省份的安慰剂效应相比，西藏的（负）处理效应显得比较大，在对口支援政策实施后，黑色实线基本上位于灰色虚线之下，因此安慰剂检验结果验证了对口支援政策对西藏确定存在显著的减贫效应。

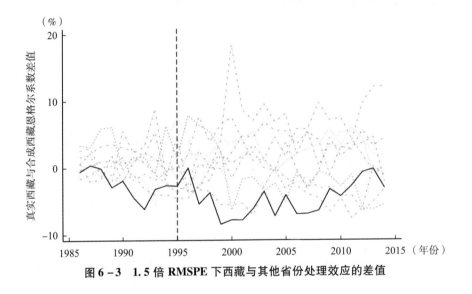

图 6 – 3　1.5 倍 RMSPE 下西藏与其他省份处理效应的差值

2. 双重差分（DID）检验

为进一步检验合成控制法评估的对口援藏政策减贫效应的稳健性，同时检验各控制变量的影响效应。本书再通过双重差分法来评估对口援藏的减贫效应①，以与合成控制法的拟合结果进行对比，构建的双重差分模型

---

① 受限于省级层面的样本量，为使用大样本数据以保证在更为细致的范围内分析对口支援政策的减贫效应进行评估，这里未再进一步将处理组与对照组进行倾向得分匹配（PSM）。

（DID）如下：

$$Poverty_{it} = \beta_0 + \beta_1 Aid_i \times Post_t + \beta X_{it} + \rho_t + \mu_i + \varepsilon_{it} \qquad (6-7)$$

其中，i 和 t 分别表示个体省份和时间年份。$Poverty$ 为贫困状况变量，用农村居民恩格尔系数（EC）衡量。Aid 为对口支援政策实施与否的虚拟变量，如果某省份实施了对口支援政策，则 $Aid=1$，即该省份为处理组，否则 $Aid=0$，即该省份为对照组。$Post$ 为时间虚拟变量，1995 年及其以后年份[①] $Post=1$，其他年份 $Post=0$。交叉项 $Aid \times Post$ 的系数 β_1 代表的是对口支援政策对西藏贫困状况所产生的净效应，即政策对被解释变量的平均处理效应，如果 β_1 显著小于 0，则表示政策效应显著，即可以认为对口支援政策有效促进了西藏贫困减缓。ρ、μ 分别为时间固定效应和省份固定效应，ε 为随机误差项。此外，本书还控制了地区经济发展水平（lnperGDP）、政府规模（GOV）、对外开放水平（OPU）、教育水平（EDU）、产业结构（STR）、城镇化水平（URB）等 6 个可能会影响贫困状况的其他变量（包含在了模型中的变量集合 X 中），各变量的衡量、计算方法和数据来源等在前文已作说明，不再赘述[②]。DID 模型的具体估计结果见表 6 - 4。

表 6 - 4　　　　　　　　对口支援政策减贫效应的 DID 估计结果

变量	模型（1）	模型（2）	模型（3）	模型（4）	模型（5）
$Aid \times Post$	- 0. 1144 *** (0. 0339)	- 0. 0827 *** (0. 0427)	- 0. 1664 *** (0. 0259)		
$Aid \times Post95$				0. 0118 (0. 0170)	0. 0158 (0. 0149)
$Aid \times Post00$				- 0. 0805 *** (0. 0184)	- 0. 0718 *** (0. 0233)
$Aid \times Post05$				- 0. 0139 (0. 0189)	- 0. 0135 (0. 0195)

① 在 DID 稳健性检验中，将样本期分别设定为 1986～2014 年、1986～2020 年，以考察剔除与不剔除精准扶贫政策的实施对对口支援政策减贫效应评估结果的影响。

② 为便于面板模型估计结果的比较，除地区经济发展水平（lnPerGDP）、教育水平（EDU）与原计算方法完全一致外，其他 4 个变量在计算时均未再除以 100。

变量	模型（1）	模型（2）	模型（3）	模型（4）	模型（5）
$Aid \times Post10$				-0.0355 *** （0.0306）	-0.0335 *** （0.0313）
$Aid \times Post14$				-0.1861 *** （0.0088）	-0.1842 *** （0.0093）
ln$PerGDP$		-0.0328 ** （0.0102）	-0.0283 ** （0.0098）		-0.0284 * （0.0148）
GOV		-0.1326 *** （0.0207）	-0.1229 *** （0.0189）		-0.0868 ** （0.0413）
OPU		-0.0467 ** （0.0806）	-0.0297 ** （0.0590）		-0.0413 *** （0.0813）
EDU		-0.0653 *** （0.0069）	-0.0729 *** （0.0087）		-0.0606 *** （0.0079）
STR		0.1897 *** （0.0673）	0.1998 *** （0.0578）		0.1880 ** （0.0661）
URB		-0.2558 ** （0.0032）	-0.2560 ** （0.0033）		-0.2387 ** （0.0056）
Constant	0.5189 *** （0.0072）	0.8332 *** （0.0878）	0.8223 *** （0.858）	0.5103 *** （0.0061）	0.8727 ** （0.0889）
年份效应	控制	控制	控制	控制	控制
省份效应	控制	控制	控制	控制	控制
观测值	290	290	350	290	290
R^2	0.4271	0.7828	0.7987	0.4851	0.7852

注：括号中数字为稳健标准误，***、** 和 * 分别表示在1%、5% 和10% 的显著性水平上显著。

表6-4中模型（1）、模型（2）汇报的是样本期1986~2014年对口支援政策对西藏贫困减缓的净效应检验结果，模型（3）汇报的是样本期1986~2020年对口支援政策对西藏贫困减缓的净效应检验结果。从模型（1）、模型（2）和模型（3）的实证结果表明，无论是否加入控制变量，无论样本期年份是否延长至2020年，交乘项 $Aid \times Post$ 的系数均在1%水平上显著为负值，

表明 DID 模型估计结果与上文实证研究结论一致，验证了对口支援政策的实施确实显著减少了西藏贫困，产生了明的减贫效应，说明本书的实证结论是稳健的。此外，根据估计结果还可以发现，如果不剔除 2014 年之后精准扶贫战略的减贫效应，将样本期延长至 2020 年（1986～2020 年）会导致一定程度地高估对口支援政策减贫效应，表现为回归系数的绝对值偏高，同时也会产生其他控制变量估计结果可能出现偏差。为进一步检验对口援藏政策的动态效应，本书参照徐明和刘金山（2018）、李翔和李学军（2020）的研究，引入 $Post95$、$Post00$、$Post05$、$Post10$、$Post14$ 这 5 个变量，分别在 1995 年、2000 年、2005 年、2010 年、2014 年取值为 1，其他年份取值为 0，再分别将其与政策虚拟变量 Aid 做交乘，表 6 - 4 中模型（4）、模型（5）结果显示，无论是否加入影响减贫的其他因素，1995 年对口支援政策的减贫效应并不显著，但随着时间的推移，政策效应呈现出波动性：2000 年政策的减贫效应显著，2005 年政策的减贫效应不显著，再到 2010 年和 2014 年，政策的减贫效应均显著，而且 2010～2014 年，政策的减贫效应明显增强，以上结论进一步验证了合成控制法得到的结论是稳健的，即对口援藏政策的减贫效应显著，但存在较为明显的不稳定性。此外，模型（2）和模型（5）的检验结果表明，其他控制变量对西藏减贫的影响效应并不一致。具体来看，DID 模型估计的政府规模（GOV）和城镇化水平（URB）系数都显著为负值，且系数的绝对值都略高于对口支援政策减贫效应的估计系数，这表明西藏政府的财政支出规模和城镇化水平的提升有力地减少了西藏的贫困，其可能的原因在于：一是西藏的财政自给率极低，但西藏的财政支出规模巨大，并且主要来源于中央财政补贴（靳薇，2010）。改革开放以来，西藏在基本建设、农业生产、文教卫生等领域的政府支出规模不断加大，尤其是将财政资金向农牧区和农牧民倾斜，促进了广大贫困农牧民的增收脱贫。二是西藏的贫困人口绝大部分分布于广大农牧区，随着城镇化水平的提升，减少了西藏农牧区的贫困人口，同时也增加了西藏贫困农牧民的收入和就业机会，显著减少了西藏农村贫困，对贫困减缓的作用明显。地区经济发展水平（$\ln PerGDP$）、对外开放水平（OPU）和教育水平（EDU）的估计系数都显著为负值，但系数的绝对值都较小，表明这三个变量的提高也减少了西藏贫困，但作用效应还十分有限，可能的原因在于：一是与全国经济增长的减贫特征基本相似，西藏经济增长过程中的"包容性"和"益贫性"不强，收入分配差距过大问题较为突出，地区经济发展的自然减贫效应还较为有限。二是西藏的对外开放不但能够带来外部资本、技术、管理等要素的流入，还有助于贫困劳动力的外出务工，能够提升区域自我发展能力和增加贫困人口收入，但受西藏特殊的自然地理条件、语言和文化差异等因素的制约，对外开放水平的减贫作用效应还有待进一步提升。三是教育是提升人口素质和职业技能，形成人力资本的主要方式，通过提升贫困地区的教育水平能够增加贫困人口的就业机会和收入，从而实现脱贫。尽管近年来，西藏的教育支出明显加大，地区整体受教育水平有明显提升，但与全国平均水平相比，西藏农牧区广大贫困人口的仍然偏低，因而教育的减贫作用效应还未充分显现。在各控制变量中，只有以第一产业增加值占 GDP 比重衡量的产业结构（STR）估计系数显著为正，表明第一产业规模的低质量增长并不利于贫困农牧民的增收脱贫。

6.2 对口援藏政策减贫效应异质性分析

前述实证结果显示，总体上看，对口支援政策显著促进了受援地西藏的贫困减少，但这一政策对西藏不同地区的减贫效应是否存在异质性呢？对于该问题的回答有助于进一步深入认知对口支援政策的减贫效应，为后续政策提出提供强力的支撑。事实上，西藏内部不同地区之间本身就存在较为明显的区域特征差异性，主要表现在：一是因西藏不同地区自身的社会经济条件、自然条件和历史积淀等差异导致的各地区发展基础和投资环境差异较大。二是由不同区域存在发展的不平衡不充分而导致的低收入人口比例差距较大。从城乡差异来看，西藏的贫困人口主要是分布在农牧区的农牧民，城镇的贫困人口比例较低。从不同地区来看，拉萨、林芝等发展条件较好的地区，低收入人口占比较少，而日喀则、昌都、山南、阿里、那曲等发展条件较差的地区，低收入人口的占比较大，其中日喀则和昌都的贫困人口规模曾一度为全区最大。三是从贫困人口的区域分布特征来看，西藏农牧区贫困人口分布呈现出较为分散化的特征，主要分布于藏东的深山峡谷区、藏北的高寒荒漠区、边境区（山南、阿里和日喀则）、人口较少民族区（门巴族和珞巴族）以及藏中谷地贫困区。基于此，本书针对对口支援政策对西藏各地区减贫效应的异质性进行进一步的实证检验。

6.2.1 对口支援地级城市内容的分析说明

对口支援作为我国国内区域发展援助的重要政策之一，是在中央政府主导下，主要由东中部经济发达地区长期稳定地结对支援西部经济欠发达地区和特殊困难地区，其目的在于缩小地区间的发展差距，促进区域协调发展。在实践中，对口支援的形式多样、内容丰富、涉及领域广泛。以对口援藏为例，从支援方的总体投入上看，对口支援主要表现为各支援方对西藏的人力、财力、物力三方面的"有形"支援和技术等"无形"支援。具体来看，支援的投入包括人才（援藏干部、专业技术人员）、资金（主要以援建项目为载体）、物资、科技、管理等，涉及支援西藏的经济、文化、教育、医疗卫生、科技、就业等多个领域的发展。随着对口援藏政策的深入实施，根据2001年召开的中央第四次西藏工作座谈会要求，援藏工作的重点开始从早期的干部援藏逐渐转向了经济援藏、教育援藏、就业援藏、科技援藏相结合，尤其是至2015年中央第六次西藏工作座谈会召开，习近平总书记强调要将"富民兴藏"作为西藏工作的重要原则，紧紧围绕民族团结和民生改善推动经济发展、促进社会全面进步。可见，对口援藏的内容在实践中不断拓展丰富，支援的重点也逐渐转向了西藏的经济发展和民生改善。整体上看，实施超过25年的对口援藏政策，对西藏的经济支援主要采取的是以援藏干部为纽带，以援建项目为载体，通过项目、资金、物资、技术等形式支持西藏的经济建设，将支援的资金和项目主要投向各受援地的基础设施建设和提高公共服务供给能力上。

从受援的西藏各具体地级城市层面上看，在1995年对口援藏政策正式实施时，7个地市的经济实力和发展条件的差距并不大，各地级城市的经济发展水平和基础条件均较为落后，各支援省市对西藏各地级城市的对口支援的重点是在各地城镇的交通基础设施和公共服务建设上，而对广大农牧区的支援力度明显不足，在这一阶段，各省市对西藏7个地级城市经济支援的范围、领域、投入规模及重点是基本一致的。2010年中央第五次西藏工作座谈会召开，要求把民生改善作为西藏工作的重点，并明确提出了援藏资金和项目必须向基层倾斜、向农牧区倾斜的"两个倾斜"和"确保80%以上的援藏资金用于民生领域、用于基层和农牧区"的要求。此次座谈会之后，各省市的对口援藏工作重点由支援各地级城市建设开始逐渐转向扶贫开发、农牧业等农牧民生产生活和农牧区基本公共服务等领域，并重点关注农牧区的产业发展和农牧民的减贫等民生问题。2010年至今，各省市在对口援藏工作中一直严格落实"两个倾斜"的要求，将"富民兴藏"作为对口援藏工作的重点，针对各地级城市的对口支援内容主要侧重于支援农牧区的基础设施改善、公共服务水平提升和产业发展，以减缓贫困和提升农牧民生活水平为支援的核心目标。当然，由于各地级城市的功能定位和发展战略并不完全趋同，各省市对口支援西藏各地市的内容也存在一定的差异，对拉萨、林芝的支援比较注重文化旅游和民族特色工业，对日喀则、昌都、山南的支援较为重视发展特色农牧业和现代工业，而对那曲、阿里的支援比较重视农牧产品加工业。值得一提的是，受各对口支援省市的经济实力、援藏资源投入、受援地市的区位条件和发展环境等因素的影响，随着对口支援政策的长期实施，支援方的投入规模和投入领域也存在差异性，导致受援的各地级城市发展差距逐渐拉大，发展不平衡问题也逐渐凸显。

综上所述，无论是从支援资源的投入还是从支援目标的角度来看，在中央政府主导的前提下，对口支援政策的目标属性决定了17个承担支援任务的省市对受援地级城市自1995年以来各阶段的经济支援内容并没有存在较大的差异性，尽管各支援方可能也存在创新支援方式，探索支持受援各城市不同的功能定位和发展战略等情况。事实上，由于西部各个欠发达地区在自然地理、经济结构、发展基础、市场环境等方面多具有较为明显的相似性，实施对口支援政策主要是为了加快欠发达地区的基础设施建设，保障欠发达地区民生公共品供给，改善当地农户生活水平状况（徐明，2022）。因此，可以认为受援地级城市的经济支援内容的侧重点在支援开始的一定时期内是基本上一致的，因而基于地级城市层面数据，可以使用双重差分法进行对口支援政策减贫效应的异质性分析。①

6.2.2 样本选取与模型构建

根据上述分析，整体上看，对口支援政策的实施，其产生的直接效应主

---

① 此处使用双重差分估计（DID）与前文使用合成控制估计（SCM）的区别在于：SCM是以西藏自治区全区为分析单元，而这里为分析对口支援政策减贫效应的地区异质性特征，DID则是以西藏自治区各地级市（地区）为分析单元。

要体现为将外部的资本、技术、管理、知识、数据等生产要素在短期内快速输入受援地，通过促进受援地的区域经济增长，进而带动贫困人口脱贫，因而考虑到西藏各地区的区域差异性特征，为全面考察对口支援政策对西藏不同区域减贫效应的异质性：一是综合考虑经济发展基础和人均产出水平，将西藏自治区的 7 个地级城市划分为经济相对发达地区、经济相对落后地区两大经济地区；二是依据《西藏自治区"十三五"时期国民经济和社会发展规划纲要》，考虑到地理位置、交通基础、资源禀赋等区位差异因素，将西藏又划分为四大区域，即藏东、藏中南、藏北、藏西。本书中划分的西藏经济相对发达地区包括拉萨市、林芝市、山南市共 3 个地级市，经济相对落后地区包括日喀则市、昌都市、那曲市、阿里地区共 4 个地级市（地区）；藏东包括昌都市，藏中南包括拉萨市、日喀则市、山南市、林芝市共 4 个地级市，藏北是指那曲市，藏西是指阿里地区。

根据以上分析，本书仍将 17 个省份对口支援西藏的 7 个地市作为一次准自然实验，考虑到这里以地级市为研究单元，需要采用双重差分（DID）方法对对口支援政策减贫效应的地区异质性进行实证估计，为检验政策干预前的平行趋势是否能够满足，后文将进行一系列稳健性检验。事实上，由于西部地区各省份的发展模式、经济结构、自然条件、民族特征及国家政策较为相似，为平行趋势提供了很好的条件（刘瑞明和赵仁杰，2015；刘金山和徐明，2017）。中国西部包括西藏、新疆、四川、重庆、贵州、云南、广西、陕西、甘肃、青海、宁夏、内蒙古 12 个省份。除了作为处理组的西藏 7 个地级城市外，再剔除新疆、重庆两个自治区（直辖市）之后，作为对照组的西部 9 个省份共有 84 个地级城市，这其中因不少城市的行政区划在某些年份都有一定幅度的调整，导致相关变量的数据不能准确获得，同时考虑到 1986 ~ 1990 年不少地级城市的相关变量数据缺失严重或完全没有统计，本书剔除这些地级城市。经过甄别和筛选，最终共选取了 1991 ~ 2014 年一直是地级城市并且行政区划调整变化较小[①]的 36 个地级市作为对照组，具体包括四川 10 个地级市、贵州 2 个地级市、云南 1 个地级市、广西 7 个地级市、陕西 4 个地级市、甘肃 5 个地级市、青海 1 个地级市、宁夏 2 个地级市、内蒙古 4 个地

---

① 这里是指行政区划在样本期间内未进行较大调整，少数城市（例如南充市）在 1991 ~ 2014 年也曾进行了部分行政区划调整，但影响并不大，仍纳入研究范围之内。

级市。① 因此，本书中的中国西部10个省份共43个地级市包括研究时期内（1991~2014年）正式实施过对口支援政策的西藏7个地市（处理组）和未实施对口支援政策的其他9个省份的36个地级市（对照组）。

根据以上分析，本书构建地级城市层面数据的双重差分（DID）模型如下：

$$Poverty_{it} = \delta_0 + \delta_1 Aid_i \times Post_t + \delta \sum Controls_{it} + Year_t + City_i + \varepsilon_{it}$$

$$(6-8)$$

在式（6-8）中，下标 i 和 t 分别表示地级市和年份。被解释变量 $Poverty_{it}$ 度量的是地级市 i 在 t 年的贫困状况。Aid 表示对口支援政策实施与否的虚拟变量，如果地级市在样本期内实施了对口支援政策，则将该地级市划入处理组，对应的 Aid 取值为1，否则 Aid 取值为0，即将该地级市划入对照组。$Post$ 为时间虚拟变量，1995年以前：$Post=0$，1995年及其以后：$Post=1$。核心解释变量为交叉乘积项 $Aid \times Post$，其系数 β_1 捕获的是对口支援政策对西藏地区贫困所产生的净效应，即政策对被解释变量的平均处理效应，这是研究关注的重点，如果 β_1 显著大于0，则表示对口支援政策的减贫效应显著。$\sum Controls_{it}$ 代表一系列可能会影响西藏贫困减缓的控制变量，与式（6-7）中的各控制变量选取相同，这里不再赘述。$Year_t$ 为年份个体固定效应，控制的是所有地级城市共同的时间因素，$City_i$ 为城市个体固定效应，控制的是各地级城市不随时间而变化的特征，ε_{it} 为随机误差项。

6.2.3 变量数据来源与描述性统计

在式（6-8）的控制变量（$\sum Control_{it}$）中，为测度各地级城市的人均实际GDP（lnPerGDP），以衡量地区经济发展水平，本书以1990年为基期对GDP数值进行平减，由于城市层面的GDP平减指数缺失严重，选用各城

---

① 四川的10个地级市分别是成都、自贡、攀枝花、泸州、德阳、绵阳、广元、遂宁、乐山、南充，贵州的2个地级市分别是贵阳、六盘水，云南的1个地级市是昆明，广西的7个地级市分别是南宁、柳州、桂林、梧州、北海、钦州、贵港，陕西的4个地级市分别是西安、铜川、宝鸡、咸阳，甘肃的5个地级市分别是兰州、嘉峪关、金昌、白银、天水，青海的1个地级市是西宁，宁夏的2个地级市分别是银川、石嘴山，内蒙古的4个地级市分别是呼和浩特、包头、乌海、赤峰。

市所在省份相关年份的 GDP 指数进行换算，将各地级市所有 GDP 的名义值折算为实际值，以剔除物价因素的影响，再将实际 GDP 除以各地级市年末总人口，从而得到各地级市人均实际 GDP。除了各变量使用的是地级城市层面数据外，所有变量的具体含义及计算方法与上述研究一致（见表 6 - 1）①，这里不再赘述。

考虑到地级城市行政区划变动及相关变量数据的可得性，本书使用 1991 ~ 2014 年中国西部 10 个省份 43 个地级市的面板数据来评估对口支援政策对西藏不同区域贫困减缓产生的净效应。由于省际对口支援西藏各地市的范围既包含地级城市的农村地区，也包含地级城市的城区，本书中的样本均为各地级市全市口径数据。地级城市层面数据主要来自各省（自治区）和各市相关年份的统计年鉴，以及《中国城市统计年鉴》《新中国六十年统计资料汇编》；部分变量数据来自各地级市相关年份的统计年鉴，以及《中国区域经济统计年鉴》和各地级市《国民经济和社会发展统计公报》，少数变量缺失的数据通过插值法进行了补齐。② GDP 指数均来自各省份相关年份的统计年鉴。各变量的描述性统计结果见表 6 - 5。可以发现，多数变量值均存在较大差异。需要指出的是，由于西藏经济社会长期存在的"非典型二元结构"特征，西藏各地级城市的财政支出、进出口贸易、产业结构和城镇化水平等变量与其他地级城市均存在较大的差异性。

表 6 - 5　　　　　　　　　各变量描述性统计结果

变量	变量含义	均值	标准差	最小值	最大值
Poverty	地级城市贫困状况	0.5121	0.1254	0.1714	0.8970
Aid × Post	对口支援政策交互项	0.1357	0.3426	0.0000	1.0000
ln*PerGDP*	经济发展水平	8.4199	0.8522	5.0194	10.7167
GOV	政府规模	0.1674	0.1487	0.0280	0.9039

① 这里的经济发展水平（ln*PerGDP*）计算方法与前文研究一致，其他各个变量的计算方法中除了不再乘以 100 外，其他均与前文研究一致。

② 西藏各地级市缺失的部分数据由本书课题组于 2020 年 7 ~ 8 月入藏调研期间从西藏自治区扶贫办、西藏自治区发改委等政府部门获取，少数年份缺失数据经申请后由拉萨市统计局、林芝市统计局和昌都市统计局提供。

续表

变量	变量含义	均值	标准差	最小值	最大值
OPU	对外开放水平	0.1075	0.1479	0.0003	0.9248
EDU	教育水平	0.0124	0.0183	0.0001	0.1261
STR	产业结构	0.1996	0.1605	0.0079	0.9235
URB	城镇化水平（%）	0.3926	0.2111	0.0200	0.9623

6.2.4 异质性实证结果分析与稳健性检验

1. 异质性实证结果分析

（1）经济地区异质性。发展经济学理论认为，经济发展水平与贫困之间存在相关性，促进经济发展是减贫的重要手段。一般来说，不同经济发展水平地区在贫困状况上存在着自然的差异性，即不同经济地区的贫困程度存在异质性，与经济相对发达地区相比，经济相对落后地区的贫困程度更为深一些。例如，中国东中部发达地区的贫困人口较少，绝大多数贫困人口集中在西部欠发达地区，中国大规模减贫的主要推动力量是经济增长，特别是农业和农村经济的持续增长（汪三贵，2008）。基于此，本书将作为处理组的西藏地级城市样本划分为经济相对发达地区和经济相对落后地区，以检验对口支援政策对贫困减缓影响的经济地区异质性，检验结果如表6-6所示。根据表6-6中模型（1）、模型（2）、模型（3）和模型（4）的回归结果可以看出，无论是否加入控制变量，重点关注的交叉项 $Aid \times Post$ 的系数均显著为正，这表明对口支援政策对西藏不同发展水平的经济区均产生了减贫效应，进一步比较模型（2）和模型（4）的结果可以发现，相较于经济相对发达地区，对口支援政策对经济相对落后地区的减贫效应要更为明显一些。这一结果表明，对口支援政策对西藏经济相对落后地区贫困减缓产生的正向促进作用要大于对经济相对发达地区产生的正向促进作用，这与不同经济地区实现脱贫的进程具有一致性。对于西藏而言，贫困人口主要分布于经济相对落后地区，如2014年西藏农村贫困人口规模高达61万，其中日喀则、昌都、那曲等三个经济相对落后地区贫困人口占全区贫困人口的比重超过 70%。[①] 尽管经济相对落后地区的贫困人口较多，至 2019年底，西藏全区各地市的绝对贫困人口得以全面消除，这与经济相对发达地区全面脱贫时间（如拉萨市为 2018 年 11 月）基本同步，这表明对口支援政策发挥了重要的助推作用。相较于经济相对发达地区，经济相对落后地区更为缺乏资金、人才、技术、管理等生产资源，对口支援政策的实施对相对落后地区增长产生的边际效应更为明显，因而对地区发展和减贫的作用要更大一些。

表 6-6　　　　对口援藏政策减贫效应经济地区异质性的 DID 估计结果

变量	经济相对发达地区		经济相对落后地区	
	模型（1）	模型（2）	模型（3）	模型（4）
$Aid \times Post$	-0.0374 *** (0.0094)	-0.0422 ** (0.0174)	-0.0506 *** (0.0144)	-0.0525 *** (0.0154)
$lnPerGDP$		0.0258 *** (0.0078)		-0.0911 ** (0.0039)
GOV		-0.7444 ** (0.0317)		-0.0315 (0.0253)
OPU		-0.0400 ** (0.0156)		-0.1212 (0.0162)
EDU		-0.6549 *** (0.1681)		-0.6438 *** (0.1669)
STR		-0.0132 (0.0289)		0.0168 (0.0244)
UBR		-0.0071 ** (0.0069)		-0.0161 (0.0237)
Constant	0.7310 *** (0.0058)	0.5625 *** (0.0643)	0.6490 ** (0.0079)	0.6754 *** (0.0601)

[①]　根据《中国农村贫困检测报告（2015）》《西藏统计年鉴》《西藏年鉴》及西藏各地市《国民经济和社会发展统计公报》中的相关数据整理计算。

续表

变量	经济相对发达地区		经济相对落后地区	
	模型（1）	模型（2）	模型（3）	模型（4）
年份效应	控制	控制	控制	控制
城市效应	控制	控制	控制	控制
观测值	936	936	960	960
R^2	0.8275	0.8346	0.8521	0.8563

注：括号中数字为稳健标准误，***、** 和 * 分别表示在1%、5%和10%的显著性水平上显著。

（2）地理区位异质性。地区发展的不平衡不充分性在我国尤为明显，对于受援的西藏而言，其内部也存在较为明显的区域发展差异，由于地理位置、交通基础、资源禀赋等区位差异而导致的区域发展不协调已是不争的事实。为此，本书将西藏按照地理区位又重新划分为藏东（昌都）、藏中南（拉萨、日喀则、山南、林芝）、藏北（那曲）、藏西（阿里）四个区域，由此重新划分地级城市样本，并应用 DID 方法进行估计，以考察地理区位差异在对口支援政策实施中是否会对贫困减缓产生异质性影响。表 6 - 7 的估计结果表明，对口支援政策对各地区至少在 10% 的水平上显著为负，说明对口支援政策对各地区均产生了减贫效应，但从 $Aid \times Post$ 的系数上看，对藏东和藏北产生的减贫作用要明显大于在藏中南和藏西产生的减贫作用，产生这一结果的可能原因是，一方面，藏东的昌都、藏北的那曲分别作为西藏的"东大门"和"北大门"，昌都的东部与四川藏区相连，那曲的北部与青海接壤、西北与新疆毗邻，地理区位和自然资源的比较优势较为突出，更为有利于贸易开放、高原特色优势产业发展和农牧民外出务工就业，而且这些地区的贫困人口较为密集，政策在这些地区更易于发挥减贫效应。另一方面，藏西的阿里地区虽然面积位居西藏全区各地级市第二位，但总人口规模只占西藏总人口 3% 左右，且在 2006 年"农牧民安居工程"① 启动以前贫困人口主要是牧民，并不利于对口支援政策效应发挥。

———————

① "农牧民安居工程"是指以牧民定居、农房改造、扶贫搬迁为重点，以地方病重病区群众搬迁为主的农牧民安居工程，有具体的农牧民安居工程实施方案，具体参见周炜、孙勇：《中国西藏农村安居工程报告（2006）》，中国藏学出版社 2008 年版。

· 144 ·

表 6 - 7　　　　对口援藏政策减贫效应地理区位异质性的 DID 估计结果

变量	藏东 （1）	藏中南 （2）	藏北 （3）	藏西 （4）
$Aid \times Post$	-0.0576 ** （0.0279）	-0.0290 * （0.0159）	-0.0589 ** （0.0282）	-0.1040 *** （0.0275）
lnPerGDP	0.0236 *** （0.0076）	0.0259 *** （0.0079）	0.0234 *** （0.0078）	-0.0669 *** （0.0141）
GOV	-0.0835 ** （0.0326）	-0.0826 *** （0.0298）	-0.0542 * （0.0325）	-0.0431 （0.0313）
OPU	-0.0264 * （0.0158）	-0.0376 ** （0.0157）	-0.0266 （0.0162）	-0.0245 （0.0160）
EDU	-0.6633 *** （0.1630）	-0.7016 *** （0.1693）	-0.6312 *** （0.1677）	-0.6069 *** （0.1657）
STR	-0.0260 （0.0282）	0.0127 （0.0277）	-0.0181 （0.0284）	-0.0115 （0.0285）
UBR	-0.0112 （0.0233）	-0.0139 ** （0.0241）	-0.0099 （0.0241）	-0.0165 （0.0237）
Constant	0.7051 *** （0.0637）	0.5433 *** （0.0646）	0.7156 *** （0.0654）	0.7772 *** （0.0673）
年份效应	控制	控制	控制	控制
城市效应	控制	控制	控制	控制
观测值	888	960	888	888
R^2	0.8458	0.8371	0.8406	0.8489

注：括号中数字为稳健标准误，***、** 和 * 分别表示在 1%、5% 和 10% 的显著性水平上显著。

2. 稳健性检验

（1）PSM-DID 模型估计。由于对口支援政策的实施地区选择并非随机行为，会不可避免地受到城市的发展状况、自然环境及贫困特征等因素影响。首先从我国已经实施对口支援政策的地区来看，均具有一定的特殊性考虑，如属于连片贫困地区、边疆少数民族地区等，存在较强的非随机性，可能会导致产生严重的选择偏差问题，使估计结果产生较大的误差。其次，从具体受援的西藏来看，其贫困减缓受诸多因素的影响，在样本期内，西部欠发达贫困地区

实际上还实施了"八七扶贫攻坚计划"（1994 年）、东西部扶贫协作（1996
年）、西部大开发战略（1999 年）等普惠性的发展和扶贫战略举措，这些未能
观测或不可观测的因素未能得到控制，均可能会产生内生性问题，导致模型估
计的偏误。此外，尽管西部各地级市的发展状况和贫困状况存在一定的相似性，
但是否满足平行趋势假设也仍需进一步验证。基于以上考虑，鉴于异质性分析
中采用地级城市层面面板数据，有效扩大了样本容量，这也为准确评估 17 个
省份对口支援西藏政策减贫的异质性效应提供了较多的方法选择。因此，为
了避免政策非随机性及遗漏变量等因素引起的内生性问题，并排除系统误差
导致的选择性偏误，本书进一步采用倾向得分匹配 - 双重差分（PSM-DID）
方法对前文对口援藏政策减贫效应异质性的实证结论进行稳健性检验。

以对口支援政策减贫效应的经济地区异质性分析样本为例，按照 PSM-
DID 方法的具体步骤，首先，参照罗森堡姆和鲁宾（Rosenbaum and Rubin，
1983）提出的倾向得分匹配法（PSM），最为关键的是要选择合适的协变量作
为处理组以找到最相近的对照组，本书参考刘瑞明和赵仁杰（2015）、缪言
等（2021）的研究，选择 lnPerGDP（经济发展水平）、OPU（对外开放水
平）、EDU（教育水平）、URB（城镇化水平）等四个控制变量作为匹配变
量，通过 Logit 模型回归获取倾向得分，采用1∶1 近邻有放回匹配①，以尽可
能降低处理组和对照组在对口支援政策实施前的显著差异，从而规避选择性
偏差及其导致的内生性问题。可以发现，相比于匹配前，匹配后的实验组和
控制组倾向得分值概率密度更接近，说明匹配结果较好，具体见图 6 - 4 ~
图 6 - 7。从图中可知，经济相对发达地区和经济相对落后地区的样本在实施
倾向得分匹配法（PSM）之后，控制组和实验组之间的差异均已经显著降
低。② 每一个处理组样本都已匹配到特定的控制组样本，使得实施对口支援
政策的准自然实验近似随机。因而，可以进一步采取与阿申费尔特（Ashen-
felter，1978）提出的双重差分（DID）模型结合起来对匹配后新生成的样本
进行回归，以确保回归结论相比于匹配前会较为稳健和可靠。

---

① 实际操作时，也同时使用了半径（卡尺）匹配和核匹配方法，得到的匹配结果与1∶1 近邻
匹配结果类似。原则上来说，不管采用何种匹配方法，最后的估计结果都不会相差太大（Vanden-
berghe and Robin，2004），本书选择1∶1 近邻匹配结果进行实证分析。
② 需要说明的是，经济相对落后地区匹配前的处理组样本与控制组样本差异很大，这主要是由
于处理组的那曲市和阿里地区的样本较为特殊，全国各地级城市中难以找到与其匹配度较高的地区。

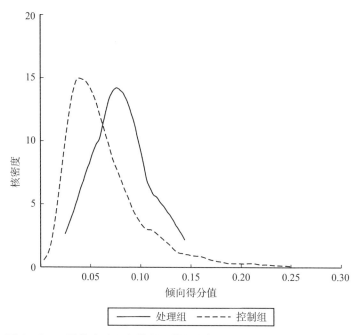

图 6 - 4 匹配前实验组和控制组的倾向得分值（经济相对发达地区）

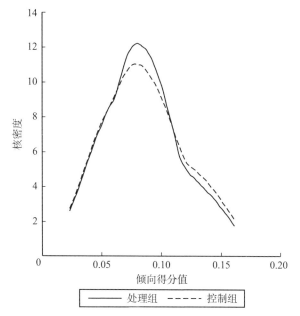

图 6 - 5 匹配后实验组和控制组的倾向得分值（经济相对发达地区）

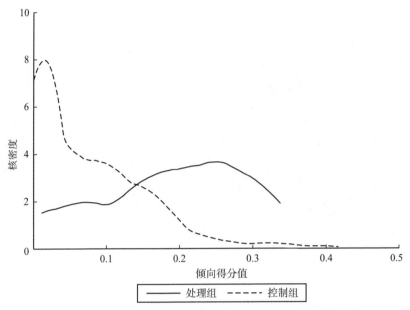

图 6-6　匹配前实验组和控制组的倾向得分值（经济相对落后地区）

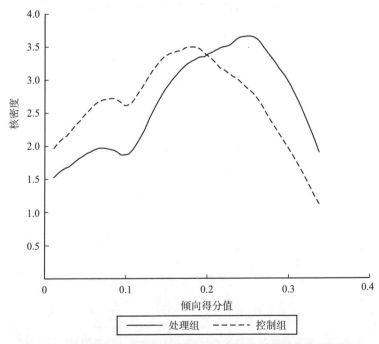

图 6-7　匹配后实验组和控制组的倾向得分值（经济相对落后地区）

表 6 – 8 报告了 PSM-DID 模型的估计结果，根据表 6 – 8 的第（1）、第（2）列可知，无论经济相对发达地区还是经济相对落后地区，交乘项 $Aid \times Post$ 的系统均在 1% 的水平上显著为负，且经济相对落后地区系统估计值的绝对值要稍大于经济相对发达地区，这证明了对口支援政策的冲击可以对受援地产生显著的减贫效应，并且在经济相对落后地区这一减贫效应要更为明显一些，这表明上文的对口支援政策经济地区异质性实证结果是稳健和可靠的。

表 6 – 8   对口援藏政策减贫效应经济地区异质性的 PSM-DID 估计结果

变量	经济相对发达地区 （1）	经济相对落后地区 （2）
$Aid \times Post$	– 0. 0471 *** （0. 0173）	– 0. 0573 *** （0. 0174）
$\ln PerGDP$	0. 0335 *** （0. 0112）	0. 0136 （0. 0094）
GOV	– 0. 0419 （0. 0325）	– 0. 0373 （0. 0295）
OPU	– 0. 0609 *** （0. 0214）	0. 0984 （0. 0955）
EDU	– 0. 5795 *** （0. 1789）	– 0. 3825 * （0. 2873）
STR	– 0. 0296 （0. 0329）	– 0. 0158 （0. 0299）
UBR	– 0. 0254 （0. 0255）	– 0. 0122 （0. 0266）
Constant	0. 4194 *** （0. 0842）	0. 5782 *** （0. 0701）
年份效应	控制	控制
城市效应	控制	控制
观测值	844	692
R^2	0. 7263	0. 6892

注：括号中数字为稳健标准误，***、** 和 * 分别表示在 1%、5% 和 10% 的显著性水平上显著。

同理，再次按照 PSM-DID 方法的步骤，对对口支援政策减贫效应地理区位异质性进行稳健性检验，表6-9汇报了对口支援政策减贫效应地理区位异质性的 PSM-DID 估计结果。根据表6-9的第（1）、第（2）、第（3）和第（4）列可以得出，交互项 $Aid \times Post$ 的系统均显著为负，且藏北地区的系统绝对值最大，其次为藏东地区，而藏西地区的系统绝对值最小，这再度证实了对口支援政策不仅显著促进了藏东、藏中南、藏北和藏西等西藏各区域的贫困减缓，而且相较于藏中南和藏西，政策在藏北和藏东的减贫效应要更强一些，这与前文的减贫效应地理区位异质性实证结论一致，充分表明对口支援政策减贫效应存在地理区位异质性。

表6-9　对口援藏政策减贫效应地理区位异质性的 PSM-DID 估计结果

变量	藏东(1)	藏中南(2)	藏北(3)	藏西(4)
$Aid \times Post$	0.3483***(0.0183)	-0.0338***(0.0156)	-0.0732***(0.0277)	-0.3192***(0.2069)
ln$PerGDP$	0.0504***(0.0149)	0.0447***(0.0106)	0.0462***(0.0150)	-0.0169***(0.0092)
GOV	-0.0552(0.0367)	-0.0655**(0.0298)	-0.0211(0.0366)	-0.0071(0.0473)
OPU	-0.0610**(0.0281)	-0.0574***(0.0205)	-0.0465(0.1020)	-0.0431(0.0337)
EDU	-1.5140***(0.2718)	-0.6630***(0.1692)	-0.2203(0.2760)	-0.1251(0.2230)
STR	0.0659*(0.0389)	0.0072(0.0285)	-0.0602*(0.0337)	0.0052(0.0482)
UBR	-0.1349***(0.0370)	-0.0178(0.0240)	0.0070(0.0262)	-0.0196(0.0278)
Constant	0.0816***(0.1130)	0.4016***(0.0845)	0.5727***(0.1118)	0.3676***(0.0849)

续表

变量	藏东 (1)	藏中南 (2)	藏北 (3)	藏西 (4)
年份效应	控制	控制	控制	控制
城市效应	控制	控制	控制	控制
观测值	627	916	594	536
R^2	0.8436	0.8445	0.8612	0.8375

注：括号中数字为稳健标准误，***、** 和 * 分别表示在 1%、5% 和 10% 的显著性水平上显著。

（2）替换贫困状况代理变量。衡量贫困状况的指标较多，由于样本期内贫困线标准的变化导致贫困人口、贫困发生率等直接测度指标不具有可比性，且因绝大多数贫困人口分布于中国的农村地区，因而前文在借鉴相关研究基础上，采用农村居民恩格尔系统（EC）衡量贫困状况，具有合理性，但若从收入角度考虑，农户的消费支出水平可能更能反映其贫困程度和生活状态（尹志超和郭沛瑶，2021）。基于此，参考徐明（2022）的研究，本书将衡量被解释变量贫困状况的农村居民恩格尔系数替换为农村居民家庭人均消费支出（单位：元），用 *Consum* 表示，并且以 1990 年为基期，用各省级居民消费价格指数（CPI）来调整所有名义变量，以得到实际值，再将实际值取自然对数处理，其他变量设置与前文一致，仍然采用 1991 ~ 2014 年中国西部 43 个地级城市层面数据，重新对模型（6 - 8）进行 DID 估计，以再次对对口支援政策减贫效应异质性进行稳健性检验。表 6 - 10 和表 6 - 11 分别汇报了替换因变量的对口支援政策减贫效应经济地区异质性、地理区位异质性的稳健性检验结果。根据表 6 - 10 可知，无论是否加入控制变量，交互项 *Aid* × *Post* 的系统均在 1% 水平上显著为负，并且模型（4）比模型（2）交互项系数绝对值要高，再次印证了对口支援政策对经济相对落后地区的减贫效应要更为明显一些的结论。根据表 6 - 11 可以看出，对口支援政策对西藏各地理区域的减贫效应均显著，且在藏东与藏北地区的减贫效应要更大一些，而在藏西地区的减贫效应最小，这与前文的实证结论是保持一致的。总之，替换被解释变量的 DID 方法重新估计结果与本书的异质性基准回归结果是一致的，这再次证明上文实证研究结论是稳健的。

表6-10 **对口援藏政策减贫效应经济地区异质性稳健性检验：**
替换贫困状况代理变量

变量	替换被解释变量：Consum			
	经济相对发达地区		经济相对落后地区	
	模型（1）	模型（2）	模型（3）	模型（4）
Aid × Post	0.0470 *** (0.0159)	0.0442 *** (0.0169)	0.0470 *** (0.0138)	0.0543 *** (0.0147)
lnPerGDP		0.0179 ** (0.0076)		0.0178 ** (0.0075)
GOV		−0.0107 (0.0308)		−0.0177 (0.0242)
OPU		0.0470 *** (0.0151)		0.0549 *** (0.0155)
EDU		0.3372 ** (0.1633)		0.3149 ** (0.1598)
STR		0.0210 (0.0281)		0.0368 (0.0233)
UBR		0.0175 (0.0233)		0.0188 (0.0227)
Constant	6.4923 *** (0.0077)	6.3417 *** (0.0577)	6.4398 ** (0.0076)	6.2845 *** (0.0564)
年份效应	控制	控制	控制	控制
城市效应	控制	控制	控制	控制
观测值	936	936	960	960
R^2	0.9724	0.9731	0.9730	0.9738

注：括号中数字为稳健标准误，***、** 和 * 分别表示在1%、5%和10%的显著性水平上显著。

表 6 - 11   对口援藏政策减贫效应地理区位异质性稳健性检验：
替换贫困状况代理变量

变量	替换被解释变量：*Consum*			
	藏东 （1）	藏中南 （2）	藏北 （3）	藏西 （4）
Aid × Post	0. 0515 * （0. 0284）	0. 0472 *** （0. 0151）	0. 0494 * （0. 0280）	0. 1058 *** （0. 0325）
ln*PerGDP*	0. 0158 ** （0. 0078）	0. 0182 ** （0. 0075）	0. 0164 ** （0. 0078）	0. 0163 ** （0. 0078）
GOV	0. 0090 （0. 0332）	− 0. 0182 （0. 0284）	0. 0041 （0. 0322）	0. 0026 （0. 0314）
OPU	0. 0549 *** （0. 0161）	0. 0479 *** （0. 0150）	0. 0538 *** （0. 0161）	0. 0549 *** （0. 0161）
EDU	0. 3294 ** （0. 1662）	0. 3281 ** （0. 1613）	0. 3366 ** （0. 1664）	0. 3440 ** （0. 1668）
STR	0. 0301 （0. 0287）	0. 0243 （0. 0264）	0. 0271 （0. 0282）	0. 0206 （0. 0287）
UBR	0. 0214 （0. 0238）	0. 0174 （0. 0229）	0. 0186 （0. 0239）	0. 0171 （0. 0239）
Constant	6. 3503 *** （0. 0589）	6. 3287 *** （0. 0569）	6. 3231 *** （0. 0588）	6. 3372 *** （0. 0589）
年份效应	控制	控制	控制	控制
城市效应	控制	控制	控制	控制
观测值	888	960	888	888
R^2	0. 9721	0. 9736	0. 9729	0. 9720

注：括号中数字为稳健标准误，***、** 和 * 分别表示在 1%、5% 和 10% 的显著性水平上显著。

6.3 对口援藏政策减贫作用机制的
实证检验：中介效应模型

6.3.1 中介效应模型构建及数据说明

前文研究表明，对口支援政策的实施可以有效促进受援地实现减贫。那么，对口支援政策是通过什么路径产生这种作用效应的呢？即对口支援政策的减贫作用机制究竟如何？为全面把握对口支援政策与贫困减缓之间的关系，需要对其内在的作用机制进行深入探讨。客观上讲，对口支援政策的减贫效应应该是多维、复合、多层次的，对口支援政策可能会通过改变贫困人口的收入、就业、教育、医疗、健康、生活质量等各个方面，从而实现减缓贫困人口的收入贫困和非收入贫困。由于非收入贫困的量化较为困难，且目前的测度标准尚不统一，受援的贫困地区相关数据库亦尚未建立①，因而相关数据无法获得。鉴于此，本章探讨的减贫作用机制仍主要是针对绝对贫困（收入贫困）而言。为贫困地区尽快脱贫和实现跨越式发展，政府出台东西部扶贫协作和对口支援等政策措施，以促进贫困人口摆脱贫困和振兴富裕。前述理论机制分析表明，依托对口支援政策的外生力量带动优势，对口支援政策的实施不仅能够将资本、干部人才、技术、知识、管理等生产要素资源直接输入受援地，促进受援地经济增长，实现收入增长减贫，而且还能促进受援地对外开放程度，引导受援地劳动力转移到发达地区。基于此，本书理论分析认为，对口支援政策可以通过促进受援地的产业发展、创造更多就业渠道和机会进而带动贫困人口就业增收、提升贫困人群受教育水平和职业技能以及推动贫困地区贸易开放这四条作用路径促进受援地实现减贫。归结来说，对口支援政策可以通过产业发展效应、就业效应、人力资本效应和贸易开放效应四条传导路径对贫困减缓产生影响。因此，本书结合对口援藏政策实践

---

① 在第 7 章中，将根据本书组实地调研获取的一手微观调查数据进行对口支援政策多维减贫效应分析。

具体举措，以上述作用机制检验对口支援政策对受援地贫困减缓的影响渠道。

在实证策略上，本书利用温忠麟和叶宝娟（2014）构建的中介效应模型来识别对口支援政策对贫困减缓的作用机制，具体检验模型设定如下：

$$Poverty_{it} = \beta_0 + \beta_1 Aid_i \times Post_t + \beta X_{it} + \rho_t + \mu_i + \varepsilon_{it} \qquad (6-9)$$

$$Med_{it} = \theta_0 + \theta_1 Aid_i \times Post_t + \theta X_{it} + \rho_t + \mu_i + \varepsilon_{it} \qquad (6-10)$$

$$Poverty_{it} = \gamma_0 + \gamma_1 Aid_i \times Post_t + \gamma_2 Med_{it} + \gamma X_{it} + \rho_t + \mu_i + \varepsilon_{it} \qquad (6-11)$$

在式（6-10）中，Med 为中介变量，分别用于衡量对口支援政策对贫困减缓产生影响的产业发展效应（$Industry$）、就业效应（$Employment$）、人力资本效应（$Human$）和贸易开放效应（$Trade$），即衡量对口支援政策对贫困减缓产生作用的四条作用路径。在中介效应检验模型中，对口支援政策影响减贫的总效应为 β，直接效应为 γ_1，中介变量产生的间接效应（中介效应）为 $\theta_1\gamma_2$。前述研究〔见表 6-4 模型（2）回归结果〕已完成了中介效应检验的第一步，结果表明总效应 β_1 显著为负，因而可进行后续的中介效应检验。根据中介效应模型的检验方法和步骤，若回归中系数 θ_1、γ_1、γ_2 均显著，说明中介效应存在，无须进行 Sobel 检验；若 θ_1、γ_2 中至少有一个不显著而无论 γ_1 是否显著的情况下，则需要通过 Sobel 检验来判断中介效应是否存在。在数据选取上，受限于中介变量地级城市层面数据的可获得性，对口支援政策减贫作用机制检验仍使用 1986～2014 年中国西部 10 个省份的省级面板数据，其中，中介变量的数据来源于相关年份各省份统计年鉴，以及《国民经济和社会发展统计公报》《中国区域经济统计年鉴》《新中国六十年统计资料汇编》，其他变量的数据来源与前述研究一致。

6.3.2 作用机制实证检验结果及分析

根据上述分析，利用 Stata 15 软件进行中介效应模型实证检验，表 6-12 报告了对口支援政策减贫作用机制的检验结果，具体分析如下：

第一，产业发展效应。从理论上讲，从事农业生产经营活动获取的家庭经营性收入是大部分贫困农户获得收入的主要来源形式之一，而对口支援政策的重要目标之一就是帮扶受援地发展农林牧渔等本地特色优势产业（徐明，2022）。例如，2017 年北京市安排产业援藏项目 16 个，带动了西藏拉萨 3124 户共计 12445 人脱贫，其中拉萨市尼木县卡如村以藏香和平谷大桃种植

为特色扶贫产业，2017 年累计收入 352.4 万元，实现 113 名贫困农牧民脱贫。[①] 因此，对口支援政策的实施助推了受援地第一产业发展，进而能够带动当地贫困农户实现农牧业生产经营性收入增长，从而依靠产业发展逐步实现脱贫。为了验证产业发展效应的作用机制，借鉴徐明（2022）的研究，仍以对口援藏为例，本书以农林牧渔业总产值（记为 $Industry$）作为第一产业发展水平的代理变量，并根据各省相关年份的 CPI 指数按照 1985 年不变价折算为实际值后再取自然对数，以此作为代表产业发展效应的中介变量。作用机制检验结果见表 6 – 12 第（1）列和第（2）列。表 6 – 12 中的第（1）列 $Aid \times Post$ 的系数显著为正，表明对口支援政策显著促进了受援地第一产业发展，在纳入 $Industry$ 变量后，交互项 $Aid \times Post$ 和中介变量 $Industry$ 的系数均显著为负，并且基于 Bootstrap 法（循环 1000 次）估计的 Sobel $|Z|$ 值也在 1% 的水平上显著，意味着对口支援政策可以通过促进受援地第一产业发展来实现减贫。

第二，就业效应。就业是民生之本，对口支援政策内容丰富，根据政策要求，对口支援把保障和改善民生置于优先位置，着力解决受援地区就业等基本民生问题（徐明，2022），其中通过就业对口支援产生的政策效应主要表现在为贫困农户提供从事第二、第三产业的就业机会和就业岗位。各支援方在受援地实施的就业职业技能培训和招聘宣讲等就业支援政策，不仅促进了越来越多农村劳动力通过进城务工、自主创业等方式转移到本地城镇从事第二、第三产业，实现就业转移，而且支援方在受援地进行了基础设施类支援项目建设，能够直接吸纳受援地的贫困农户实现就业。例如，2017 年湖南省在农业、科技方面累计培训西藏山南劳动力近 3000 人次，转移就业 900 人，在山南隆子县、贡嘎县、扎囊县、桑日县启动内地技能培训班，安排贫困群众就业 400 人，同时招商引进湖南晏子青稞食品生产项目，总投资 1.6 亿元，直接安排当地300 多人就业。[②] 因此，从理论上来讲，就业支援能够促进受援地贫困农户通过非农就业增加工资性收入，从而依靠就业增收脱贫。为检验上述中介效应，本书以第二、第三产业就业人口总数占总人口的比重（记为 $Employment$）

---

① 西藏自治区地方志办公室：《西藏年鉴 2018》，西藏人民出版社 2019 年版，第 168 页。
② 西藏自治区地方志办公室：《西藏年鉴 2018》，西藏人民出版社 2019 年版，第 179 页。

表 6 - 12　对口援藏政策减贫作用机制检验结果：中介效应模型分析

变量	产业发展效应		就业效应		人力资本投资效应		贸易开放效应	
	Industry (1)	Poverty (2)	Employment (3)	Poverty (4)	Human (5)	Poverty (6)	Trade (7)	Poverty (8)
$Aid \times Post$	0.0631** (0.0278)	-0.0356*** (0.0171)	0.0342*** (0.0124)	-0.0798*** (0.0279)	0.0087** (0.0038)	-0.0803*** (0.0178)	0.0063* (0.0131)	-0.0810*** (0.0193)
Industry		-0.0287* (0.0159)						
Employment				-0.0290** (0.0118)				
Human						-0.0775*** (0.0297)		
Trade								-0.0695*** (0.0130)
lnPerGDP	0.0032 (0.0173)	0.0028 (0.0181)	0.0570*** (0.0182)	0.0104 (0.0182)	-0.0133** (0.0051)	0.0069 (0.0177)	0.0389** (0.0191)	0.0171 (0.0186)
GOV	-0.1567*** (0.0377)	-0.1357*** (0.0390)	0.0991** (0.0385)	-0.1402*** (0.0392)	0.0652*** (0.0103)	-0.0727** (0.0402)	0.0921** (0.0398)	-0.1215*** (0.0388)
OPU	-0.0742 (0.0642)	-0.0720 (0.0660)	-0.0860 (0.0681)	-0.0851 (0.0664)	0.0754*** (0.0172)	-0.0436 (0.0679)	0.1788** (0.0740)	-0.0525 (0.0171)

续表

变量	产业发展效应		就业效应		人力资本投资效应		贸易开放效应	
	Industry	Poverty	Employment	Poverty	Human	Poverty	Trade	Poverty
	(1)	(2)	(3)	(4)	(5)	(6)	(7)	(8)
EDU	-3.1467*** (1.0645)	-3.6560*** (1.0614)	-5.0841*** (1.0889)	-3.9479*** (0.0647)	0.4139 (0.3250)	-3.1827*** (1.0611)	-4.5585*** (1.1336)	-3.9302*** (1.1296)
STR	0.2223*** (0.0730)	0.3005** (0.0618)	0.1794*** (0.0620)	0.3020*** (0.0647)	-0.0872*** (0.0178)	0.2163*** (0.0620)	-0.2245*** (0.0713)	0.2653*** (0.0703)
URB	0.1115** (0.0531)	0.1302** (0.0529)	0.3026*** (0.0543)	0.1423** (0.0581)	0.0223 (0.0152)	0.1443*** (0.0543)	0.2759*** (0.0609)	0.1727*** (0.0618)
Constant	0.5154*** (0.1255)	0.4662*** (0.1283)	-0.3662*** (0.1323)	0.4841*** (0.0113)	0.1513*** (0.0354)	0.5348*** (0.1288)	-0.2475* (0.1378)	0.4375 (0.1337)
省份	控制	控制	控制	控制	控制	控制	控制	控制
年份	控制	控制	控制	控制	控制	控制	控制	控制
Bootstrap test	Sobel |Z|=4.04, P=0.00		Sobel |Z|=3.32, P=0.00		Sobel |Z|=3.79, P=0.00		Sobel |Z|=4.73, P=0.00	
观测值	284	284	284	284	284	284	275	275
R^2	0.9466	0.9447	0.8011	0.9433	0.7820	0.9428	0.7663	0.9421

注：括号中数字为稳健标准误，***、** 和 * 分别表示在1%、5%和10%的显著性水平上显著。

来衡量受援地劳动力就业转移状况，并作为中介变量来度量就业效应。回归结果见表6-12第（3）列和第（4）列，第（3）列 $Aid \times Post$ 的系数显著为正，表明对口支援政策显著推动了贫困劳动力就业转移，加之第（4）列 $Aid \times Post$ 和 $Employment$ 系数均显著为负，并且 Sobel $|Z|$ 值也在1%水平上显著，证实了对口支援政策可通过促进贫困劳动力从农牧业转移到非农产业，从而增加贫困农户工资性收入，进而实现就业脱贫，这验证了就业中介效应确实存在。未来应继续将就业作为保障民生的关键举措，寻求破解抑制就业支援政策减贫效应充分发挥的关键举措，深入推进就业对口支援工作，接续为脱贫农户稳定增收并逐步实现共同富裕提供支持。

第三，人力资本投资效应。人力资本的积累和增加是农村贫困地区减贫和预防返贫的关键，对贫困地区的长期发展尤为重要（和立道等，2018；孙亚南，2020）。舒尔茨（1992）认为贫困发生的根本原因是人力资本的短缺，所以贫困地区减贫的关键是人力资本的投资。由于教育是人力资本投资的主要途径，通过教育实现对贫困人群的长期人力资本投资，不仅能够直接提升贫困人群知识、技能的掌握程度以及工作能力，而且还能促进全社会人力资本的增长。我国受援地区的整体教育水平一般较为落后（如西藏、新疆、青海等），尤其是高等教育与东中部发达地区的教育水平存在较大差距，而对口支援政策在教育领域的投资主要集中于县域以下（县、乡镇、村）的中小学教育和学前教育，受限于数据的可得性，本书以普通中学（普通高中、初中）在校学生数占总人口的比重来衡量受援地西藏的人力资本投资水平，记为 $Human$。表6-12第（5）显示交互项系数显著为正，而第（6）列的交互项系数和中介变量 $Human$ 系数均显著为负，并且 Sobel $|Z|$ 值亦在1%的水平上显著，这表明对口支援政策的实施显著促进了受援地人力资本投资增长，进而促进了受援地贫困减缓，由此证实了对口支援政策可以通过对受援地的人力资本投资实现减贫，即人力资本投资的中介效应存在。在巩固拓展脱贫成果和推进共同富裕的新阶段，随着一系列扶贫政策的陆续退出，通过对口支援的长期助推，能够加快受援地人力资本的持续增长，这对建立防止返贫与逐步致富的长效机制和培育受援地的内生发展动力具有重要意义。

第四，贸易开放效应。由于地理区位和交通基础设施等因素的影响，受援地区与其他地区的区际贸易往来曾长期受到阻滞。以西藏为例，省际

对口支援为西藏与内地支援省份之间搭建了贸易往来的"新通道",有力促进了西藏旅游业的发展。西藏拥有丰富的雪山、峡谷、高原、草甸等生态资源,同时还拥有特有的藏族民俗文化,这些都是西藏旅游业的比较优势,通过长期的对口支援,进一步打开了西藏对外开放的"窗口",通过贸易开放促成旅游业成为西藏第三产业中的支柱性产业和宏观经济增长的重要引擎。事实上,近年来西藏旅游业快速发展,已经成为西藏服务业的龙头产业。2019 年西藏累计接待国内外游客 4012.15 万人次,比 1995 年(20.66 万人次)增长 193.2 倍,旅游总收入达 559.28 亿元,比 1995 年(2.14 亿元)增长 260.3 倍。[①] 在旅游贸易快速增长的驱动下,西藏当地的低收入农牧民群众通过搭乘乡村旅游的"快车",得以摆脱贫困并逐步实现致富。比如,广东对口援建的西藏林芝鲁朗国际旅游小镇,是对口援藏所有项目中规模最大的项目,总投资超过 35 亿元,有力地促进了当地农牧民增收脱贫。2013 年,鲁朗国际旅游小镇项目开始进行建设,当地村民的发展观念也逐渐从传统农牧业向旅游业转变,不少建制村开设家庭旅馆农牧户数量占比超过 80%,农牧户通过提供旅游服务获取的年均收入达 5 万元以上。[②] 基于此,本书采用旅游总收入(记为 Trade)与 GDP 之比对西藏旅游服务贸易进行度量,以反映贸易开放程度的中介效应影响。估计结果见表 6 - 12 第(7)和第(8)列,从中可以看出,第(7)列 Trade 的系数均显著为正,说明对口支援政策显著促进了西藏旅游服务贸易的增长,而 Aid × Post 和 Trade 的系数均显著为负,并且通过了 Sobel $|Z|$ 值检验,表明中介效应成立,反映出对口支援政策能够有效驱动旅游贸易发展,从而产生减贫效应。未来应更加注重通过对口支援平台来宣传和推广西藏旅游名片,并加强对当地低收入农牧民的旅游服务培训,充分发挥西藏旅游业的附加经济效应,推动脱贫和低收入农牧民收入的持续稳定增长,实现长效脱贫和共同富裕。

综上所述,对口支援政策通过产业发展效应、就业效应、人力资本效应和贸易开放效应四条作用路径促进了西藏减贫,有效验证了本书的理论

---

① 根据 1996 年和 2020 年《西藏统计年鉴》相关数据整理计算而得。

② 杨明洪、刘建霞:《旅游资源规模化开发与农牧民生计方式转换——基于西藏"国际旅游小镇"的案例研究》,载《民族学刊》2017 年第 3 期,第 13 页。

机制分析结论。外生的对口支援冲击通过促进受援地内生发展，从不同途径对贫困农牧民家庭经营性收入、工资性收入、转移性收入等产生增长效应，从而实现消除绝对贫困。此外，收入分配改善也会对农牧民的减贫产生积极推动作用，而对口支援政策效果亦可以在促进受援地经济增长的同时，兼顾缩小城乡居民收入（徐明和刘金山，2018），这无疑将对有效发挥对口支援政策的减贫效应产生积极影响，未来应充分发挥对口支援政策减缓非收入贫困和缓解相对贫困的作用，促进脱贫农牧民长久脱贫并逐步实现共同富裕。

6.4　本章小结

受援地得以全面消除绝对贫困是经济增长和多种扶贫政策因素的共同作用结果，对口支援政策自实施之时开始就将加快受援地脱贫作为重要目标，但其产生的减贫效应究竟如何？学术界对此问题一直鲜有实证性探究成果。为准确把握对口支援政策产生的减贫效应，在第 5 章对口支援政策减贫现状分析的基础上，本章仍以对口援藏为例，搜集、筛选和处理相关统计数据，基于宏观视角，综合应用多种计量方法对对口支援政策的减贫效应及减贫作用机制进行了深入的实证分析。首先，以省际对口支援西藏作为一次准自然实验，采用合成控制法（SCM）对对口支援政策减贫效应进行了实证考察。结果表明，对口支援政策对受援地西藏产生了显著的减贫效应，但这一效应大小并不稳定，表现为在政策实施初期的减贫效应十分明显，而随后一段时期的减贫效应趋于下降，之后又不断上升的趋势，这一结论经安慰剂检验和双重差分（DID）检验依然成立。其次，为更加细致地厘清对口支援政策对西藏各地减贫效应的特征差异，本章进一步根据西藏各地的经济发展水平和地理区位特征，采用双重差分（DID）方法进行了对口支援政策减贫效应的异质性分析。结果表明，与经济相对发达地区相比较，对口支援政策对经济相对落后地区的减贫效应要更为明显一些；与藏中南和藏西地区相比较，对口支援政策对藏东和藏北产生的减贫作用明显更大，这一结论经倾向得分匹配 - 双重差分（PSM-DID）方法和替换贫困状况代理变量等稳健性检验后依然成立。最后，在前述对口支援政策减贫作用理论机制分析的基础上，本章进一步利用中介效应模型对对口支援政策的减贫作用机制进行了实证检验。结果表明，对口支援政策可以通过促进受援地产业发展、劳动力就业转移、人力资本投资和贸易开放四条传导路径，实现贫困农牧民家庭经营性收入和工资性收入等主要收入的增长，从而实现减贫。

第7章

对口援藏政策减贫效应及其影响
因素的实证分析：微观视角

第6章主要从支援方的视角对对口援藏产生的减贫效应进行了全面的实证考察，得到了对口援藏政策减贫效应的客观评估结论。但是，从受援方视角来看对口援藏政策的减贫效应，得到的结论是否一致呢？也就是说，从受援的西藏脱贫人口微观视角来评价对口援藏政策减贫效应究竟如何呢？事实上，对口援藏政策减贫效应的评价涉及援受双方，若要全方位识别对口援藏政策的减贫效应，需要从对口援藏政策的供给方与需求方两个视角进行全面评估，这样才能得到全面准确且符合实际的可靠评估结论。为此，本章进一步利用在线调查和实地调查获取的第一手数据，主要从西藏脱贫农牧民的微观视角对对口援藏政策的减贫效应及其影响因素进行深入实证考察。①

---

① 本章部分内容出自本书已发表的阶段性研究成果。

7.1 对口援藏政策的减贫成效：
基于在线调查问卷的分析

7.1.1 在线调查样本的获取

在进行实地调查之前，为初步把握对口援藏政策产生的减贫成效，本书课题组预先对援藏干部人才进行了在线问卷调查。援藏干部人才包括党政干部和专业技术人才（教师、医疗人员、技术人员等），作为支援方落实对口支援政策的具体领导者和执行者，在对口帮扶西藏减贫进程中发挥了重要作用。从内地选派的援藏干部人才主要在西藏的县（区）级以上政府机构和专业技术岗位任职，他们熟知对口支援政策，对受援地的脱贫变化有深切的认知，因而其对对口援藏政策减贫成效的评价具有较强的代表性。鉴于此，本书课题组于 2020 年 4 月依托问卷星在线调研平台，研讨并设计了"对口援藏政策减贫成效的在线调查问卷（援藏干部人才）"[1]，并通过微信、QQ 等网络社交平台，专门针对中央机关、支援省市的部分援藏干部人才发布了在线问卷，每位援藏干部人才在线填写 1 份问卷并提交至平台，本次在线问卷调查截止于 2020 年 5 月 5 日，共回收有效在线调查问卷 106 份。[2] 106 位援藏干部人才来源于中央机关和北京、山东、湖北、重庆等 16 个省市[3]，入藏工作的最早时间是 2004 年，最晚时间是 2019 年，在藏工作地点分布于西藏 7 个地级城市（地区）的 31 个

---

[1] 在线调查问卷的具体内容见本书附录 1。

[2] 在此特别感谢北京援藏工作队、山东援藏工作队、四川援藏工作队的部分援藏干部提供的调研支持。

[3] 按照国家统计局对我国经济地区的划分，106 位受调查的援藏干部人才来自中央机关 1 人、东部地区（包括北京、天津、河北、江苏、浙江、福建、山东、辽宁）8 个省市 74 人、中部地区（湖北、湖南、安徽、黑龙江、吉林）5 个省 23 人、西部地区（重庆、四川、陕西）3 个省市 8 人。援藏干部人才包括调查时正在西藏工作或曾经入藏工作的各省份选派的党政干部和专业技术人员。

县（区）①，在藏的任职岗位涉及西藏 7 个地市（地区）的政府机关、教育、医疗等领域。

7.1.2 在线调查结果分析

在受调查的 106 位援藏干部人才中，对其所在支援地区实施的对口援建项目"非常了解"和"大致了解"的共有 88 位，占受调查样本总数的比重为 83.02%，而回答"听说过，但具体不清楚"的人数为 17 人，所占比重为 16.04%，这表明绝大多数援藏干部人才对对口支援政策比较熟悉，对以援建项目为主要载体的援藏模式也较为了解，因此受调查样本对对口援藏政策减贫成效的评价具有一定的代表性。

（1）从总体减贫成效上看，占比为 61.32% 的受调查援藏干部人才认为对口援藏政策的实施对西藏贫困人口减贫与脱贫的作用成效非常显著，而认为成效较小的受调查援藏干部人才占比仅为 5.66%，这表明从援藏干部人才的视角看，实施超过 25 年的对口援藏政策确实对受援地减贫与脱贫具有重要的助推作用，但仍有占比为 33.02% 的受调查援藏干部人才认为对口援藏政策的减贫"成效一般"，这也说明对口援藏模式及其减贫作用机制仍有待优化改进。

（2）从收入增长维度看，仅有占比 41.51% 的受调查援藏干部人才认为对口援藏政策对促进西藏贫困农牧民收入增长作用非常显著，而认为"作用较小"的受调查者占比为 19.81%，说明对口援藏政策在提升低收入农牧民增收上的作用还有较大提升空间，在西藏推进乡村振兴的背景下，需要优化现行产业援藏政策，通过支援当地特色优势产业发展，为低收入人群提供更多的增收机会，促进其稳定脱贫，防止返贫。

（3）从受教育程度提升维度看，共有占比为 83.02% 的受调查者认为对口援藏政策对其所工作地区的西藏贫困群众受教育程度的提升作用非常明显，而认为"作用较小"的仅有 1 位，没有受调查者认为"基本没有作用"，这

---

① 30 个县（区）分别是城关区、桑珠孜区、乃东区、色尼区、聂荣县、卡若县、聂拉木县、尼木县、堆龙德庆县、曲水县、浪卡子县、白朗县、南木林县、聂拉木县、昂仁县、墨竹工卡县、谢通门县、扎囊县、错那县、朗县、日土县、札达县、安多县、比如县、林周县、达孜县、措美县、米林县、贡嘎县、嘉黎县。

表明对口支援政策对提升受援地西藏的整体人口素质和阻断贫困代际传递产生了较为显著的促进作用。事实上，教育援藏一直是对口援藏政策的重要内容，尤其是近年来各支援省市不断增加教师选派人数，并于 2016 年启动"组团式"教育人才援藏①，全面提升了藏区的教育教学水平和质量，有力地促进了贫困群体受教育程度的提升。习近平总书记在 2015 年召开的中央第六次西藏工作座谈会上指出："改变藏区面貌，根本要靠教育"，"要加大教育援藏力度，重点加强以数理化学科为主的内地教师进藏支教"。② 以山东省对口支援西藏日喀则市为例，2016 年以来，山东对日喀则市开展基础教育、职业教育、继续教育"组团式援助，全链条帮扶"，"十三五"期间，共投资 3.6 亿余元用于改善日喀则市第一高中、桑珠孜区、南木林县、白朗县、昂仁县、聂拉木县等 5 县（区）中小学及幼儿园基础设施配套建设；积极实施"组团式"教育人才援藏和"万名教师支教计划"项目，从全省分批选拔 120 名教学管理人才、学科骨干教师，重点帮扶日喀则第一高中、第二高中和白朗中学。援藏教师对受援地教师进行"传帮带"，把先进的教育理念、管理方式和教学方法传授给当地教师，促进当地教育水平提升。③

（4）从医疗服务改善维度看，认为对口援藏政策对其所工作地区的西藏贫困群众的医疗服务改善促进作用非常明显的受调查者占比高达 92.45%，这表明医疗援藏对西藏当地的医疗条件改善和解决贫困群众"看病难、看病贵"问题产生了很积极的效果。医疗服务是西藏人民的基本民生需要，自 1994 年以来，医疗援藏一直是各对口支援单位的重点工作，加之 2015 年启

---

① 中央第六次西藏工作座谈会上作出了"每年选派 800 名教师进藏支教，组织 400 名教师到内地培训"的决策部署。2015 年 12 月，教育部会同多个部门联合印发《"组团式"教育人才援藏工作实施方案》，正式开始实施"组团式"教育人才援藏工作。教育人才"组团式"援藏工作自 2016 年 4 月正式启动，来自 17 个对口援藏省市和教育部直属高校附属中小学的首批 88 名管理人员和 712 名专任教师于当年秋季开学全部到岗并开展工作。800 名教师以每 10～50 名教师组成 1 个团队集中对口支援 1 所中小学的形式，集中援助西藏 20 所中小学校，帮助西藏打造一批高水平的示范性高中和标准化中小学校。同时，410 名西藏中小学置换选派的骨干教师和学校管理干部赴对口援藏省市和教育部直属高校附属中小学校进行跟岗学习。参见《"组团式"援藏推进西藏教育事业新发展》，教育部网站，http://www.moe.gov.cn/jyb_xwfb/gzdt_gzdt/s5987/201709/t20170906_313527.html。

② 习近平：《依法治藏富民兴藏长期建藏 加快西藏全面建成小康社会步伐》，载《人民日报》2015 年 8 月 26 日，第 1 版。

③ 《山东打造教育援藏新模式》，中国西藏新闻网，http://www.tibet.cn/cn/index/aid_tibet/202004/t20200414_6764912.html。

动的"组团式"医疗援藏①模式的推行，医疗援藏产生的效果较为明显。据统计，自 1994 年以来，内地先后有 2187 名医疗人员、172 名管理干部进藏援助当地医疗事业发展，西藏各级各类医疗机构由 1068 个增至 1413 个，床位由 5042 张增至 11036 张，卫生人员由 10424 名增长到 14335 名。② "十三五"期间湖南省安排医疗卫生援藏资金 1.14 亿元，占总援藏资金比重达18.25%，其中 2017 年投入医疗援藏卫生资金 1350 万元，建设"组团式"卫生援藏、县级卫生服务中心等改善医疗基础设施项目，北京市 2017 年从本市25 家医院抽调 30 名医疗技术人员，组成 4 个医疗队，分别推进拉萨市人民医院和城关区、堆龙德庆区、尼木县、当雄县"组团式"医疗支援工作，填补了 16 项空白学科。

（5）从支援项目满足当地贫困群众需求程度的维度看，认为已实施的对口援建项目完全能满足当地群众的实际需要的受调查者占比仅为 9.43%，而认为"只能满足小部分"的受调查者占比高达 44.34%，说明当前的各支援单位安排的对口支援项目投入还未能充分满足当地脱贫农牧民的实际需求，课题组在入藏实地调研中发现，其原因主要在于：一是各支援单位的对口支援项目资金投入总体有限，而广大农牧民低收入群体需求规模较大，两者之间仍有较大"缺口"；二是一些建设的支援项目在选择和确定时未能充分吸纳农牧民广泛参与，与农牧民的真实需求之间还存在不同程度的偏差，导致项目完工后未能充分解决农牧区群众的实际需求，再通过补救措施时的效果不佳③；

---

① 2015 年 8 月，中共中央组织部、国家卫生健康委员会等部委决定组织开展医疗人才"组团式"援藏工作。具体是由国家卫计委和有关对口援藏省市指派医院，成批次组团派遣医疗骨干，支持受援医院学科建设和医疗人才队伍建设的援藏新方式。2015~2020 年，通过"组团式"医疗援藏，共有 841 名医疗人才进藏，对口支援西藏自治区人民医院和 7 市（地）人民医院，并通过"团队带团队""专家带骨干""师父带徒弟"的机制，帮带 721 个医疗团队、2031 名本地医务人员，培养医疗骨干约 4000 名。参见《"组团式"医疗援藏开创高原医疗新局面》，新华网西藏频道，http://tibet. news. cn/zjwh/2020 – 09/16/c_139371929. htm。

② 杨明洪：《"组团式"医疗人才援藏：对口援藏机制创新及其实践效应的调查与分析》，载《中国藏学》2018 年第 4 期，第 64 页。

③ 2010 年中央第五次西藏工作座谈会后，对口援藏建设项目的规划方式有了较大调整。中央要求各对口援藏单位在与受援地市充分协商的基础上，编制对口援藏五年规划，并在规划中明确对口援藏建设项目。西藏建立了"援藏项目全区统筹、地市规划、属地负责的体制"，由西藏对各类援项目进行统筹协调，并报请中央西藏工作协调小组经济社会发展专项工作小组审批后实施。参见李中锋、高婕：《对口援藏建设项目组织实施方式：演进特征、动力机制及优化研究》，载《西南民族大学学报（人文社科版）》2020 年第 6 期，第 200 页。

三是对口援建项目主要采取"交钥匙"和"交支票"①的建设方式，在多年的支援实践中也暴露出一些问题，"交钥匙"建设方式主要是支援方决策，受援方参与度有限，导致项目建成后往往不能完全与受援地农牧民需求相匹配，交与受援方后往往难以长期运营。"交支票"建设方式尽管有利于受援地农牧民全过程参与项目建设，但削弱了支援方的监督激励和积极性，一些援建项目的管理过程不够规范完善，项目施工、验收使用与后续管理的监督与评估机制也不够健全。

在线问卷调查设置的最后两个多选题的回答统计结果还显示：第一，受援地脱贫群众最需要的支援资源是教育工作者（占调查样本比重为94.34%），其次是医疗卫生人员（占调查样本比重为92.45%），随后才是援建项目和资金投入（均占调查样本比重为88.68%），而选择"领导干部人才"的比重仅为38.68%，选择需求的"其他资源"（占调查样本比重为3.77%）主要是企业技术人才；第二，当前对口援藏工作面临的主要困难排在前三位的分别是：援藏人才投入不足（占调查样本比重为84.91%）、援藏资金投入不足（占调查样本比重为81.13%）、当地自然气候环境恶劣（占调查样本比重为46.23%）②。由此可以看出，教育、医疗等专业技术人才仍然是受援地最为紧缺的资源，也是当前对口援藏工作需要解决的主要困难，这主要是由于与内地相比，西藏的教育水平和医疗水平较为落后，相关的专业技术人才也十分匮乏，因而教育援藏和医疗援藏一直是各支援单位的多年来援藏工作的重点，尽管1994～2016年，18个省市、17户中央企业和66个中央国家机关先后共选派7个批次超过2000名专业技术人员入藏工作，但如果按照西藏受援的全部74个县（区）和大多数自治区直属部门平均来看，投入还十分有限（王磊，2018）。教育和医疗作为政府公共服务建设的重点领域，具有很强的正外部效应，加快提升受援脱贫地区教育和医疗水平，是培育脱贫地区"造血"能力、防止因病返贫和守住不发生规模性返贫的重要途

---

① "交钥匙"是指对口援藏单位全额拨付项目建设资金并全权负责项目建设，项目建成后交与受援方使用和运营管理，多适用于受援方缺乏建设经验和建设能力的项目，一般施工技术难度较大。"交支票"建设方式是指由援藏单位提供建设资金，受援方负责项目建设和后期维护，多适用于一些技术难度不大、点多面广、受援方有能力建设的项目。参见王磊：《对口援藏有效性研究》，中国社会科学出版社2016年版，第206～207页。

② 在线问卷调查设置这两项问题为多项选择题，故各项回答的占比统计结果之和大于100%。

径，未来各支援单位应根据受援地实际需求，通过"外引内培"，逐步提升受援地教育、医疗、科技等专业技术人才规模和质量。

根据在线调查的最后一个开放型问题的回答统计结果①，各受调查援藏干部人才的回答较为分散，但也有不少受调查者反映，巩固拓展脱贫成果和实现受援地长久脱贫，首先需要让当地脱贫群众改变传统的保守观念，树立勤劳致富的思想，受援地基层干部的发展观念也要与时俱进，其次要提高对口援建项目和资金使用的精准性，提升援藏资源的使用效益，同时要建立长效支援机制，最后要适当延长援藏干部人才的入藏支援时间。

7.2 实地调查概况及数据资料说明

7.2.1 调查地区概况

西藏曾是我国唯一的省级集中连片特困地区，是中央确定的深度贫困地区之一。长期以来，西藏的贫困发生率高、贫困范围广、贫困程度深，是我国扶贫与脱贫攻坚的主战场。2019 年 12 月，西藏自治区 74 个贫困县（区）全部脱贫摘帽，全面消除了绝对贫困。西藏作为我国实施对口支援政策时间最早、规模最大、范围最广的省份，可以说对口援藏政策是我国省际对口支援政策的典型代表。

为进一步从受援地微观农牧民和基层干部的视角考察对口援藏政策的减贫效应，在西藏自治区发改委、西藏社会科学院、西藏农牧学院、西藏自治区日喀则市教育局以及数位援藏干部大力支持下，本书课题组于 2020 年 7 ~ 8 月在西藏自治区开展了一次关于对口援藏政策减贫成效的实地调查，本次调查得到了国家社科基金项目"精准扶贫视角下提升对口支援政策减贫效应的机制创新研究"（17CJL032）的资助，实地调查共开展了近 20 天。此次调查选取了拉萨市、林芝市、山南市、日喀则市 4 市贫困发生率较高且具有区

---

① 该在线调查问题为：从助力西藏巩固脱贫攻坚成果和长期稳定脱贫的角度考虑，您对改进对口援藏工作还有哪些意见或建议？

域典型代表性的 10 个县（区）的 13 个样本村，这 13 个样本村曾是西藏贫困人口较为集中分布的村，基本代表了西藏自治区内各地区的贫困特征。根据 2019 年《中国县域统计年鉴（县市卷）》及各县公布的统计数据显示，在调研的 10 个县中，户籍总人口数最多的为 12.41 万人，最少的为 1.55 万人；农牧民人均可支配收入最高的达 24538.51 元，最低的为 11052.21 元。具体调查地点分布见表 7 - 1。

表 7 - 1　　　　　　　　具体调查地点分布情况

调查地级市	调查县（区）	调查乡（镇）	调查村
拉萨	墨竹工卡县	工卡镇	工卡村
	尼木县	塔荣镇	尚日村、东松村
日喀则	白朗县	旺丹乡	雪村
	桑珠孜区	东嘎乡	唐白村、藏东村
林芝	工布江达县	加兴乡	松多村
	巴宜区	八一镇	巴吉村
	米林县	米林镇	东多村
	朗县	金东乡	康玛村、巴龙村
山南	桑日县	桑日镇	雪巴村
	扎囊县	扎其乡	德吉新村

注：调查村均为各乡镇的行政村，各行政村下又包括若干个村小组。

7.2.2　调查方式及样本数据来源

本次调查采用问卷调查和访谈调查相结合的方式进行。问卷调查对象主要是已脱贫的当地农牧户，采取入户问卷调查方式进行，每户家庭由户主或其配偶填写问卷，问卷调查旨在获取西藏农牧民对对口援藏政策减贫与脱贫成效的满意度评价，问卷调查包括受调查农牧户家庭的基本情况、受调查农牧民对对口援藏政策减贫成效的总体满意度评价、受调查农牧民对对口援藏政策改善其家庭收入、教育、医疗服务、生活质量、就业、主观福利等多维贫困指标的满意度评价三大部分。访谈调查主要针对西藏基层干部（指县级及其以下的基层政府部门干部，包括县区援藏干部、乡镇干部、驻村干部等)，采取结构式访谈和参与式观察相结合的方式进行，具体采取以个别访谈的形式，重在获取西藏基层干部对对口援藏政策减贫成效的评价结果。调查问卷和访谈调查提纲详见本书的附录 2 和附录 3。

在课题组实地调查过程中，对 10 个县中的每个县分别抽取 1~2 个贫困建制村，对抽样建制村内的脱贫农牧户进行随机调查。问卷调查对象均为已脱贫的农牧户，采取入户一对一当面调查方式进行，每个脱贫户家庭均由户主 (或其配偶) 1 人填写完成 1 份问卷，问卷调查向 13 个样本村的脱贫户家庭共发放问卷 270 份，涉及受调查农牧户家庭总人口 1179 人，占 13 个调研样本村总人口的 15%，实际回收问卷 264 份，经筛查并剔除异常值、缺失值后，得到最终有效问卷为 240 份，有效率为 90.9%。作为补充调查，在实地调查过程中，课题组还访谈调查了 11 位西藏基层干部，其中包括 3 位援藏干部，其他 8 位为西藏本地的乡镇或驻村干部，共获取访谈资料 11 份。评价指标数据均采用李克特五维量表进行打分，其中正向指标表示越接近 5 越理想，负向指标则相反。调查样本数据来源的具体分布情况见表 7-2。

表 7-2 调查样本数据来源分布情况

调查县 (区)	调查村数量 (个)	调查农牧户数量 (户)	访谈基层干部数量 (人)
墨竹工卡县	1	10	1
尼木县	2	40	1
白朗县	1	29	1
桑珠孜区	2	20	2
工布江达县	1	10	1
巴宜区	1	20	1
米林县	1	21	1
朗县	2	49	1
桑日县	1	25	1
扎囊县	1	16	1

注：从每户脱贫农牧家庭调查 1 位为户主或其配偶的农牧民，共调查农牧户 270 户，最终得到有效调查问卷 240 份。

7.2.3　调查样本的基本特征分析

本次实地调查回收的有效调查问卷共涉及 240 户农牧民家庭，根据调查统计结果显示，受调查农牧民家庭的总人口达 1179 人，分布于西藏农牧区的 10 个县区，调查覆盖面广，涉及调查样本量大，增强了本次调查结果的信度和效度。

表 7 - 3 汇报了受调查农牧民的基本特征，从表 7 - 3 中可以看出，在 240 位受调查农牧民中，男性有 148 人，占比为 61.67%，女性有 92 位，占比为 38.33%，受调查者中男性占比明显高于女性，由于每户农牧家庭仅调查 1 位为户主或其配偶的农牧民，这也符合我国农村家庭中以男性为户主的基本特征。受调查农牧民中，最小年龄为 24 岁，最大年龄为 72 岁，以 31～50 岁为主，占比为 60.42%，其中 31～40 岁农牧民最多，占比为 31.67%。受调查农牧民家庭人口以 3～5 人为主，占比达 63.75%，所有受调查农牧民家庭平均人口为 4.91 人。绝大多数受调查农牧民均已结婚，未婚人口占比很少。受教育程度方面，小学及以下文化程度的共有 167 人，占受调查农牧民总数的 69.59%，高中或中专以上的农牧民占比仅为 25%，这反映出西藏农牧民的整体受教育程度仍偏低，根据对援藏干部的进一步访谈调查表明，尽管早在 1985 年，西藏农牧民子女就开始享受包吃、包住、包学费的"三包"政策，从 2012 年开始就普及了高中阶段免费义务教育，但在部分农牧区的初中、高中仍然存在一定的辍学率。农牧民家庭的子女一般在初中毕业甚至未毕业之前便外出务工或在家庭中从事农牧业生产和照顾父母，这一方面是由于部分贫困农牧民的家庭经济收入来源偏少，缺少劳动力；另一方面也与西藏农牧民家庭传统的思想观念有关，对教育的重视程度仍不够。在收入方面，2019 年受调查农牧民家庭年人均纯收入均高于我国绝对贫困线标准的 3218 元（2010 年 2300 元不变价），西藏自治区已于 2019 年底实现了全域脱贫摘帽，所有贫困县（区）全部退出了国家贫困县（区）行列，绝对贫困已基本消除，但从调查中也发现，家庭年人均纯收入 3999 元及以下的仍有 18 户，占比为 7.5%，而年人均纯收入在 5999 元以下的家庭占比仍达到 40.42%，这表明 2020 年后随着绝对贫困线的自然上升，仍有少数农牧户处于绝对贫困的边缘，这部分人群还存在较大的返贫风险，国家扶贫政策和对口支援等政

策仍需要持续发挥减贫效力，保证政策的连续性，巩固脱贫攻坚成果，确保实现西藏农牧民可持续稳定脱贫。

表 7 - 3　　　　　　　　　　　受调查农牧民的基本特征

统计特征	分类	频数（人）	比例（%）
性别	男	148	61.67
	女	92	38.33
年龄	30 岁及以下	32	13.33
	31～40 岁	76	31.67
	41～50 岁	69	28.75
	51～60 岁	42	17.50
	61 岁及以上	21	8.75
家庭总人口	1～2 人	20	8.33
	3～5 人	153	63.75
	6 人及以上	67	27.92
婚姻状况	未婚	17	7.08
	已婚	223	92.92
受教育程度	未受过学历教育	25	10.42
	小学	142	59.17
	初中	45	18.75
	高中或中专	15	6.25
	大专及以上	13	5.41
家庭年人均纯收入	3999 元及以下	18	7.50
	4000～5999 元	79	32.92
	6000～7999 元	75	31.25
	8000～9999 元	39	16.25
	10000 元及以上	29	12.08

注：家庭年人均纯收入是指 2019 年受调查农牧民家庭年人均纯收入。

7.3 实证研究方法：FCE-有序 Logistic 模型构建

通过梳理相关文献发现，既有研究主要是从支援方宏观视角对对口支援政策减贫效应进行研究，鲜有基于受援方微观视角来评价对口支援政策的减贫效应，并且既有研究多采用宏观数据来计量方法分析对口支援政策的减贫效应，而基于受援地区微观调查数据的实证分析明显偏少，此外已有研究并没有从微观视角深入分析对口支援政策减贫效应评价的影响因素，导致对对口支援政策减贫效应评价结论产生的原因并不明晰。鉴于此，本书在既有研究基础上，根据脱贫地区的实际情况，先构建出调研地区的多维减贫绩效评价指标体系，再将模糊综合评价法（FCE）和有序 Logistic 计量模型法相结合，建立 FCE-有序 Logistic 模型，由此先展开对西藏进行对口支援政策减贫绩效综合评价，再对绩效评价的主要影响因素进行实证分析，以此考察微观脱贫农牧户视角下的对口援藏政策减贫效应及其影响因素，这对完善对口支援政策和更好地发挥其在促进受援地稳定脱贫、全面推进乡村振兴以及脱贫农牧民实现共同富裕均具有重要的现实价值。

7.3.1 模糊综合评价指标体系构建及权重确定

模糊综合评价法（fuzzy comprehensive evaluation，FCE）是以模糊数学为基础，应用模糊关系合成的原理，将一些边界不清、不易定量的因素定量化，从多个因素对被评价事物隶属等级状况进行综合性评价的一种方法（杜栋等，2008）。本书基于西藏农牧户的调查样本数据，采用模糊综合评价法对对口援藏政策的减贫绩效进行综合评价。

根据模糊综合评价法的基本原理：首先，确定被评价对象的指标集和评语集：设被评价对象对口援藏政策减贫绩效的指标集 $U = \{U_1, U_2, \cdots, U_m\}$（$m$ 为评价指标的个数），评语集 $V = \{V_1, V_2, \cdots, V_n\}$（$n$ 为评语的个数，通常划分为 3~5 个等级）。其次，确定各指标的权重 w，则各维度指标的权重集 $A = (w_1, w_2, \cdots, w_m)$，$0 \leqslant w_i \leqslant 1$，且满足 $\sum_{i=1}^{m} w_i = 1$。最后，构造评价

指标模糊关系矩阵 R。这里先要对评价集中的单因素 U_i 做单因素评价，从因素 U_i 着眼该事物对评语等级 V_j（$j = 1$，2，$\cdots$，n）的单因素评价集为：$r_{ij} = (r_{i1}, r_{i2}, \cdots, r_{in})$，那么 m 个着眼因素的评价集就能构造出评价指标模糊关系矩阵：

$$R = (r_{ij})_{m \times n} = \begin{bmatrix} r_{11} & r_{12} & \cdots & r_{1n} \\ r_{21} & r_{22} & \cdots & r_{2n} \\ \vdots & \vdots & & \vdots \\ r_{m1} & r_{m2} & \cdots & r_{mn} \end{bmatrix}，其中 r_{ij} 表示从因素 U_i 着眼，该评价$$

对象能被评为 V_j 的隶属度，且满足 $\sum r_{ij} = 1$。最后，计算得出模糊综合评价集。这里先要将权重与单因素评价集进行合成运算，求得单因素评价集，即 $B_i = A_i \cdot R_{U_i}$（其中"$\circ$"表示 A 与 R 的一种合成方法，即模糊算子组合），再计算得到最终的准则层（一级指标）模糊综合评价集 $B = A \circ R = (b_1, b_2, \cdots, b_n)$。

　　根据各省市对口援藏政策实践的具体内容和各承担支援任务省市《"十三五"时期对口支援西藏经济社会发展规划》的主要关注指标，结合学术界针对对口支援政策减贫绩效评价的主流观点，本书从多维减贫视角构建出对口援藏政策多维减贫绩效评价指标体系。多维减贫方法一般采用全球多维贫困指数，该指数由英国牛津大学和美国华盛顿大学研究人员构建，其指标体系分为 1 个目标、3 个维度，共 10 个指标。每个维度的权重是相同的，维度内每个指标的权重也是相同的，但由于每个维度内指标个数不一样，不同维度指标间的权重并不一致。结合我国对口援藏多维减贫实践，本书确立了 1 个目标层、7 个准则层、18 个指标层的三层指标体系（见表 7 - 4）。在进行模糊综合评价之前，非常关键的一个问题就是各指标的权重确定。本书通过咨询长期从事区域发展与减贫领域研究和对口援藏实际工作的数位专家意见，借鉴现有研究中对多维贫困测度时采用的等权重方法，即维度与指标的等权重[①]，对各项指标的权重同样进行平均分配。构建的具体评价指标体系见表 7 - 4。

---

　　① 郭熙保和周强（2016）的研究认为，该方法虽然可能会影响具体年份贫困指标的相对重要性，但对总体贫困动态变化的影响不大，且使最终的多维贫困指数的测度结果具有可比性，因此本书照此方法确定权重。参见郭熙保、周强：《长期多维贫困、不平等与致贫因素》，载《经济研究》2016 年第 6 期，第 146 ~ 147 页。

表7-4　　　　　　　　　对口援藏政策减贫绩效评价指标体系

目标层	准则层	权重	指标层	权重	指标释义
对口援藏政策减贫绩效评价（U）	经济指标（U_1）	1/7	收入（U_{11}）	1/2	家庭人均年纯收入变化
			生物资产（U_{12}）	1/2	家庭人均牲畜数量变化
	教育指标（U_2）	1/7	教育设施（U_{21}）	1/2	所在地中小学数量、平均建筑面积满足需求的程度
			师资力量（U_{22}）	1/2	所在地中小学专任教师数量的充足性
	医疗指标（U_3）	1/7	医疗卫生机构（U_{31}）	1/2	所在地医院卫生机构数量的充足性
			医疗卫生专业技术人员（U_{32}）	1/2	所在地医疗卫生专业技术人员数量的充足性
	健康指标（U_4）	1/7	身体状况（U_{41}）	1/2	身高/体重的合理性
			营养状况（U_{42}）	1/2	家庭成员营养不良导致患病的人数变化
	生活质量指标（U_5）	1/7	住房条件（U_{51}）	1/5	家庭人均住房面积、住房类型、住房危旧程度、住房环境的改善程度
			饮用水状况（U_{52}）	1/5	家庭饮用自来水或深井水的改善程度
			用电状况（U_{53}）	1/5	用电状况改善程度
			网络通信水平（U_{54}）	1/5	网络连接便利程度
			生产生活设施状况（U_{55}）	1/5	农牧业生产设施、公共生活设施的便利性
	就业指标（U_6）	1/7	就业于援藏工程项目状况（U_{61}）	1/3	援藏项目满足就业需求程度
			参加援藏就业技能培训状况（U_{62}）	1/3	援藏就业技能培训满足就业需求程度
			子女就业于内地省市状况（U_{63}）	1/3	家庭子女就业于内生省市的可及性
	主观福利指标（U_7）	1/7	生活幸福感受状况（U_{71}）	1/2	生活满意状况的改善程度
			与其他民族的关系（U_{72}）	1/2	与其他民族交往、交流、交融的改善程度

7.3.2　有序多分类 Logistic 模型构建

基于对西藏农牧户的调查样本数据，本书进一步对对口援藏政策减贫绩效评价的影响因素进行实证分析，以脱贫户对对口援藏政策减贫绩效的满意度评价作为因变量，满意度评价设置为"非常不满意""不满意""一般""比较满意""非常不满意"5 个等级，分别对应赋值为 1、2、3、4、5。鉴于因变量为有序多分类变量，采用线性模型存在很大缺陷，因此本书采用有序多分类 Logistic 模型进行回归分析，模型的基本表达式为：

$$y_i^* = x'_i \beta + \varepsilon_i \tag{7-1}$$

在式（7-1）中，y_i^* 是一个不可观测的潜变量，它与可观测的因变量 y_i（代表样本农牧户 i 对对口援藏政策减贫绩效的满意度评价，包括总体评价及各维度评价）相对应，y_i 的取值有 1、2、3、4、5。x_i 是自变量，表示脱贫户对对口援藏政策减贫绩效满意度评价的各影响因素，i 代表自变量个数，β 为相应的待估计系数。ε 是服从独立同分布的随机误差项。y_i 可以通过 y_i^* 按照下式得到：

$$y_i = \begin{cases} 1, & \text{若 } y \leq \eta_1 \\ 2, & \text{若 } \eta_1 < y_i^* \leq \eta_2 \\ \cdots \\ j, & \text{若 } \eta_{j-1} < y \end{cases} \tag{7-2}$$

在式（7-2）中，η_1，η_2，$\cdots$，η_{j-1} 为切割点，是通过估计获得的临界值。给定 x_i 时的因变量 y_i 取每一个值的概率为：

$$\begin{cases} P(y_i = 1) = F(\eta_1 - x'_i \beta) \\ P(y_i = 2) = F(\eta_2 - x'_i \beta) - F(\eta_1 - x'_i \beta) \\ \cdots \\ P(y_i = j) = 1 - F(\eta_{j-1} - x'_i \beta) \end{cases} \tag{7-3}$$

在式（7-3）中，$F(\cdot)$ 为 ε_i 的分布函数，由于是 Logistic 模型，所以该分布函数类型为逻辑（Logit）分布函数，即 $e^x/(1 + e^x)$。本书构建的有序 Logistic 模型参数估计采用极大似然估计法（MLE），自变量 x 对因变量 y 的各个取值概率的边际效应可用以下公式来分析：

$$\begin{cases} \dfrac{\partial P_1}{\partial x_i} = -f(\eta_1 - x_i'\beta)\beta_i \\[2mm] \dfrac{\partial P_2}{\partial x_i} = -[f(\eta_2 - x_i'\beta) - f(\eta_1 - x_i'\beta)]\beta_i \\[1mm] \cdots \\[1mm] \dfrac{\partial P_j}{\partial x_i} = -f(\eta_{j-1} - x_i'\beta)\beta_i \end{cases} \qquad (7-4)$$

在式（7-4）中，$f(\cdot)$ 为概率密度函数。

7.4 实证结果及分析

7.4.1 减贫绩效的模糊综合评价分析

首先，确定评价因素集和评语等级。对口援藏政策减贫绩效评价因素集分为二级，设一级指标集为 $U = \{U_1, U_2, U_3, U_4, U_5, U_6, U_7\}$，二级指标集为 $U_1 = \{U_{11}, U_{12}\}$，$U_2 = \{U_{21}, U_{22}\}$，$U_3 = \{U_{31}, U_{32}\}$，$U_4 = \{U_{41}, U_{42}\}$，$U_5 = \{U_{51}, U_{52}, U_{53}, U_{54}, U_{55}\}$，$U_6 = \{U_{61}, U_{62}, U_{63}\}$，$U_7 = \{U_{71}, U_{72}\}$。基于模糊综合评价方法的最大隶属度原则，将对口援藏政策减贫绩效评价分为5个等级，对应的评语集定义为 $V = \{$非常满意，比较满意，一般，不满意，非常不满意$\} = (5, 4, 3, 2, 1)$。

其次，构建评价指标的单因素模糊评判矩阵。根据农牧户对二级指标的单因素评价结果，将定性指标分为不同的等级，得出评价指标值的隶属度（见表7-5）。

表7-5　　　　　　　对口援藏政策减贫绩效评价指标隶属度

指标	评价等级隶属度				
	非常满意	比较满意	一般	不满意	非常不满意
收入（U_{11}）	0.288	0.616	0.096	0	0
生物资产（U_{12}）	0.275	0.579	0.146	0	0

续表

指标	评价等级隶属度				
	非常满意	比较满意	一般	不满意	非常不满意
教育设施（U_{21}）	0.292	0.667	0.033	0.008	0
师资力量（U_{22}）	0.242	0.646	0.063	0.029	0.021
医疗卫生机构（U_{31}）	0.250	0.550	0.183	0.017	0
医疗卫生专业技术人员（U_{32}）	0.246	0.487	0.221	0.033	0.013
身体状况（U_{41}）	0.237	0.725	0.038	0	0
营养状况（U_{42}）	0.221	0.713	0.058	0.008	0
住房条件（U_{51}）	0.317	0.621	0.050	0.013	0
饮用水状况（U_{52}）	0.312	0.588	0.100	0	0
用电状况（U_{53}）	0.367	0.612	0.021	0	0
网络通信水平（U_{54}）	0.333	0.521	0.075	0.071	0
生产生活设施状况（U_{55}）	0.242	0.637	0.092	0.021	0.008
就业于援藏工程项目状况（U_{61}）	0.163	0.533	0.254	0.033	0.017
参加援藏就业技能培训状况（U_{62}）	0.283	0.650	0.046	0.013	0.008
子女就业于内地省市状况（U_{63}）	0.200	0.504	0.267	0.017	0.012
生活幸福感受状况（U_{71}）	0.342	0.554	0.092	0.012	0
与其他民族的关系（U_{72}）	0.258	0.700	0.038	0.004	0

根据表7-5可得到每个因素（指标）U_{ij} 隶属于评语集 V 的满意度评价人数占总评价人数的比重（r_{ij}），进而得到单因素评价集，由此得到准则层脱贫户满意度模糊关系矩阵 R_{U_1}、R_{U_2}、R_{U_3}、R_{U_4}、R_{U_5}、R_{U_6}、R_{U_7}：

$$R_{U_1} = \begin{bmatrix} 0.288 & 0.616 & 0.096 & 0.000 & 0.000 \\ 0.275 & 0.579 & 0.146 & 0.000 & 0.000 \end{bmatrix}$$

$$R_{U_2} = \begin{bmatrix} 0.292 & 0.667 & 0.033 & 0.008 & 0.000 \\ 0.242 & 0.646 & 0.063 & 0.029 & 0.021 \end{bmatrix}$$

$$R_{U_3} = \begin{bmatrix} 0.250 & 0.550 & 0.183 & 0.017 & 0.000 \\ 0.246 & 0.487 & 0.221 & 0.033 & 0.013 \end{bmatrix}$$

$$R_{U_4} = \begin{bmatrix} 0.237 & 0.725 & 0.038 & 0.000 & 0.000 \\ 0.221 & 0.713 & 0.058 & 0.008 & 0.000 \end{bmatrix}$$

$$R_{U_5} = \begin{bmatrix} 0.317 & 0.621 & 0.050 & 0.013 & 0.000 \\ 0.312 & 0.588 & 0.100 & 0.000 & 0.000 \\ 0.367 & 0.612 & 0.021 & 0.000 & 0.000 \\ 0.333 & 0.521 & 0.075 & 0.071 & 0.000 \\ 0.242 & 0.637 & 0.092 & 0.021 & 0.008 \end{bmatrix}$$

$$R_{U_6} = \begin{bmatrix} 0.163 & 0.533 & 0.254 & 0.033 & 0.017 \\ 0.283 & 0.650 & 0.046 & 0.013 & 0.008 \\ 0.200 & 0.504 & 0.267 & 0.017 & 0.012 \end{bmatrix}$$

$$R_{U_7} = \begin{bmatrix} 0.342 & 0.554 & 0.092 & 0.012 & 0.000 \\ 0.258 & 0.700 & 0.038 & 0.004 & 0.000 \end{bmatrix}$$

最后，计算模糊综合评价集。根据之前确定的权重集 A，将准则层各指标的单因素模糊关系矩阵与权重集进行模糊变换，即得模糊综合评价模型：$B = A \circ R$。以准则层经济指标的模糊综合评价为例，根据权重集和被评指标的模糊关系矩阵，用此模型对对口援藏政策在经济维度的减贫绩效进行模糊评价，用模型 $M(\cdot, +)$ 计算得到：

$$B_1 = A_1 \circ R_{U_1} = (0.5 \quad 0.5) \circ \begin{bmatrix} 0.288 & 0.616 & 0.096 & 0.000 & 0.000 \\ 0.275 & 0.579 & 0.146 & 0.000 & 0.000 \end{bmatrix}$$

$$= [0.282 \quad 0.598 \quad 0.121 \quad 0.000 \quad 0.000]$$

同理，可以计算得到：

$$B_2 = A_2 \circ R_{U_2} = [0.267 \quad 0.657 \quad 0.048 \quad 0.019 \quad 0.011]$$

$$B_3 = A_3 \circ R_{U_3} = [0.248 \quad 0.519 \quad 0.202 \quad 0.025 \quad 0.007]$$

$$B_4 = A_4 \circ R_{U_4} = [0.229 \quad 0.719 \quad 0.048 \quad 0.004 \quad 0.000]$$

$$B_5 = A_5 \circ R_{U_5} = [0.314 \quad 0.596 \quad 0.068 \quad 0.021 \quad 0.002]$$

$$B_6 = A_6 \circ R_{U_6} = [0.215 \quad 0.562 \quad 0.189 \quad 0.021 \quad 0.012]$$

$$B_7 = A_7 \circ R_{U_7} = [0.300 \quad 0.627 \quad 0.065 \quad 0.008 \quad 0.000]$$

根据以上准则层的各项指标模糊评价结果，再结合权重集 $A = (1/7, 1/7, 1/7, 1/7, 1/7, 1/7, 1/7)$，则可得到目标层的模糊综合评价归一化处理结果为：

$$B = A \circ R = A \circ \begin{bmatrix} B_1 \\ B_2 \\ B_3 \\ B_4 \\ B_5 \\ B_6 \\ B_7 \end{bmatrix}$$

$$= (1/7 \quad 1/7 \quad 1/7 \quad 1/7 \quad 1/7 \quad 1/7 \quad 1/7) \circ \begin{bmatrix} 0.282 & 0.598 & 0.121 & 0.000 & 0.000 \\ 0.267 & 0.657 & 0.048 & 0.019 & 0.011 \\ 0.248 & 0.519 & 0.202 & 0.025 & 0.007 \\ 0.229 & 0.719 & 0.048 & 0.004 & 0.000 \\ 0.314 & 0.596 & 0.068 & 0.021 & 0.002 \\ 0.215 & 0.562 & 0.189 & 0.021 & 0.012 \\ 0.300 & 0.627 & 0.065 & 0.008 & 0.000 \end{bmatrix}$$

$$= [0.265 \quad 0.611 \quad 0.106 \quad 0.014 \quad 0.005]$$

根据最大隶属度原则，对口援藏政策减贫绩效评价结果的最大隶属度为 0.611，对应的评价等级为"比较满意"，这表明从脱贫户视角来看，对口援藏政策的减贫绩效较好，减贫成效获得了农牧区脱贫人口较高的认可度。如果进一步将评语集 $V = \{$非常满意，比较满意，一般，不满意，非常不满意$\}$ 的各个评价要素进行赋值处理，即分别赋值：非常满意 $= 5$，比较满意 $= 4$，一般 $= 3$，不满意 $= 2$，非常不满意 $= 1$，再将目标层评语集去模糊化，从而得到对口支援政策减贫绩效的综合评价值：$E = 5 \times 0.265 + 4 \times 0.611 + 3 \times 0.106 + 2 \times 0.014 + 1 \times 0.005 = 4.120$。同理，再计算出准则层其他各指标的综合评价值（$E1$、$E2$、$E3$、$E4$、$E5$、$E6$、$E7$），具体结果见表 7 - 6。

表 7 - 6　　　　　　　对口援藏政策减贫绩效模糊综合评价结果

评价指标	综合评价得分	得分排名	所处等级
经济指标	4.165	4	介于比较满意与非常满意之间
教育指标	4.156	5	介于比较满意与非常满意之间

评价指标	综合评价得分	得分排名	所处等级
医疗指标	3.979	6	介于一般与比较满意之间
健康指标	4.173	3	介于比较满意与非常满意之间
生活质量指标	4.202	2	介于比较满意与非常满意之间
就业指标	3.944	7	介于一般与比较满意之间
主观福利指标	4.219	1	介于比较满意与非常满意之间
减贫绩效评价	4.120	—	介于比较满意与非常满意之间

从表7-6中可以看出，对口援藏政策减贫绩效模糊综合评价得分为4.120，介于比较满意与非常满意之间。从各维度指标来看，主观福利指标的减贫绩效满意度最高，其次是生活质量，而就业指标的减贫绩效满意度得分最低，排在倒数第二位的是医疗指标，这两项指标的得分都介于一般与比较满意之间。这一结果表明，对口援藏政策减贫绩效评价总体上较好，但减贫绩效主要体现在对脱贫户主观福利改善、生活质量提升等方面，而对口支援政策对西藏脱贫户就业的直接或间接带动效应较弱，同时对医疗条件的改善作用也较为有限。

7.4.2 减贫绩效评价影响因素的有序 Logistic 模型分析

1. 变量选取与描述性统计

（1）解释变量的选取。借鉴现有的相关研究成果，同时结合对口援藏政策内容和调查的实际情况，本书从个体特征、家庭特征、对口支援状况3个层面共设定了11个解释变量（影响因素）。个体特征是指填写问卷的脱贫户家庭户主（或其配偶）（即受调查脱贫农牧民）的性别（*Gender*）、年龄（*Age*）、文化程度（*Edu*）和所在地区（*Area*）。需要说明的是，受调查脱贫农牧民所在地区的经济发展水平可能会对对口支援政策的减贫绩效产生影响，其原因有两点：一是经济发展水平较高的地区，一般具有资本、人才、技术与管理等方面的比较优势，更有利于对口支援政策发挥增长的自然减贫作用；

二是由于在对口援藏过程中形成的结对支援关系，还在一定范围内存在"富帮富、穷帮穷"的特征，导致与经济相对发达地区受到的支援投入相比，其他地区受到的支援投入就相对偏少，因此，基于以上两点考虑，本书将农牧民所在地区分为经济相对发达地区和其他地区，设定农牧民所在地区这一自变量，在具体设定时，考虑到对口支援的结对关系具体到受援地的县一级，同时由于所在同一地级市下的各县发展并不平衡，按照地级市的经济发展水平并不能代表所有县，鉴于此，本书按照《中国县域统计年鉴（县市卷）》中被调研的各县经济发展、公共财政收入的 2019 年数据来确定其是否属于经济相对发达地区。此外，家庭特征包括家庭人口数（Pop）、家庭年人均纯收入（Income）。由于对口援藏政策主要是通过一系列具体的对口支援项目的落地实施而产生减贫成效的，那么农牧民在对口支援项目实施过程中的参与状况和从支援项目中获得的收益或效用的多少是影响农牧民对对口支援政策减贫绩效评价的重要因素，因而在问卷调查中专门设置了反映农牧民参与对口支援项目和享受到支援项目的相关问题，基于此，本书设定反映对口支援状况的 5 个自变量，具体包括是否参加过对口援藏项目讨论会议（Meet）、是否参加过对口援藏产业发展项目（Pro）、是否享受到对口援藏项目提供的生产生活基础设施（Infra）、是否享受到对口援藏项目提供的教育和医疗服务（Serv）、是否接受过对口援藏项目提供的就业技能培训（Train）。

（2）被解释变量的选取。基于问卷调查问题的设置，为全面深入分析各因素对对口支援政策减贫绩效评价的影响，本书设定了 7 个被解释变量，既包括对口支援政策减贫的多维总体绩效评价（Y），也包括经济（Y_1）、教育（Y_2）、医疗健康（Y_3）、生活质量（Y_4）、就业（Y_5）、主观福利（Y_6）这 6 个分维度的对口支援减贫绩效评价。

表 7-7 报告了被解释变量与解释变量的含义、赋值与描述性统计结果。从表 7-7 中可以看出，各变量的样本均值存在较大差异性，标准差的差异并不大。其中，从个体特征来看，受调查农牧民的受教育程度平均水平以小学至初中为主；从家庭特征来看，受调查农牧民家庭年人均纯收入平均水平已超过脱贫标准，但亦有不少农牧民家庭仍属于低收入家庭，仍存在一定的返贫和新致贫风险。此外，各维度对口支援减贫绩效评价也存在一定的差异性。

表 7-7　　　　　　　　　　变量定义及描述性统计

类型	变量名称及符号	变量赋值或定义	均值	标准差
个体特征	性别（Gender）	男=1；女=0	0.617	0.487
	年龄（Age）	30 岁以下=1；31～40 岁=2；41～50 岁=3；51～60 岁=4；61 岁以上=5	2.838	1.166
	文化程度（Edu）	未受过学历教育=1；小学=2；初中=3；高中或中专=4；大专及以上=5	2.342	0.863
	所在地区（Area）	经济相对发达地区=1；其他地区=0	0.413	0.493
家庭特征	家庭人口数（Pop）	1～2 人=1；3～5 人=2；6 人以上=3	2.213	0.572
	家庭年人均纯收入（Income）	3999 元及以下=1；4000～5999 元=2；6000～7999 元=3；8000～9999元=4；10000 元及以上=5	3.875	1.221
对口支援状况	是否参加过对口援藏项目讨论会议（Meet）	家庭成员若参加过=1；都未参加过=0	0.363	0.482
	是否参加过对口援藏产业发展项目（Pro）	家庭成员若参加过=1；都未参加过=0	0.421	0.495
	是否享受到对口援藏项目提供的生产生活基础设施（Infra）	家庭成员若使用过=1；都未使用过=0	0.567	0.497
	是否享受到对口援藏项目提供的教育和医疗服务（Serv）	家庭成员若享受过=1；都未享受过=0	0.738	0.441
	是否接受过对口援藏项目提供的就业技能培训（Train）	家庭成员若接受过=1；都未接受过=0	0.742	0.439
对口援藏减贫绩效评价	总体绩效评价（Y）	非常不满意=1；不满意=2；一般=3；比较满意=4；非常满意=5	4.217	0.711
	经济支援绩效评价（Y_1）	非常不满意=1；不满意=2；一般=3；比较满意=4；非常满意=5	3.917	0.750

续表

类型	变量名称及符号	变量赋值或定义	均值	标准差
对口援藏减贫绩效评价	教育支援绩效评价（Y_2）	非常不满意 =1；不满意 =2；一般 =3；比较满意 =4；非常满意 =5	3.858	0.806
	医疗健康支援绩效评价（Y_3）	非常不满意 =1；不满意 =2；一般 =3；比较满意 =4；非常满意 =5	3.350	0.734
	生活质量支援绩效评价（Y_4）	非常不满意 =1；不满意 =2；一般 =3；比较满意 =4；非常满意 =5	3.942	0.752
	就业支援绩效评价（Y_5）	非常不满意 =1；不满意 =2；一般 =3；比较满意 =4；非常满意 =5	3.296	0.738
	主观福利支援绩效评价（Y_6）	非常不满意 =1；不满意 =2；一般 =3；比较满意 =4；非常满意 =5	4.329	0.513

注：表中的经济相对发达地区包括调研的 10 个县（区）中的 5 个县（区）（桑珠孜区、巴宜区、墨竹工卡县、米林县、桑日县），另外 5 个调研县（工布江达县、扎囊县、白朗县、尼木县、朗县）为其他地区。

2. 多重共线性检验

本书使用统计软件 SPSS 26.0 进行有序 Logistic 模型估计。在进行估计之前，为避免自变量之间由于存在高度相关关系而使模型估计结果失效，需对各自变量之间进行多重共线性检验。一般而言，若方差膨胀因子 VIF 值大于 10，则认为存在多重共线性问题。通过 SPSS 26.0 软件进行多重共线性检验，结果表明所有自变量的 VIF 值均在 1 ~ 8，平均值为 2.696，说明自变量之间不存在多重共线性问题，可以进行模型估计。

3. 有序 Logistic 模型回归结果分析

本书构建了 7 个模型，即模型 1 ~ 模型 7，分别反映各因素对对口支援政策减贫总体绩效评价及 6 个分维度减贫绩效评价的影响，各模型的有序 Logistic 回归结果见表 7 - 8，以下将根据表 7 - 8 中各模型的回归结果进行具体分析。

表 7-8　　对口援藏政策减贫绩效评价影响因素的有序 Logistic 模型估计结果

变量		模型 1 (Y)	模型 2 (Y_1)	模型 3 (Y_2)	模型 4 (Y_3)	模型 5 (Y_4)	模型 6 (Y_5)	模型 7 (Y_6)
个体特征	Gender	0.064	0.057	0.021	0.039	0.022	0.073	0.062
	Age	0.127	0.071	0.076	0.015	0.043	0.092	0.105
	Edu	0.236**	0.221**	0.373***	0.206**	0.218**	0.177*	0.229**
	Area	0.379***	0.412***	0.226**	0.197**	0.274**	0.155*	0.354**
家庭特征	Pop	0.098	0.085	0.039	0.023	0.076	0.092	0.089
	Income	0.159**	0.127*	0.072*	0.086*	0.096*	0.133*	0.165**
对口支援状况	Meet	0.105	0.016	0.089	0.055	0.033	0.011	0.007
	Pro	0.092	0.146**	0.101	0.098	0.027	0.031	0.052
	Infra	0.462***	0.299**	0.257**	0.275**	0.473***	0.178*	0.232**
	Serv	0.395***	0.272**	0.251**	0.415***	0.341***	0.218**	0.221**
	Train	−0.132	−0.116	−0.017	−0.023	−0.009	−0.151	−0.011
−2 对数似然值		330.831	501.879	487.211	492.334	456.368	442.166	377.644
Cox 和 Snell		0.679	0.547	0.566	0.559	0.574	0.583	0.611
拟合显著性		0.000	0.000	0.000	0.000	0.000	0.000	0.000

注：***、**、* 分别表示通过 1%、5%、10% 的显著性水平检验。

（1）个体特征的影响。文化程度（Edu）、所在地区（Area）对对口援藏政策减贫总体绩效评价及各维度减贫绩效评价均有显著正向影响，并且文化程度对教育支援绩效评价影响的估计系数（0.373）最大，而所在地区对经济支援绩效评价影响的估计系数（0.412）最大，即均高于总体绩效评价和其他维度的绩效评价，这说明农牧民的文化程度越高，对口支援政策对其产生的总体绩效及各维度减贫绩效就越好，其中教育支援产生的减贫成效最大，而农牧民所在地区的经济发展水平越高，则对口支援政策对其产生的总体绩效及各维度减贫绩效就越佳，其中经济支援产生的减贫成效最大。这一结果与西藏农牧区的实际也基本相符，农牧民的文化素质水平越高，越有利于其掌握职业技能，从而有利于其参与到对口支援项目建设中来，获取更多的支援收益，在本次调查中也发现，西藏成年农牧民的文化程度还普遍偏低，受调查样本中的初中及其以下文化程度农牧民占总样本的比重高达 88.34%，而这其中绝大部分又都是小学或未受过学历教育人群，因而农牧民文化程度的高低对其减贫产生的作用大小就更为明显，而农牧民所在地区的经济发展水平与其产生的减贫绩效的大小与前文变量选取时的理论假设一致，验证了前文的分析结论是成立的，一般来说，地区经济相对发达程度越高，则更有利于提升对口支援资源在该地区产生的增长效应，从而创造出更多的就业和增收机会，有效带动农牧民增收脱贫，因而经济支援在该地区产生的减贫绩效最为明显。此外，性别（Gender）、年龄（Age）对对口援藏政策减贫的总体绩效评价及各维度减贫绩效评价都没有显著影响。

（2）家庭特征的影响。家庭年人均纯收入（Income）显著正向影响对口援藏政策减贫总体绩效评价及各维度减贫绩效评价，并且对主观福利支援绩效评价影响的估计系数（0.165）最大，而家庭人口数（Pop）对对口援藏政策减贫总体绩效评价及各维度减贫绩效评价的影响不显著。家庭年人均收入水平是衡量农牧民家庭经济状况和脱贫质量的重要指标，回归结果表明，家庭年人均纯收入越高，农牧民对对口援藏政策在经济、教育、医疗健康、生活质量、就业、主观福利这些维度的减贫绩效及总体绩效的评价就越佳，尤其是对主观福利支援减贫绩效评价的影响最大。事实上，近年来随着西藏农牧民收入的不断攀升，他们不但逐渐摆脱了绝对贫困，生活质量也在稳步提升，对美好生活追求的愿望和生活幸福感也越来越强，与其他民族的关系也越来越和谐。结合访谈调查情况，可以说，对口支援政策带给西藏农牧民的不仅只是物质上的支援，更重要的是精神上的支援，而这正是增强脱贫农牧民自我发展能力，实现长效稳定脱贫所需要的。

（3）对口支援状况的影响。①是否享受到对口援藏项目提供的生产生活基础设施（Infra）、是否享受到对口援藏项目提供的教育和医疗服务（Serv）显著正向影响对口援藏政策减贫总体绩效评价及各维度减贫绩效评价，而是否参加过对口援藏产业发展项目（Pro）仅对经济支援绩效评价有显著正向影响，对总体绩效评价和其他维度支援的减贫绩效评价的影响都不显著。结合访谈调查可知，对口援藏项目主要是在国家对贫困地区专门的扶贫政策基础上的优化和补充，以提供改善农牧区民生的生产生活基础设施和基本公共服务设施为主，而这正是广大农牧民脱贫过程中缺口最大的需求。因此，通过一系列改善贫困农牧民生活和服务设施的支援项目的实施，为广大农牧民实现全面脱贫打下了坚实基础；尽管对口援藏产业发展项目对农牧民实现稳定长效脱贫的意义重大，但调研中发现，目前开展情况较好的对口支援产业发展项目主要还是集中在少数经济相对发达县（区），而在其他经济发展水平不高的地区仍然偏少，给予农牧民参加项目的机会并不多。从回归结果来看，参加对口援藏产业发展项目对提升农牧民经济收入有显著促进作用，能够发挥经济支援的减贫绩效，但目前农牧民参与项目的程度还较为有限，这主要是受农牧民文化程度偏低、缺乏生产技能等因素的影响，与参加需要一定技术并且收益较慢的本地对口支援产业项目相比，大多数农牧民更愿意选择外出务工，进入一些没有技术要求并且收入"来得快"的行业就业。进一步从回归系数上看，是否享受到对口援藏项目提供的生产生活基础设施（Infra）对生活质量支援绩效评价的影响系数（0.473）最大，而是否享受到对口援藏项目提供的教育和医疗服务（Serv）对医疗健康支援绩效评价的影响系数（0.415）最大，这表明对口支援若能真正精准满足农牧民最迫切的需求，避免对口支援供给与需求的错配，那么产生的减贫绩效就会更佳。②是否参加过对口援藏项目讨论会议（Meet）的影响系数均为负值，表明其对对口援藏政策减贫总体绩效评价及各维度减贫绩效评价具有负向影响，但这一影响并不显著，通过访谈发现其中的原因在于，尽管召开对口援藏项目讨论会议是确定具体实施的对口支援项目的重要环节，但农牧民似乎对此并不太重视，多倾向于认为确定支援项目是政府的事，甚至觉得参加会议会耽误劳作时间，因而导致是否参会和参会讨论发言的愿望并不强烈，对口援藏项目的确定主要还是依靠对口援藏干部和当地基层干部，因而是否参会对减贫绩效评价没有太大影响。与一般预期不一致的是，是否接受过对口援藏项目提供的就业技能培训（Train）的影响系数都为负值，但也没有通过显著性检验，结合访谈调查，其原因可能是，尽管就业技能培训是免费向农牧民提供的，但仍需要耗费一定的时间和精力，产生一定的机会成本，而且一些短期培训的实用性并不强，此外有些就业技能培训的内容与农牧民的实际需求之间还存在偏差，因而对农牧民参加就业技能培训的吸引力不够，造成对农牧民增收脱贫的绩效没有显著影响。

7.5 本章结论与讨论

本章主要基于对西藏自治区 10 个县（区）的实地调查所获得的 240 个脱贫农牧户数据及相关访谈调查资料，首先采用模糊综合评价法（FCE）对对口援藏政策减贫绩效进行了系统的评价分析，然后构建了 7 个有序多分类 Logistic 回归模型，进而对对口援藏政策减贫总体绩效评价及各维度减贫绩效评价的影响因素进行了实证分析，得到的主要研究结论有：第一，对口援藏政策减贫绩效总体上居于中上水平，介于比较满意与非常满意之间，其中主观福利指标的减贫绩效最佳，其次是生活质量，而就业指标的减贫绩效得分最低，排在倒数第二位的是医疗指标；第二，文化程度、所在地区、家庭年人均纯收入、是否享受到对口援藏项目提供的生产生活基础设施、是否享受到对口援藏项目提供的教育和医疗服务对对口援藏政策减贫总体绩效评价及各维度减贫绩效评价具有显著正向影响；第三，是否参加过对口援藏产业发展项目仅对经济支援绩效评价具有显著正向影响，对总体绩效评价和其他维度支援的减贫绩效评价的影响都不显著；第四，性别、年龄、家庭人口数、是否参加过对口援藏项目讨论会议、是否接受过对口援藏项目提供的就业技能培训对对口援藏政策减贫总体绩效评价及各维度减贫绩效评价的影响都不显著。

根据本章的研究结论和实地调研中的观察发现，可以得到一些直接的启示：第一，在对口支援工作重点上，应向就业、医疗、教育加大倾斜力度，找准"短板"，实施精准支援。一是要注重"帮"与"需"相结合，以农牧民实际需求为导向，优化调整对口支援项目提供的就业技能培训内容，开展对口的优质培训，调动农牧民参加培训的积极性，突出培训的实用性和高效性。二是根据实地调研发现，近年来受援地区医疗、教育的硬件设施条件已得到明显改善，中小学、医疗卫生机构的规模和质量也有明显提升，而医疗卫生人员、专业教师等专业技术人才十分缺乏，因此，要加大人才支援。一方面，要加大"组团式"教育人才、医疗人才支援力度，增加选派优秀的对口支援专业技术人才进藏工作，按照自愿原则，可以适当延长在藏工作时间；另一方面，要深入实施医疗、教育人才培养培训等帮扶措施，充分发挥援藏专业技术人才的"传帮带"作用，充分利用支援地区先进的医疗技术、教育教学理念和方法、管理经验，加快对当地专业技术人才的培育，促进受援医疗、基础教育水平的提升。第二，在对口支援项目优化调整上，应继续在农牧区实施一批生产生活基础设施项目，同时要加大对经济相对落后地区的产业支援力度，重点发展一批特色优势产业。鉴于对口援藏项目提供的生产生活基础设施能够有效提升减贫绩效。在对口支援项目选择时，仍要以改善农牧民的生产生活条件为基础，优化生产生活基础设施项目类别，更加注重人居环境设施、公共文化设施等基础设施建设。由于对口支援提供的产业发展项目产生的减贫绩效较为有限，调研中发现，在经济相对落后地区，对口支援提供的产业发展项目数量少、规模小、"带贫益贫"作用较小，因此，要通过充分调研论证，科学诊断确定经济相对落后地区的特色优势产业发展方向，加大对这一地区的对口支援资金、人才、技术投入，重点打造一批对口支援特色优势产业发展项目，吸纳已脱贫农牧民广泛参与其中，为农牧民掌握技术和就业增收提供保障。第三，在对口支援项目管理上，应强调"赋权"与"参与"。要完善支援双方的沟通协调机制，赋予农牧民更多的参与权力和参与机会，充分表达他们在对口支援项目实施过程中的真实诉求，吸纳更多的农牧民参与到支援项目的论证、立项、施工、监管、竣工验收、运行、后续维护及资金管理的整个过程中去，这不但有利于提高支援项目满足农牧民需求的精准性，降低支援项目实施过程中的交易成本，提升项目实施过程中的公开透明度，充分发挥对口支援项目的作用，还可以为农牧民提供更多的就业岗位，实现农牧民就业增收和完成支援项目的有机结合，带动农牧民实现稳定脱贫。第四，在对口支援减贫绩效上，应突出提高农牧民的增收能力和改善民生。农牧民对对口支援政策减贫绩效的满意度是衡量对口支援政策绩效的主要依据。因此，在受援地区实现脱贫以后，还要以提高农牧民的增收能力和生活质量为重点，建立对口支援稳定长效脱贫机制，以助力巩固拓展脱贫成果，增强脱贫群众的获得感、幸福感，提振农牧民对收入和生活质量的满意度，并增强他们对走向富裕和美好生活的信心。第五，在提升农牧民文化素质水平上，应继续加大财政对已脱贫农牧民的教育投入。既要加大对受援地的基础教育投入，重点降低高中辍学率，提高大专以上学历人口比重，不断提升农牧民的文化素质、科技素质、经营管理素质，也要加大对职业技术教育的投入，培养造就一大批新型职业农牧民和致富能人，为充分发挥对口支援减贫绩效，实现农牧民长久脱贫提供重要动力。

对口支援作为我国实施已有 40 余年的一项国家层面的长期区域政策，是我国区域协调发展战略和东西部扶贫协作机制的生动实践。西藏、新疆、青海等西部省区都是对口支援的重点区域，由于对口支援政策的功能定位广泛，涵盖经济、政治、文化、社会、生态等多个维度，助力受援地的扶贫与脱贫绩效主要体现了经济与社会维度的政策效能，本章以省际对口援藏为例，基于微观脱贫农牧户调研数据，将对口支援的减贫绩效从各种减贫政策的农牧户综合减贫绩效中剥离出来，便于厘清该政策的减贫实效及其影响因素，也为后扶贫时代更好地发挥政策助力作用提供了一定的借鉴参考。研究发现，脱贫农牧民对对口支援政策减贫绩效评价总体上介于比较满意与很满意之间，居于中上水平，但对各维度指标的减贫绩效评价差异较大，其中对主观福利、生活质量的减贫绩效评价得分很高，而对就业、医疗的减贫绩效评价得分较低，因此根据评价结果得分情况，需要重点关注评分较低的指标，以提升对口支援减贫绩效评价。从影响对口支援政策减贫绩效评价的各因素回归结果看，在个体特征层面，文化程度、所在地区的有显著正向影响；在家庭特征层面，家庭年人均纯收入有显著正向影响；在对口支援状况层面，是否享受到对口援藏项目提供的生产生活基础设施、是否享受到对口援藏项目提供的教育和医疗服务均有显著正向影响，而是否参加过对口援藏产业发展项目仅对经济支援绩效评价有显著正向影响，其他因素的影响效应均不显著，因此根据回归结果，需要持续发挥显著正向影响减贫绩效评价因素的作用，同时对影响效应不显著的各因素要分别探究原因，做好政策优化调整，规避不利影响，以使其能够发挥提升减贫绩效评价的效能。

本章在进行对口支援政策减贫绩效模糊综合评价之前，对各指标权重的确定并未采用常用的层次分析法（AHP），即通过用专家打分法将定性的指标进行两两比较，得出判断矩阵，进而建立数学模型，最终得出各个指标的权重，而是选择咨询长期从事区域发展与减贫领域研究和对口援藏实际工作的数位专家后，借鉴现有研究中对多维贫困测度时常采用的等权重方法，对各项指标的权重进行平均分配，这一方面这能够尽量避免不同专家打分评价可能产生的较大偏差，而导致权重设置的不合理，另一方面也符合随着生活水平提高和追求美好生活的愿望不断强烈，低收入群体对各项贫困指标重视程度的差异性逐渐缩小，减贫绩效评估时各维度的减贫成效事实上是同等重要的，并且现有的相关研究中多数已采取了这一方法。当然，在后续研究中可考虑综合比较其他权重确定方法的评价结果。

| 第 8 章 |

提升减贫效应的精准
对口支援机制构建

自 1979 年中央决定启动实施对口支援政策至今，对口支援政策在我国欠发达地区实施已有 40 余年，对口支援有力地促进了欠发达地区的经济社会发展，取得了较为显著的减贫效果，但同时也暴露出了不少问题，如对口支援资源投入结构的不匹配性、资源使用的"粗放"性、减贫效应的不平衡性、不同维度贫困减缓的异质性、减贫作用路径不通畅性等。2020 年末，我国现行标准下农村贫困人口全部实现脱贫，绝对贫困得到全面消除，创造了世界减贫史上的"中国奇迹"。但我们也要清醒看到，脱贫人口的整体收入水平仍然不高，刚脱贫地区的人口发展能力比较脆弱、基础设施和公共服务水平相对较低，同时还有各类边缘易致贫群体返贫风险，尤其是在西部少数民族地区和"三区三州"等原深度贫困地区，由于自然地理环境恶劣、产业发展基础薄弱、就业不稳定、教育和医疗水平较低、政策性收入占比较高，脱贫人口和一些贫困边缘人口更容易出现规模性、群体性返贫，加之近几年新冠肺炎疫情冲击和国际局势变化也产生了一些不确定性因素，进一步增加了防贫压力。2022 年中央一号文件明确要求"坚决守住不发生规模性返贫底线"。因此，为使脱贫基础更加稳固、成效更可持续，防止发生规模性返贫，需要对口支援政策的持续高效助力。习近平总书记在 2021 年全国脱贫攻坚总结表彰大会上指出，"要坚持和完善……东西部协作、对口支援、社会帮扶等制度，并根据形势和任务变化进行完善"。① 解决对口支援政策实施过程中产生的一系列问题，优化完善现行对口支援政策的关键在于，能否创新构建合理有效的对口支援体制机制，以实现充分发挥对口支援政策的减贫效应②。"精准扶贫"是党的十八大以来我国确立的扶贫新理念和新战略，精准扶贫取得的显著成效和成功实践经验，为巩固脱贫成果和推动振兴致富时期构建提升对口支援政策减贫效应的创新机制提供了新视角和新思路。基于此，本章在前文对口支援政策减贫作用机制及实际效应的理论与实证分析基础上，借鉴精准扶贫理论与实践，创新构建提升对口支援政策减贫效应的精准化机制，即精准对口支援机制。

8.1　精准对口支援机制的构建基础与核心要求

立足于实现全面脱贫后的贫困治理任务变化的要求，本书尝试在精准扶贫理论和成功实践经验的指引下，从对口支援政策减贫实际状况出发，构建精准对口支援机制。构建精准对口支援机制就是要将对口支援政策体系的各种支援政策要素（子系统）进行系统优化、重构、整合、调节和控制，以充分发挥对口支援政策的精准减贫效应，从而形成实现脱贫后贫困治理目标所应遵循的规则和制度性安排。

事实上，吕朝辉（2016）从边疆治理视角提出了"精准对口支援"这一概念，并将精准对口支援的基本内涵界定为对口支援从"粗放式"向"精准化"的发展，以受援地区及其各族群众的客观真实的现实需求为出发点开展

---

① 习近平：《在全国脱贫攻坚总结表彰大会上的讲话》，载《人民日报》2021 年 2 月 26 日，第 2 版。

② 根据本书第 3 章的概念界定，对口支援政策在脱贫地区的减贫效应主要体现为巩固拓展受援地脱贫攻坚成果、防止受援地发生规模性返贫、缓解受援地相对贫困和促进受援地乡村振兴富裕。

的支援，而不是以上级领导的政见偏好和政绩动机为出发点，要求对口支援的主体精准、客体精准、范围精准、目标精准、任务精准、方式精准、责任精准。然而，长期以来，由于对口支援的减贫功能不够聚焦和减贫瞄准的对象不够精准，加之政治任务属性和带有计划经济思维的实施方式，导致对口支援减贫效应发挥的并不充分，在局部领域、局部地区甚至存在失效的情况。基于此，精准对口支援是对既往一般意义上的对口支援的优化与发展，本质上就是要通过机制创新将"粗放式"支援转变为"精准化"支援，这也是脱贫后阶段对口支援政策优化完善的主要导向。精准对口支援机制的构建需要充分借鉴精准扶贫理念和丰富的成功实践经验，针对受援地自然地理环境、经济发展基础、民族心理与风俗习惯、社会文化与宗教信仰等特征，在精准把握受援地农村脱贫人口和低收入人口实际需求的基础上，从强化对口支援瞄准主体与瞄准对象互动的角度入手，集中对口支援的有限资源，精准整合受援地的优势资源，对受援地在实现振兴致富过程中进行精准帮扶。因此，构建精准对口支援机制内在要求对口支援的对象精准、目标精准、施策精准、方式精准、资源使用精准、减贫成效精准。构建的核心要求具体包括 6 个方面（见图 8 - 1）。

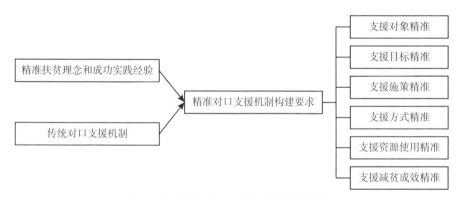

图 8 - 1 精准对口支援机制的构建要求

第一，精准对口支援机制要求精确识别对口支援的对象。以往的对口支援对象以受援地区的贫困县（市）的区域开发为主，难以准确瞄准对口帮扶对象，导致对口支援减贫有效性不高，而精准对口支援机制要求对口支援在脱贫地区的作用对象应精确确定，在当下的防止规模性返贫时期，应以脱贫户和低收入人口为对象，事实上就是受援地脱贫人口、贫困边缘人口和存在新致贫风险的人口。当然，随着人口收入和贫困治理任务的动态变化，对口支援的对象也要进行动态调整，在实现脱贫后，对于脱贫人口应进一步精准分类，如划分为已稳定脱贫人口和非稳定脱贫人口，应将对口支援政策重心瞄准非稳定脱贫人口和边缘易致贫人口，精准实施对口支援的特惠性政策与普惠性政策。

第二，精准对口支援机制要求支援的目标和任务要精准。总体上讲，在完成脱贫任务后，按照中央要求，作为重要的帮扶机制，精准对口支援的首要目标和任务就是促进受援地脱贫人口和低收入人口持续稳定增收，防止受援地发生规模性返贫，推进受援地乡村振兴与富裕。当然，在此过程中，对口支援的目标应更为多元化，不仅要关注收入和消费，更要重视脱贫人口和低收入人口的就业、教育、医疗、健康、生活质量、幸福感受等非收入维度指标的改善，要以脱贫人口和低收入人口的真实需求为导向，并且根据其需求的轻重缓急程度和需求层次，分层次、有重点地确定对口支援的目标次序和任务时序。

第三，精准对口支援机制要求对口支援的施策要精准。一般而言，受援地区之间均存在一定的区位、资源禀赋、人口密度、发展基础、生态环境等方面的差异性，这些差异性特征可能会导致同样的对口支援政策在不同区域产生的减贫效应存在较大的异质性。以对口援藏的实践为例，从实施效果来看，政策在不同地区的减贫效应存在明显的异质性，而这种异质性主要是由于各地区对口支援的具体政策选择同质化所导致。也就是说，产业支援、就业支援、智力支援等具体的支援政策并没有做到因地制宜，没有突出各地区的特色和优势。因此，精准对口支援机制要求根据受援地的特征和实际需求进行分类施策，选择适合受援地区和受援脱贫户的帮扶政策与援建项目，做到"宜产业则产业，宜就业则就业"，并确保支援帮扶政策能够进村入户到人。

第四，精准对口支援机制强调对口支援方式由"输血式"转向"造血式"，由政府主导转向政府引导、市场机制发挥决定性作用。在对口支援政策实施早期，援助的方式和内容主要体现为在中央政府的主导下，由发达地区向欠发达地区单向、无偿地输入物资、资金、项目、干部人才等资源要素，对受援地自我发展能力的培育效果有限。精准对口支援机制特别强调要以培育受援地自我发展能力为核心，突出高端优秀人才、高精生产技术、先进管理经验等智力方面的"软性"援助,并根据受援地脱贫人口和经济发展水平等情况,适当减少资金、项目等"硬件"方面的投入,逐步增加吸纳社会资本。此外,精准对口支援机制还特别强调支援地与受援地之间的优势互补、合作共赢,将中央政府主导下的政治行为转变为援受双方地方政府引导下的市场行为,遵循市场规律,充分发挥市场机制在对口支援中的决定性作用,从而促进援受两地的协同发展。

第五,精准对口支援机制要求对口支援资源使用精准有效。长期以来,相较于受援地巨大的资金、人才、技术、物资等方面的需求,对口支援的资源投入显得较为有限。在资源投入受约束的背景下,提高对口支援资源的配置效率,最大限度地增加支援产生的收益,是缓解这一问题的关键。早期的对口支援,多以大规模人力、财力、物力等投入为主,"大水漫灌"式的"粗放"特征较为明显,同时由于资金、项目、人才等支援资源来源于诸多支援方,缺乏对资源的统一调配和整合,由此导致对口支援资源配置的效率较低。精准对口支援机制要求统筹协调和整合使用各支援方的对口支援资源,瞄准脱贫人口和低收入人口,在项目安排、资金使用、人才配置上力求做到精准有效。

第六,精准对口支援机制要求对口支援的减贫成效精准。构建精准对口支援机制的最终目的是增强受援地的自我发展能力,促进脱贫人口持续稳定脱贫和低收入人口稳定增收,进而逐步实现受援地的振兴发展和共同富裕。因此,精准对口支援机制强调支援的效果要精准,即要在对口支援政策帮扶下,以受援地不发生规模性返贫为底线,以受援地基本公共服务水平、生活质量和幸福感等方面的切实提升为检验标准,确保对口支援的减贫成效落到实处,避免出现"数字有效""虚假有效"。

8.2 精准对口支援机制的核心内容

基于上述分析,本书认为,应以受援地脱贫人口和低收入人口的实际需求为基础,围绕产业精准支援、就业精准支援、智力精准支援、贸易开放精准支援、生活质量精准支援、主观福利精准支援等核心点建构精准对口支援机制(见图 8-2)。

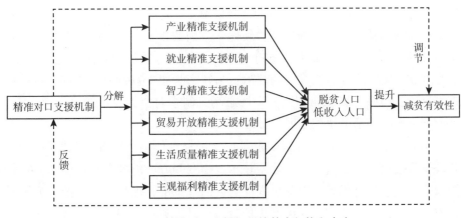

图 8 - 2　精准对口支援机制的基本架构和内容

从图 8 - 2 中可以看出，精准对口支援机制突出强调要在精确确定脱贫人口和低收入人口等重点帮扶支援对象基础上，区分不同受援地区和受援人群，将对口支援政策分解为产业精准支援机制、就业精准支援机制、智力精准支援机制、贸易开放精准支援机制、生活质量精准支援机制、主观福利精准支援机制等六个具体作用机制，瞄准支援对象后再进行有侧重地分类精准施策，同时要以减贫有效性为作为检验支援效果的核心依据对精准对口支援机制进行动态反馈，以促进精准对口支援机制在实践中优化完善，从而不断提升支援的有效性。

8.2.1　产业精准支援机制

本书的理论机制分析和实证检验结果表明，通过产业对口支援政策促进受援地的农牧业和非农产业的发展，能够带动贫困人口的家庭经营性收入和工资性收入的增长，从而提升对口支援政策的减贫效应。抑制现行产业支援政策减贫效应充分发挥的主要症结在于：一是产业支援过程中对受援地的产业布局缺乏合理的顶层设计和论证，不同地区的产业发展项目选择确定不够精准，没有充分考虑到受援地的产业发展基础和资源优势，存在一定程度的同质化，尤其是在生态环境相对脆弱部分脱贫地区，重复性、无序性产业建设导致了生态环境的恶化。二是受援地的产业支援项目带动脱贫人口和低收入人口的精准性不足，这一方面是由于产业支援项目在实施过程中向脱贫人口和低收入人口倾斜的力度不够和机制不健全，主要以"通报式"参与为主，难以调动脱贫人口参与积极性，另一方面是受文化水平不高和技术能力有限制约，广大脱贫人口和低收入人口参与产业支援项目的程度还较为有限，加之农村地区普遍存在的"精英俘获"现象，由此导致农村脱贫人口和低收入人口从产业支援中的受益并不明显。三是通过产业支援项目帮扶的产业链条较短，并且帮扶产业的上下游之间联动性不强，导致帮扶产业的关联带动效应较弱，未能充分挖掘和创造出更多的就业创业机会。四是相较于受援地的产业发展资金需求，支援方在受援地的产业支援资金投入相对有限，因此需要充分发挥产业支援项目带动社会资本进村入户的作用，为受援地产业振兴赋能，而目前的产业支援项目产生的"筑巢引凤"作用仍需提升。

产业精准支援机制就是要针对产业支援过程中存在的以上症结问题"对症下药"（见图 8-3），具体内容包括：第一，现行的产业支援是一种典型的"项目制"，对受援地的基础设施、农业和工业等领域的支援主要以一批批产业支援项目为主要载体。支援方要根据受援地的经济发展水平、三次产业帮扶重点、资源优势，因地制宜，制定合理的产业发展规划，优化产业布局，精准确定产业支援项目。例如，产业援藏首先要充分考虑西藏经济相对发达地区和经济落后地区产业发展基础的差异性，再根据不同地区自然资源和人力资源等方面的比较优势，做好各受援县、乡镇甚至村的产业发展规划，优化产业布局和产业结构，在进行充分调研论证的基础上，精准确定各受援县、乡镇甚至村一级的产业支援项目，比如青稞、牦牛、藏羊、藏鸡等高原特色农牧业以及藏香、氆氇、藏毯等民族手工业在西藏各受援地的发展已初具规模，要重点打造特色品牌①，依托产业支援项目建立现代产业园区②，并挖掘

---

① 例如，2019 年 7 月入藏的福建省第九批援藏干部紧紧抓住乡村振兴契机，助推昌都藏香猪产业发展，推进藏香猪标准化、规模化养殖加工，重点打造藏香猪品牌，将昌都八宿县作为藏香猪产业发展示范县，打造昌都藏猪产业基地。参见《福建援藏队的"保姆级"服务，助推藏香猪产业发展》，东南网，http：//fz.fjsen.com/2022-05/11/content_31030878.htm。

② 例如，浙江省第九批援藏干部以产业援藏工作为突破口，积极发挥浙江资源、经验等优势，对援藏"飞地"发展深入研究，在拉萨经开发区筹建浙江援藏那曲-拉萨"飞地"产业园。截至 2021 年 7 月，产业园一期 16000 平方米厂房已全部建设完成，总投资达 1.1 亿元，该园区将充分集成浙江和西藏两地资源优势和政策优势，全力打造成为极高海拔搬迁群众共同富裕就业样板区、高海拔对口产业援藏示范区和高原产城融合小微企业"双创"标杆区。参见《用心用情用力打造援藏工作升级版——浙江第九批援藏干部人才进藏两周年工作综述》，浙江援藏网，http：//yz.zjol.com.cn/yzyw/202107/t20210720_22822024.shtml。

其他特色优势产业项目。第二，产业支援项目要瞄准农村脱贫户和低收入人群，加大产业支援项目向农村脱贫户和低收入人群倾斜力度。在此过程中，健全和完善脱贫和易返贫群体的参与机制，这一机制特别强调"赋权"和"参与"，支援方和受援地政府要充分赋予农村脱贫人口和低收入人口参与产业支援的权力，通过宣传引导、技能培训、"一事一议"等方式为脱贫人口参与创造途径，确保农民愿意参与、能够参与，共同出智出力，优先吸纳已脱贫户特别是脱贫不稳定户、边缘易致贫户和其他农村低收入人口参与到产业支援项目的确定、实施、后续管理等过程中去。第三，充分挖掘受援地的资源潜力，尊重和吸纳受援地民众的产业发展意愿，做好产业发展规划，延伸拓展帮扶产业链条，带动受援地农村一二三产业融合发展，为受援地农村脱贫人口和低收入人口提供更多的就业机会和增收渠道。第四，在资金投入上，除了支援方稳步加大产业支援项目的资金投入外，强调要以产业支援项目为"支点"，通过援受双方政府的积极引导，按照市场经济规律，撬动更多社会资本进入受援地投资建厂，推动更多优质工商资本下乡，通过支援资金和社会资本形成合力，共同助推受援地区振兴发展。

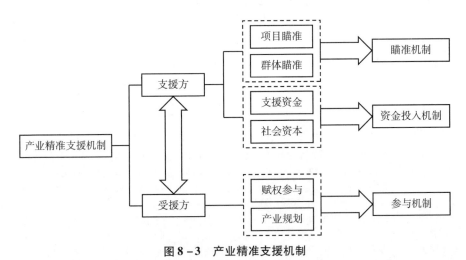

图 8-3　产业精准支援机制

注：支援方包括承担支援任务的中央国家机关、内地省市、中央企业，这里的受援方主要是指受援地区脱贫人口、低收入人口和其他易返贫人口。

8.2.2 就业精准支援机制

通过促进受援地脱贫人口和低收入人口非农就业，实现其工资性收入持续稳定增长，是受援地稳定长效脱贫和防止返贫的重要途径。对口支援政策可以通过城乡基础设施和产业发展援建项目、东西部劳务协作、招聘受援地高校毕业生、引入外地企业等路径创造非农就业岗位和机会，为脱贫人口和低收入人口稳定就业增收提供重要保障。然而，在受援地实施了多年的就业支援政策减贫效果欠佳，以就业援藏来看，结合实地调研，发现其中的主要原因在于：一是支援方对贫困家庭的致贫原因和就业"瓶颈"把握不够精准，尽管就业支援政策提供了较多就业岗位，但能够抓住就业机会，短期内实现就业增收的贫困户和低收入户并不多。二是囿于受援地农牧民受教育水平较低和市场化观念不强，依托就业支援政策提供的就业技能培训对广大农牧民的吸引力不足，贫困人口更偏好于从事本地"短平快"的低技能或不需要技术门槛的工作。三是在现行的高校毕业生就业支援政策下，各支援方提供的公务员、事业单位等公职岗位的比重较高，导致受援地高校毕业生的择业观念和就业倾向较为单一化，也容易产生就业依赖性，对进入企业就业创业的积极性不高。此外，由于受传统观念、语言文化、风俗习惯等因素影响，受援地高校毕业生（如西藏籍高校毕业生）对赴受援地省份之外地区就业的积极性不高，这不利于他们培养竞争意识、创新能力以及掌握过硬的专业技术本领，从而不利于实现其稳定就业和持续增收致富。

针对现行就业支援机制运行中产生的问题，需要建立精准就业支援机制（见图 8-4）。第一，将就业纳入对口支援工作的重点民生工程，加大就业支援的力度。通过对口支援干部人才与农村脱贫户、贫困边缘户的"一对一"或"一对多"的结对帮扶形式，弄清脱贫人口和贫困边缘人口的增收困境和就业需求，优先根据受援地的就业岗位，精准施策，力争做到"一户一策"，实现脱贫人口和贫困边缘人口的就地就近就业。第二，各支援单位一方面探索在受援地建立就业帮扶车间、稳岗就业服务工作站等，另一方面要充分发挥东西部劳务协作的作用，通过农村劳动力转移就业实现稳定增收。在此过程中，根据具体岗位需求特点，精准确定需求的劳务岗位，做到"以岗定培"，进而集中优质培训资源，创新就业技能培训方式和内容，对受援地民众尤其是脱贫人群开展精准化的优质对口培训。同时，援受双方要注重宣传引导，发挥就业脱贫致富典型代表的示范带动效应，激发脱贫群众参与就业技能培训的积极性，促进其在短期内能够较好地掌握就业技能。第三，针对受援地尤其是脱贫家庭高校毕业生群体，要通过企业实习、校园招聘宣讲、就业公益讲座等方式增强其市场化竞争就业观念，通过开展就业培训和指导提升其应聘就业能力。同时，要积极鼓励和引导受援地高校毕业生尤其是脱贫户家庭毕业生到受援地之外就业，培养其就业创业能力，增强其可持续增收和致富能力。

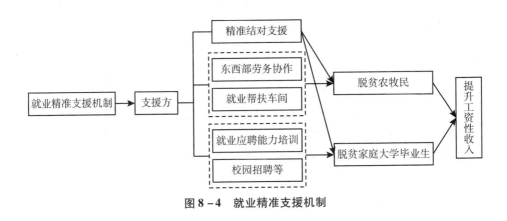

图 8-4 就业精准支援机制

8.2.3 智力精准支援机制

支援方智力支援的核心就是要向受援地输送新思想、新技术和新观念等，主要体现在教育、医疗、工农业生产技术、管理等非收入领域。智力支援的重心是脱贫人口和低收入人口的能力建设和健康保障，主要是通过对受援人群进行多方位人力资本投资，提升其劳动能力、就业能力和健康水平，从而增强其"可行能力"，阻断贫困代际传递和防止因病因疫致贫返贫。以对口援藏为例，在 20 多年的援藏实践中，各援藏方从早期的物资、资金、项目、干部人才等为核心内容的支援，逐渐转向以资金、项目、干部人才、科技为重心的支援，再到目前更为强调教育人才、医疗人才、科技、管理、信息等方面的支援。尤其是 2015 年中央第六次西藏工作座谈会之后，在中央的部署和动员下，各对口援藏方不断实践创新，开展了医疗人才、教育人才"组团式"援藏模式，实行"以院包科""以省包校"和人才组团式选派，形成团队优势，促进西藏医疗和教育事业在短期内有了明显发展。在实现受援地脱贫后，随着一系列巩固脱贫成果、防止规模性返贫政策措施的集中实施，受援地脱贫人群和低收入人群的收入实现达到贫困线并稳定增长这一目标基本上可以得到保障，而增强此类人群的内生能力应成为对口支援的重心。因此，通过加大教育、医疗、技术、管理等领域的支援力度，以增强受援人群的自我发展能力就显得尤为重要。鉴于此，就优化现行智力对口支援政策而言，借鉴精准扶贫中的"扶智"和"组团式"医疗教育人才援藏的实践经验，从以下三个方面构建智力精准支援机制（见图 8 - 5）。

第一，整合优势支援资源，创新支援方式，应用"组团式"支援模式，瞄准受援地的"短板"领域。教育、医疗、技术、管理等"软实力"领域一直是西部各受援地区发展面临的突出"短板"，而长期以来各支援方对这些领域的投入不仅不足，而且分散零星、不成体系，难以形成合力，使得受援地的教育教学水平、医疗水平、管理水平等在较短时间内并未有明显提升。"组团式"医疗教育人才在对口援藏中的成功实践为创新对口支援方式提供了新思路。鉴于此，智力精准支援机制要求突破以往各支援方的分散结对支援，集中汇聚整合各支援方的资金、项目、教育人才、医疗人才、技术人才、管理人才等优势资源，充分发挥集聚效应，瞄准受援地的重点对口领域，开展精准支援。

第二，智力精准支援特别强调要瞄准受援地"短板"领域的薄弱环节精准施策，提高支援资源的配置效率。以教育援藏为例，基础教育、职业教育一直是西藏教育事业发展中的薄弱环节，尤其是农牧区基础教育的基础设施、教育人才、生均教育经费、办学条件、信息化建设等方面存在较大缺口。调研中发现，西藏受援县多数校舍环境等"硬件"设施建设已取得明显成效，而目前最为缺乏的是义务教育阶段的教师和教学管理人才。因此，"组团式"教育支援不仅要瞄准受援学校的"硬件"投资，更要关注受援学校的"软件"建设，找准西藏基础教育落后的"病根"，精准发力于学校学科建设和人才培养，建立健全"岗位对接""结对跟学""跟岗学习"等"传帮带"机制，注重培养西藏本土化的教育人才队伍，将内地先进的教育教学管理经验引入受援学校，在较短时间内补齐学校的人才、管理、设施等突出"短板"。

第三，"组团式"智力精准支援模式在成熟应用的基础上要不断进行创新拓展和推广。除教育和医疗领域外，智力精准支援强调要将"组团式"精准支援模式拓展应用于受援地的工农业、旅游业、企业经营管理等多个重点发展领域，将支援方的先进技术、管理经验、信息资源等方面优势转化为受援地的经济社会效益，促进援藏资源优化配置和受援地高质量发展。例如，从2019年7月开始，不少支援省份（如山东、广东）借鉴医疗人才、教育人才"组团式"援藏经验，在实践中创新实施了"小组团"援藏①，组织开展高层次科技人才和管理人才"送教上门"培训活动，采取"党政干部＋企业管理人员＋柔性人才""师带徒""结对帮"等方式，针对受援地的特色农牧业、工业园区、旅游业、企业经营等开展精准化智力支援。

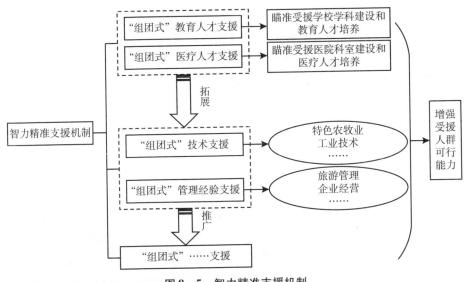

图8-5 智力精准支援机制

---

① 根据中央组织部的部署，"小组团"援藏自2019年7月第九批援藏工作开始启动，首批"小组团"援藏共19个，涉及产业发展、园区建设、乡村振兴、城市规划等领域。截至2021年5月，累计投入援藏资金7.6亿多元，实施项目80多个，打造特色品牌10个。参见《"小组团"援藏工作在探索中创新推进》，载《西藏日报（汉）》2021年5月2日，第2版。

8.2.4 贸易开放精准支援机制

贸易开放对脱贫地区经济发展和收入增长具有重要影响，伴随着我国对外开放进程的不断推进，受援助的欠发达地区正逐步融入区域经济一体化和经济全球化发展浪潮之中。在此过程中，应充分发挥区际贸易和国际贸易在提升受援地脱贫人口和低收入人口的积极效应。尽管对口支援政策正式实施于改革开放之后，但是由于受援地区绝大多数是西部欠发达地区以及中部少数民族地区和贫困山区，这些地区受区位、交通基础设施、思想观念等诸多因素影响，长期处于较为封闭的状态，与东中部发达地区相比，其对内对外开放程度均较低，由此导致对口支援政策通过促进受援地的贸易发展而实现的减贫效应并不充分。然而，受援地区又多拥有丰富的旅游资源、劳动力要素、工业原材料、特色农产品等方面的比较优势，十分有利于通过贸易开放促进受援地区人口的收入增长。在受援地实现脱贫后，本书认为应构建瞄准受援地区尤其是脱贫地区比较优势的贸易开放精准支援机制（见图 8 – 6），充分发挥对口支援政策的作用效应。

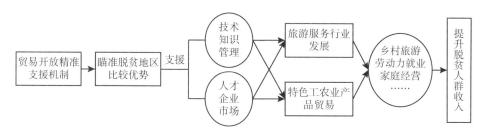

图 8 – 6 贸易开放精准支援机制

具体来说，第一，各支援方要瞄准受援地的比较优势，通过充分调研和论证，精准确定受援地区际贸易和国际贸易的主导方向，从而确立贸易开放支援重心。从我国受援地的特征来看，一是要将发展受援地旅游业尤其是乡村旅游（包括乡村休闲旅游）作为服务贸易和产业发展的一个重点，脱贫农户和低收入农户可以通过提供家庭旅馆、地域特色餐饮、交通服务等方式实现增收；二是将特色农牧业产品、轻工业产品、工业原料的出口贸易作为另一个重点。第二，各支援方要充分发挥其要素和市场优势，不仅要为受援地提供技术、知识、管理等产业发展上的支持，还要为受援地积极引进管理人才和企业投资，以及提供广阔的区际贸易市场，由此带动脱贫户和低收入户实现就近就地就业创业增收和依靠家庭农牧业生产经营增收。第三，受援地区中有不少是边境地区（如西藏、新疆、云南），要充分利用受援地的区位优势，以"一带一路"建设和区域全面经济伙伴关系协定（RCEP）正式生效为重要契机，大力开拓边境贸易市场，发展边境贸易，促进受援地特色农牧产品、民族手工艺品等出口，推动受援地外贸跨越式发展，带动脱贫人群和低收入人群增收致富。

8.2.5　生活质量精准支援机制

追求高质量生活是受援地人民共同的美好生活需要。在实现脱贫目标后，随着受援地农村地区的住房、饮水、公路、电力等生活基础设施建设趋于完善，对口支援政策提升脱贫户和低收入户生活质量的重心应逐渐转向农村人居环境治理、农村清洁能源使用、数字乡村建设等目前乡村振兴和乡村建设的重点任务，构建生活质量精准支援机制。这一机制强调各支援方要瞄准受援地脱贫人群和低收入人群生活质量上迫切需要提升的具体方向领域，精准实施支援对接，实现受援人群生活质量提升成效精准。

第一，精准助力农村人居环境治理，让脱贫人群充分共享健康宜居环境。改善农村人居环境，建设健康宜居的生产生活环境是提升受援地居民生活质量的重要途径。各支援方首先要精准识别各受援地农村人居环境的突出"短板"，聚焦村庄公共空间环境整治、农村改厕、生活污水处理、生活垃圾处理等重点方向。其次，要从受援地农村居民的实际需求出发，在推进村庄规划设计、农村改厕、分区分类推进农村生活污水治理、生活垃圾源头分类减量等具体治理工作上给予人才、资金、技术、管理经验等方面的重点支援。最后，各支援方要助推受援地建立政府主导、农村居民主动参与、市场化运作的农村人居环境基础设施管护长效机制，助推受援地农村人居环境质量水平不断提升。

第二，精准助推农村清洁能源使用，使脱贫地区居民形成绿色低碳生产生活方式。一方面，我国西部地区风能、太阳能、地热能、生物质能等资源丰富，各支援方要以推动受援地绿色发展为主要方向，根据各受援地资源禀赋，因地制宜，通过援建项目、技术、人才等方面的精准对接，加快乡村清洁能源使用设施建设，构建以风电、太阳能、生物质能为主要能源，以电气化为主要特征的新型农村能源系统，为脱贫地区居民生产生活提供清洁低碳、质优价廉的能源保障。另一方面，以选派的支援干部人才进村入户结对帮扶为契机，以"绿水青山就是金山银山"理念为指引，援助脱贫地区发展"可循环、再生产"产业，将受援地生态优势转化成经济优势，助推受援地产业绿色发展。另外，各支援方要向受援地农村居民大力倡导绿色低碳的生产生活方式，积极引导脱贫地区人口建立可持续生活和消费观念，在追求品质生活的同时兼顾环保和节约能源。

第三，精准支援乡村数字化建设，促进脱贫人群充分共享数字红利。各支援方要瞄准农村信息基础设施建设、数字素养和技能培训、城乡"数字鸿沟"① 等乡村数字化建设具体支援领域。一是以资金和技术为支援重点，助推脱贫地区网络基础设施、信息服务基础设施以及传统基础设施数字化升级，扩大脱贫地区宽带网络、光纤通信、移动通信基站等网络基础设施覆盖范围，提高农村网络信号质量，增强农村网络连接稳定性，实现农村网络提速降费。二是以人才和数字技能培训为支援重点，促进脱贫人群数字设备使用能力（社交、娱乐等）和应用能力（如农村电子商务）的提升，以农村老年人等数字技能匮乏群体为重点培训对象，通过政府规划和引导，在农村建立"政府—市场—社会"的多主体数字素养培训体系，着力提升农村老年人应用数字技术的效能，逐步消弭城乡"数字鸿沟"。三是以技术、信息和管理经验为支援重点，充分利用数字信息技术，拓展农村脱贫人口参与对口支援的广度和深度，引导和帮扶农村脱贫人口利用智能设备获取全方位的支援信息资源，了解支援政策具体内容，高效参与到各受援地对口支援的重要决策中去，

---

① "数字鸿沟"是指社会中不同社会群体对互联网在可及性和使用上的差异性，其本质是以互联网为代表的新兴信息通信技术在普及和应用方面的不平衡，不仅体现在不同地理区域、不同经济发展水平的国家之间，而且也体现在一个国家内部不同地区、不同人群之间，意味着信息通信设备的可及性、数字信息技术拥有程度和应用程度较低的国家、地区、人群面临着"知识贫困"和"信息贫困"，缺乏参与和发展的能力。参见胡鞍钢、周绍杰：《新的全球贫富差距：日益扩大的"数字鸿沟"》，载《中国社会科学》2002 年第 3 期，第 36 页；邱泽奇、张樹沁、刘世定、许英康：《从数字鸿沟到红利差异——互联网资本的视角》，载《中国社会科学》2016 年第 10 期，第 95 页。

充分发挥对口支援政策效能（见图 8 - 7）。

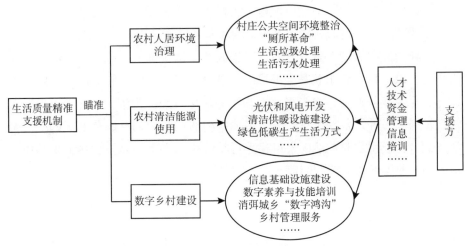

图 8 - 7　生活质量精准支援机制

8.2.6　主观福利精准支援机制

本研究表明，实施多年的对口支援政策显著增进了受援地脱贫人口的主观福利，对促进受援地内外的交往交流产生了积极影响。在推动完成脱贫任务之后，根据贫困治理任务的变化，要巩固提升对口支援政策在主观福利维度的减贫效应，需总结对口支援促进受援地内外民族之间"三交"的实践经验，借鉴精准扶贫理念，构建主观福利精准对口支援机制（见图 8 - 8）。这一机制聚焦生活幸福感受和民族之间"三交"，强调从这两个方面来精准提升受援地脱贫人口的主观福利水平。具体来说，一是完善支援干部人才与脱贫人口之间的"一对一""一对多""多对一"等多种形式的结对帮扶机制，通过"结亲戚""同吃同住同劳动"等方式加强支援干部与受援脱贫人口之间的直接交往交流，将支援方的先进发展观念、生活理念、市场资源等精准带入脱贫地区，使脱贫人口融入现代化生活，将减贫与扶志相结合，激发脱贫人口树立勤劳致富的思想，增强其生活的获得感、幸福感。二是以支援方在受援地实施援建项目为契机，加强援受双方的互动互补、互学互鉴，携手开展市场合作、产业链供应链合作、人文旅游合作，在此过程中，充分吸纳受援地脱贫人口参与到项目建设中去，让各民族人口在交流协作中进一步增进了解、加深感情。三是加强对受援地的文化建设，通过援受双方开展的一系列文化互动交流活动，增强受援地脱贫的少数民族群众中华文化认同感。各支援方首先要重视受援地公共文化服务体系建设，通过增加支援资金投入助推实现市、县、乡、村四级公共文化服务设施全覆盖，其次要坚持"走出去"与"引进去"相结合的原则，以举办文艺展演、文化交流考察、文化旅游等形式广泛组织开展援受两地的文化交流合作活动，在此过程中要积极引导脱贫人口、文化企业、社会团体等参与其中，在受援地推动建立各具特色的文化交流合作机制。四是各支援方要把握好转移受援地脱贫人口到东中部地区就业的时机，建立就业和社会融入帮扶机制，从技能培训、文化融入、心理疏导等方面给予精准有效支援，促进脱贫人口融入城市环境和新的社会群体，增强其工作和生活的幸福感受。

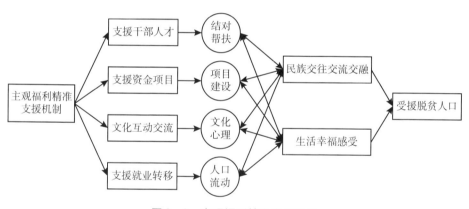

图 8-8　主观福利精准支援机制

8.3　本章小结

当前，防止受援地发生规模性返贫、推进受援地实现振兴富裕是对口支援政策的重要使命。本章在系统总结前文对口支援政策减贫效应及作用机制理论与实证研究结论的基础上，根据新时期贫困治理和乡村发展的形势与任务，借鉴精准扶贫理念与成功实践，构建充分发挥减贫效应的精准对口支援机制，从产业精准支援、就业精准支援、智力精准支援、贸易开放精准支援、生活质量精准支援、主观福利精准支援等六个方面建构能够有效防止返贫和促进脱贫人口与低收入人口振兴富裕的精准对口支援机制，并分别对各个具体精准支援机制进行了分解分析，给出了相应的精准化可操作性路径。

第9章

精准对口支援机制的实现策略

当前，守住防止规模性返贫底线、全面推进乡村振兴、促进脱贫人口迈向共同富裕是受援地区的主要发展任务，而对口支援政策减贫效应的充分发挥是实现这一任务的重要助推器。优化现行对口支援机制、建构精准对口支援机制是有效配置对口支援资源、促进对口支援政策效应充分发挥、精准实现支援政策目标的理性选择。精准对口支援机制的有效实现，需要在优化现行对口支援空间格局的基础上，综合考虑对口支援机制运行过程中的利益协调、实施动力、参与渠道、制度保障等核心问题，并采取行之有效的针对性策略。

9.1 优化结对支援空间格局，完善对口支援下沉机制

若从大视野考察，将全国范围内开展的省际支援或协作统一纳入对口支援政策框架体系，那么中央于 1979 年开始实施的对口支援政策和 1996 年启动的东西部扶贫协作就基本确立了我国

现行对口帮扶与协作的结对关系，同时也基本形成了现行东西部对口支援的空间格局。从省际层面上看，对口支援方主要涉及东中西部 20 个省份①，受援方涉及西部全部的 12 个省份②，援受双方主要形成了跨省域的结对与协作治理关系网络。在此基础上，实际承担支援任务的各省份辖区内地级市（区）又与受援地的县（区）形成了结对与协作治理的具体关系网络。由此，错综复杂的东西部对口帮扶结对关系空间格局也基本形成。应该看到，针对受援地所处的特定发展阶段，中央在对口支援和东西部扶贫协作实施初期所确立的结对关系确实发挥了政策的有效性，加快了受援地减贫与实现脱贫的进程，但随着受援地摆脱贫困，这一支援关系格局已不能很好地适应受援地发展的客观要求，因此需要根据各受援地实际情况进行精准优化。

第一，按照促进区域协调发展和"先富帮后富，最终实现共同富裕"这一对口支援政策框架设计的核心目标，从省级层面的结对关系上看，主要存在以下问题：一是同一省市既是支援方也是受援方，如陕西、重庆这两个西部省市一方面自 1994 年开始均承担着对口援藏任务，另一方面从 1996 年开始又分别是江苏、山东两个东部省份的对口帮扶与扶贫协作的对象；二是一些东部省市承担的支援任务较为繁重，一个省份承担了西部多个省份的支援任务，而其省内也存在欠发达的脱贫地区，长期的支援导致承受的财政压力较大③；三是承担支援任务的省市之间往往"各自为政"，缺乏实质性合作，倾向于完全按照"包干制"的办法完成支援任务，④ 这种分散化的支援难以

---

① 这 20 个省份是指北京、天津、上海、辽宁、吉林、黑龙江、陕西、重庆、广东、江苏、浙江、山东、福建、河北、湖北、湖南、安徽、河南、江西、山西。对口支援还涉及中央国家机关有关部委、部分中央企业等主体，由于省市对口支援占据一定主导地位，这里为分析问题方便，以省市对口支援为例展开。

② 这 12 个省份是指西藏、新疆、青海、甘肃、四川、云南、贵州、广西、重庆、陕西、宁夏、内蒙古。

③ 根据 2020 年 7～8 月本书课题组对部分山东援藏干部的访谈调查，一些援藏干部认为，现行的对口支援结对关系格局给像山东等一些东部省份带来了较为繁重的支援任务（山东省目前承担全国 8 个省份共 52 个县的支援任务，而其省内的县级行政单位共 78 个），尤其是 2010 年中央第五次西藏工作座谈会又确立了各支援省市的援藏资金 1‰基数（即按照该省市上年度地方财政一般公共预算收入的 1‰安排）和 8%的递增幅度增长机制（即对口支援省市当年对口支援资金量按照 8%递增），加之近年来经济下行压力加大和新冠肺炎疫情冲击等因素的叠加影响，对山东省自身的发展也产生了一定的"羁绊"。

④ 靳薇：《西藏：援助与发展》，西藏人民出版社 2010 年版，第 243 页。

在短期内攻克受援地发展中面临的一些突出"短板"（如基础教育、医疗技术水平）。因此，现行的对口支援结对关系并不利于对口支援政策充分发挥其促进受援脱贫地区的长远发展。事实上，2016 年中央已对东西部扶贫协作中的少数省际结对关系进行了一次调整，当前，在坚持中央对对口支援政策提出的"大稳定、小调整"的基本原则下，可以考虑将省际对口支援和东西部协作纳入统一的支援政策框架体系，通盘考虑，适当调整优化现行的结对支援空间格局。具体来说，其一，对于如陕西、重庆等西部省市，其辖区内本身就存在脱贫地区，可以考虑适当减少其原承担的省际支援任务（主要是减少资金、人才的直接输出），转而增加其对本省份内脱贫地区的支援任务①，同时可以适当减少一些支援任务较为繁重或当前经济下行压力较大的东部省市对这些西部省市（如陕西、重庆等）的帮扶和协作任务，以平衡和协调目前的省际对口支援空间格局；其二，借鉴"组团式"援藏模式有效经验，瞄准受援地发展中面临的突出短板和实际需求，集中东部支援省市的教育、医疗、人才、技术、管理等方面的优势，推广应用省级层面的"组团式"支援模式，强化同一受援地各对口支援省市之间的协同与合作，开展"组团式"精准对口支援，在一段时期内补齐脱贫地区面临的突出"短板"，增强其内生发展能力。

第二，现行对口支援总体上遵循经济发达地区帮扶欠发达地区的政策逻辑，但从形成的各层次结对关系上看，现行对口支援政策仍然呈现出一定范围内的"富帮富、穷帮穷"特征，如对口援藏、对口援疆形成的结对关系②（见表 9-1），主要表现为：一是省级层面的东中部经济相对发达、相对落后的省市分别对口支援受援地经济相对发达、相对落后的地级市，例如以下结对关系：北京市和江苏省 - 拉萨市、广东省 - 林芝市、吉林省和黑龙江省 - 阿勒泰地区、江西省 - 克孜勒苏州；二是在支援地级市层面上，东中部一些支援省市内的经济相对发达、相对落后的地级市分别对口支援地级市内的经济相对发达、相对落后的县（区），如山东对口援藏形成的结对关系：青岛市 - 桑珠孜区（日喀则市）、淄博市 - 昂仁县；吉林对口援疆形成的结对关系：长春市和吉林市 - 阿勒泰市、辽源市和白城市 - 哈巴河县。由于各支援

---

① 如四川省于 1994~2003 年一直承担对口支援西藏昌都的任务，2004 年四川省提出本省内也有藏族聚居区需要支援，经中央批准，从 2004 年开始四川省不再承担援藏任务，转而集中对口支援其省内的藏族聚居区。
② 对口援藏形成的具体结对关系见本书第 5 章表 5-4。

省市及其辖区内的具体支援地级市（区）的经济实力存在差异，导致各受援
地实际受到的支援资源也存在明显的区域不平衡性，例如从西藏各地市的受
援资金总额看，在 1994～2009 年，日喀则排名第一，达到 29.71 亿元，林
芝、拉萨分列第二、第三位，而排名最后一位的阿里仅为 5.84 亿元，不及日
喀则的 1/5，也仅为排名倒数第二的那曲的 1/3 多，位于藏中南的拉萨、日
喀则和林芝三地市获得的援助总额占比超过 60%，而东部的昌都仅占 8%，
只比人口规模不到其 1/7 的阿里要多。① 从西藏各地市人均受援金额上看，
2011～2015 年，排名第一的林芝（27374 元/人）是排名倒数第一的昌都
（2645 元/人）的 10.3 倍。② 事实上，从 2015 年开始，中央已开始关注此问
题，并陆续对对口援藏、东西部扶贫协作的结对关系等进行了适度调整。③
当前，需要根据受援地的真实需求，进一步调整优化受援地内部的对口支援
空间格局，渐进形成"富帮穷、穷帮富"④ 的对口支援基本工作格局，以提
升对口支援资源的配置效率，充分发挥对口支援促进脱贫地区增收致富的有
效性。

表 9-1　　　　　19 个对口援疆省市与新疆各县市的对口支援关系

对口支援省市	受援地所属地州	受援县市（包括新疆生产建设兵团）
北京	和田地区	和田市、和田县、墨玉县、洛浦县、第十四师
天津	和田地区	策勒县、于田县、民丰县

① 王磊：《对口援藏有效性研究》，中国社会科学出版社 2016 年版，第 141 页。
② 资料源于西藏自治区发展和改革委员会：《"十二五"时期对口支援西藏经济社会发展规划汇编》，第 22～25 页。
③ 2015 年召开的中央第六次西藏工作座谈会适度调整了对口援藏工作的结对关系安排，将福建省的对口支援对象由林芝市调整为昌都市，并要求从 2016 年开始，北京市、江苏省、广东省每年从本省（市）援藏资金中各调出 25% 用于支持昌都市。2016 年中共中央办公厅、国务院办公厅印发《关于进一步加强东西部扶贫协作工作的指导意见》，对原有的省际结对关系进行了适当调整，2021 年中共中央办公厅、国务院办公厅印发《关于坚持和完善东西部协作机制的意见》，对东西部协作的结对关系再次进行调整优化，其中明确辽宁省不再承担结对帮扶任务；河北省、吉林省、湖北省、湖南省以省内结对帮扶为主，不再实施省际结对帮扶；在全国对口支援体系总体保持稳定的基础上，四川省甘孜藏族自治州的对口支援省由广东省调整为浙江省，其他涉藏州县对口支援关系保持不变。
④ 这里的"富帮穷、穷帮富"分别是指东中部经济相对发达的省对口支援西部欠发达省份中经济相对落后的地市、东中部经济相对落后的省份对口支援西部欠发达省份中经济相对发达的地市。

续表

对口支援省市	受援地所属地州	受援县市（包括新疆生产建设兵团）
安徽	和田地区	皮山县
上海	喀什地区	泽普县、莎车县、叶城县、巴楚县
深圳	喀什地区	喀什市、塔什库尔干县
广东	喀什地区	疏附县、伽师县、第三师（图木舒克市）
山东	喀什地区	疏勒县、英吉沙县、麦盖提县、岳普湖县
山西	昌吉州	阜康市、第六师（五家渠市）
福建	昌吉州	昌吉市、呼图壁县、玛纳斯县、奇台县、吉木萨尔县、木垒县
吉林	阿勒泰地区	阿勒泰市、布尔津县、吉木乃县、哈巴河县
黑龙江	阿勒泰地区	福海县、富蕴县、青河县、第十师（北屯市）
江西	克孜勒苏州	阿克陶县
江苏	克孜勒苏州、伊犁州直属县（市）	阿图什市、阿合奇县、乌恰县；奎屯市、伊宁市、伊宁县、察布查尔县、霍城县、巩留县、新源县、昭苏县、特克斯县、尼勒克县、第四师、第七师
河北	巴音郭楞州	库尔勒市、轮台县、尉犁县、若羌县、且末县、焉耆县、和静县、和硕县、博湖县、第二师
浙江	阿克苏地区	阿克苏市、温宿县、库车县、沙雅县、新和县、拜城县、乌什县、阿瓦提县、柯坪县、第一师（阿拉尔市）
辽宁	塔城地区	塔城市、乌苏市、额敏县、沙湾县、托里县、裕民县、和布克赛尔县、第八师（石河子市）、第九师
河南	哈密地区	哈密市、巴里坤县、伊吾县、第十三师
湖北	博尔塔拉州	博乐市、精河县、温泉县、第五师
湖南	吐鲁番地区	吐鲁番市、鄯善县、托克逊县

注：本表截止日期为 2017 年 8 月 5 日。

资料来源：刘金山、徐明：《对口支援政策有效吗？——来自 19 省市对口援疆自然实验的证据》，载《世界经济文汇》2017 年第 4 期，第 59 页。

第三，完善对口支援下沉机制，优化纵向支援格局。首先，在现行对口支援政策框架下，援受双方的结对关系仅到受援地的县（区），而绝大多数受援地县（区）以下的乡镇、行政村（包括自然村）并未与支援方形成结对支援关系。出于节省成本、应对不确定性和渐进探索等多方面的考虑，应该说，中央政府和援受双方政府在对口支援政策实施的初始阶段、丰富发展阶段确立并运用这一结对关系网络是适宜的，长期的对口支援实践成就也已充分证明了这一点。但随着对口支援政策内涵的发展深化和受援地进入振兴致富的新阶段，需要适时考虑探索下沉对口支援结对关系，完善对口支援下沉机制，即在现有的受援地所有县（区）结对关系的基础上，进一步推广实施至受援地的乡镇、村等基层单位，明确由支援方的经济实力较强的县（区、市）、乡镇甚至村对口支援受援地的某一个乡镇甚至是村，织密基层单位之间的支援关系网络，由此促进对口支援资源更多地流向基层。事实上，在对口援藏、对口援疆的实践中已不乏开始了此类探索实践，如湖北省探索支援西藏山南的"对口下沉"机制；安徽省有援疆任务的 6 市对口支援皮山县 18 个乡镇；山东东营援疆指挥部组织援疆力量下沉乡镇，并确立了援疆"一乡一策"的工作思路。此外，东西部协作中的"闽宁示范村"也是对口帮扶下沉的典型探索实践。① 其次，要推广应用对口援藏政策中的"两个倾斜"要求，推动对口支援资源的投入重心不仅要向受援地的基层和农牧区倾斜下移，更要向脱贫人口和低收入人口、受援农牧区民生领域精准下沉，促进支援资源能够切实用于改善受援地民生和脱贫人口持续增收上。

9.2 完善对口支援利益协调机制，强化各利益主体的协同性

对口支援涉及多方利益主体（利益相关方），以省市对口支援政策来看，包括中央政府、支援方政府、受援方政府，其中支援方政府又包括省级政府及其辖区内承担对口支援任务的地市级政府，受援方政府又包括受援助的省

---

① 2021 年 11 月，"闽宁协作"乡村振兴示范村结对帮扶视频会议召开，福建省厦门市同安区军营村等 6 个乡村振兴示范村与银川市永宁县闽宁镇原隆村等 6 个自然村签订结对帮扶协议，以村级层面的结对支援深化闽宁深度合作，创建闽宁协作可持续发展新模式。参见《厦门市 6 个乡村振兴示范村"牵手"闽宁镇 6 个村》，宁夏新闻网，http://www.nxnews.net/yc/jrww/202111/t20211102_7326138.html。

级政府辖区内各下级（市、县/区）政府。在对口支援过程中，不同利益主体形成了相互影响、相互约束的利益、公共行政、财政、职能等多重复杂关系。在现行对口支援机制中，尽管各利益主体在对口支援欠发达地区中的根本利益是一致的，但其具体利益又存在显著差异。

以省市对口援藏为例，对口援藏政策由中央政府制定，但中央政府并不属于支援方，而是委托地方政府作为支援方，但是从"中央－地方"关系来看，中央政府仍然是对口支援政策运行过程中的重要利益主体。西藏作为我国重要的边疆民族地区，其稳定与发展关乎国家整体利益和长治久安。面对西藏长期贫穷落后的经济社会境况，中央政府作为国家利益的代表者，必须发挥"集中力量办大事"的社会主义制度优势，通过政治动员调配全国资源，治理西藏的贫困与发展问题，以实现维护国家长远利益的目标。为实现这一总体目标，中央政府在制定实施对口援藏政策过程中，希望实现四个方面的具体利益目标：一是希望承担支援任务的内地省市政府能够在西藏切实执行中央政府制定的对口援藏具体政策，加快西藏经济社会跨越式发展（其中摆脱贫困和实现长久脱贫是首要目标）；二是西藏在对口支援政策助推下能够不断增强自我发展能力，激发内生动力，依靠自身努力和辛勤劳动实现脱贫致富，从而逐步减少并最终摆脱对中央政府和支援省市政府的援助依赖；三是通过内地各支援省市政府对西藏政府的横向转移支付，能够减缓中央政府对西藏的纵向转移支付的压力；四是通过对口援藏政策的实施，能够促进西藏各民族与内地各民族的"三交"，增强西藏人民的国家认同。从承担支援任务的各省市政府来看，中央政府与各省市政府之间是"委托－代理"关系，各省市政府具有"双重代理"功能①，不仅要维护中央权威和国家整体利益，也要维护本省市辖区内的民众利益。在分配中央政府指派的支援任务时，存在"省对省"和"地市对县（区）"两种基本方式，前者是指一些支援省市政府及其下属的职能部门直接承担对口支援西藏自治区政府的任务，例如，援藏省市的省级财政部门将对口援藏资金直接转移到西藏自治区财政部门，后者是指支援省市政府将支援任务分配给其管辖的下一级地级市政府，由地市级政府对口支援西藏的县（区）。在经济利益上，支援方政府希望充

---

① 孙宁华：《经济转型时期中央政府与地方政府的经济博弈》，载《管理世界》2001年第3期，第35页。

分利用西藏的自然资源、市场、劳动力等方面的优势，减轻其所在地区发展中面临的约束，在支援中与西藏形成互利、合作、共赢的局面；在发展环境利益上，西藏地处我国西南边陲，区位优势和地缘优势明显，是中国面向南亚开放的重要大通道，在国家安全和国防战略上具有特殊地位，西藏的安全稳定与国家利益紧密相连，西藏的稳定发展也为内地各省市创造了安全稳定的发展环境；在生态环境利益上，西藏位于中国青藏高原西南部，青藏高原是中国生态系统中极为重要的组成部分，是长江、黄河的发源地，西藏的生态保护和水土涵养对中原和沿海沿江地区的重要性不言而喻，中央对西藏的发展定位之一是"重要的国家生态安全屏障"。从西藏地方政府（自治区、地市、县/区）来看，各受援地政府希望内地支援省市政府能够投入更多的资金、项目、人才、技术等资源，并能够在支援规划、支援资金和项目管理等方面具有更多的决策权，让西藏本地企业和广大农牧民参与到对口支援中去，通过对口支援能够改善西藏各地基础设施和提升基本公共服务水平，增强本地的发展能力。具体见图9-1。

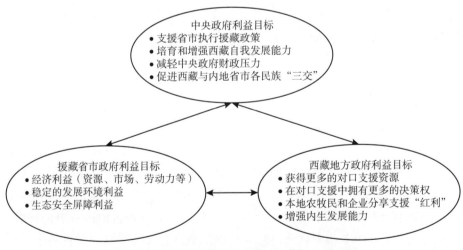

图9-1　省市对口援藏中各利益主体的利益目标

在省市对口援藏中，尽管各利益主体在少数具体利益诉求上具有一定的一致性，但仍然存在较多的目标不一致性和利益博弈。具体来看，一是虽然中央政府与支援省市政府是"委托-代理"关系，双方的根本利益具有一致性，但在政策实施过程中，双方的具体利益却存在博弈和冲突，这主要体现在 1994 年我国分税制改革之后，支援省市的财权下降但事权却增多，导致财力和财政自给率显著下降，在此背景下，对口援藏政策的实施，又使得支援方政府承担了大量援助支出，必然会进一步增加其财政负担，削弱其辖区内的民众利益，由此导致中央政府与支援省市政府之间的利益不协调。二是西藏地方政府希望中央加大对口支援力度，调配更多的内地省市资源，出台更多的支援优惠政策，但中央政府是站在国家长远发展的整体利益角度来考虑，在协调平衡多方利益关系基础上，对西藏开展的对口支援难以完全满足援助方不断增长的巨大需求，由此可能导致二者之间存在利益的不一致。三是支援省市政府与西藏地方政府之间利益的不协调主要表现在两方面：其一，支援双方在援建项目确定、资金分配和监管、项目后续管理等方面都希望占据主导权，拥有决策权；其二，支援方倾向于在无偿对口支援中也能维护其辖区内的民众利益，因而在"交钥匙"援建项目的实施过程中一般会优先考虑使用支援地的企业和人员，这样就自然会挤占受援地企业获利和劳动力就业机会，导致受援地脱贫农牧民难以参与到对口支援中去。因此，传统的协调机制不仅具有其内在局限性，而且已不能适应受援地摆脱贫困并逐步走向富裕的新形势需要。为此，要根据形势和任务变化，完善利益协调机制，促进各方利益和谐，才能确保精准对口支援机制的高效实施，充分发挥其防贫减贫作用效应。

第一，促进援受双方和各民族民众的交流互动，强化中华民族利益共同体意识。观念的建构与培育是化解援受双方利益不协调的优先路径，精准对口支援的实现首先需要从培育和增强各利益相关方利益共同体的观念意识入手。我国是一个多民族国家，中华民族多元一体的价值观念早已深入人心，受援地与支援地的利益共生关系已是不争事实，经济相对发达地区对欠发达地区的对口支援已成为一种普遍的情感共识。由于对口支援地区多为西部少数民族地区，要充分利用对口支援、东西部协作、劳动力转移、高校毕业生就业流动等契机，拓展援受双方政府和各民族民众交往交流渠道和方式，增强援受双方的利益共同体意识，促进援受双方自觉维护国家整体和长远利益。援受双方都要意识到，只有国家整体稳定发展和各民族之间互助合作，才能共同实现全面发展。

第二，精准研判对口支援任务，减少支援方政府的直接经济利益输出，完善针对支援方的利益补偿机制。受援地全面脱贫并逐步实现防止规模性返贫之后，民众的物质生活和精神文化需求已基本得到满足，受援地在实现振兴和共同富裕的发展进程中，所需要的核心支援资源已从物资、资金、项目等转向了优秀专业技术人才、先进生产技术、先进管理经验、信息等。因此，目前各支援方政府在精准对口支援机制的实施过程中要精准研判各受援地防止返贫和振兴发展的进程，并根据受援地发展的实际需要，优化对口支援资源投入结构，逐步减少直接的经济利益输出，逐步增加高层次专业技术人才、先进生产技术和经营管理经验、现代化信息和数据共享等方面的支援，这不但有利于减轻支援方政府的财政压力，提高对口支援资源的配置效率，而且还能增强受援方的自我积累和内生发展能力，促进援受双方的利益协同。此外，中央政府要针对受援地完善以转移支付、税收减免、产业与区域经济发展的政策优惠等为主要内容的利益补偿机制，适当加大中央政府对支援方政府的利益补偿。

第三，完善对口支援中各利益主体的利益诉求表达与协商机制。精准对口支援实施过程中需要及时化解各利益主体的利益冲突，而各主体的利益诉求表达与协商是重要一环。为此，需完善现行对口支援政策下各利益主体的利益诉求表达与协商机制：一是建立中央政府－支援方政府、中央政府－受援方政府、支援方政府－受援方政府、受援方上下级政府之间、支援方上下级政府之间的多层次一体化沟通协调制度，可考虑采取负责对口支援工作的主要党政领导参加的定期会议、联席会议、互访调研考察等形式。二是以支援方政府选派到受援地的党政干部为纽带，在对口支援规划、项目选择、资源调配等过程中完善与受援地政府之间的利益磋商机制，确保对口支援政策具体实施过程中援受双方的利益诉求能够得以充分表达，并通过协商达成利益共识。

第四，加强顶层设计与组织创新，自上而下探索建立一系列协调对口支援各方利益主体的组织机构。在中央政府层面，可考虑整合中央各部委涉及对口支援工作的相关协调机构及人员，组建负责对口支援协调工作的专门机构，以行使类似于"中央西藏工作协调小组"的职能，专门负责协调中央政府与支援方政府、中央政府与受援方政府、支援方政府与受援方政府之间的利益不一致，在事前和事中进行干预和调解。在支援方层面，要健全和完善支援方（如省市、中央企业等）成立的前方（受援地）对口支援指挥部、后方（支援地）对口支援工作领导小组等组织机构，确保各支援方都有相应的领导和指挥机构，在前方对口支援相关领导机构与后方对口支援相关指挥机构中分别设立专门负责援受双方与支援方内部利益调解和协同的职能部门和人员。在受援方层面，可考虑整合当地政府受援办、发展和改革委员会等机构，成立专门负责与支援方利益协调机构对接以及协调对口支援中当地各级政府利益的机构。

9.3　激励援助双方探索创新，建立对口合作共赢机制

精准对口支援机制的高效运行，需要强劲而持续的驱动力，即动力机制。现行对口支援机制运行动力主要包括：第一，中央政府的政治动员和行政指令；第二，中华民族守望相助的价值观念和命运共同体意识，如"国家安全""民族平等、民族团结""讲政治、讲大局""互帮互助""一方有难，八方支援"等；第三，中央政府给予支援干部人才提职加薪和政策优惠的激励[①]；第四，援受双方在对口支援实践探索中形成的利益互惠与共享机制。

在对口支援政策实施初期，从中央政府层面看，在全国各族民众互帮互助和共同繁荣的社会文化价值共识基础之上，中央政府主要通过向支援方政府分派政治任务的方式高位推进对口支援工作，同时辅之以对支援方对口支援干部的薪酬和政策激励。从受援方政府层面看，按期完成中央分派的政治任务和获得中央给予的相应财政激励形成了早期对口支援运行的动力机制。应该说，对口支援早期的激励所形成的动力机制带有较浓的"计划"体制色彩和"外生"属性，但是在对口支援开始实施的特定历史时期内较好地发挥了应有的作用，推动了对口支援机制的持续稳定运行。在这一时期，尽管中央也强调"实现互惠互利，共同发展"，但支援项目和资金投入主要用于受援地的基础设施建设和基本公共服务，改善当地居民

---

① 以对口援藏为例，在援藏干部选派上，多数援藏干部为提职选派；在援藏期间，援藏干部的薪酬除享受原工作单位同类同级人员的各项福利待遇外，同时享受西藏所在地区同类人员的地区津贴；在援藏结束后，援藏干部在职称评定和职位安排上均享受一定倾斜。另外，还提供给援藏干部家庭如家属就业、子女入学、探亲、医疗和人身保险等方面的政策待遇。

的生产生活条件，根本不可能从中获利。① 同时，一些受援地也显露出依赖"输血"和不能"造血"的问题。② 随着对口支援政策的深入实施，对口支援政策进入丰富发展阶段，对口支援的范围、领域、层次不断拓展，受援地（如西藏、新疆等）的市场经济得以培育并不断发展壮大，对内对外开放程度也在不断加深，这为援受双方开展依靠市场机制促进利益互惠的对口合作③创造了条件。这一时期受援方的援助需求在不断增长，支援方承受的无偿支援压力随之上升，由于缺失市场机制，对口双方目标和利益上的冲突不可避免，而早期的动力机制产生的激励作用不断减弱。在此背景下，迫切需要发挥市场机制作用，创新对口支援利益共享模式，变对口支援由指令压力推动为主动自愿合作推动，从而推动形成对口支援运行的内生性持久动力机制。于是，在对口支援的深入实践中，各支援方充分发挥自主性和创造性，逐渐找到了彼此间利益共享的一些合作领域，由此形成了现行的部分对口合作模式。

本书认为，当前，中央政府应出台相关支持政策，如设立对口合作创新基金、制定税收优惠政策、营造良好的合作创新氛围等，给予积极响应开展对口合作先行省市（如对口援藏中的广东省、北京市、上海市）以资金和政策支持，激励援助双方地方政府主动开展对口合作的自主创新或试验。从对口援藏的实践创新中可以看出，在中央制定的对口支援总体政策框架下，让各支援单位分工开展支援，中央对地方充分放权，给予地方政府充分的自主

① 靳薇：《西藏：援助与发展》，西藏人民出版社 2010 年版，第 242 页。
② 朱光喜：《对口支援促进边疆民族地区治理创新的途径及其优化》，载《北方民族大学学报》2022 年第 1 期，第 46 页。
③ 2010 年，在对口支援汶川地区灾区任务完成后，承担支援任务的广东、北京等省市分别与汶川县、什邡市签订了对口合作框架协议，合作双方基于地位平等、互利互惠的基本要求形成了地方政府间自发形成的对口合作关系。2017 年，国务院办公厅印发了《东北地区与东部地区部分省市对口合作工作方案》，正式明确东北与东部部分省市建立对口合作机制，开展对口合作，即辽宁省与江苏省、吉林省与浙江省、黑龙江省与广东省、沈阳市与北京市、大连市与上海市、长春市与天津市、哈尔滨市与深圳市建立对口合作关系，支持内蒙古自治区主动对接东部省市，探索建立相应合作机制，此外这一方案还明确了推进对口合作的体制机制创新、产业合作、提升创业创新水平、平台搭建这 4 个方面共 18 项具体任务。至此，中央政府层面的"对口合作"正式出台。需要说明的是，这种对口合作与现行对口支援政策框架下形成的对口合作是有一定区别的，即不同于传统的东部对口西部的地区限制，而是在南北省市之间建立联动发展机制，更注重对口省市的比较优势，并就对口合作机制提出了具体任务，事实上是一种政府牵引下强调充分发挥支援双方自主性的跨区域发展合作，不过这为现行对口支援政策框架下的扶贫援助转向更广泛的合作发展提供了借鉴与启示。

性和创造性空间，在较长的时间段内激励地方开展对口合作方式方法的创新。当政策创新现行者产生政策执行积极效果时，会带来大规模其他支援单位的模仿与跟随并形成创新共识，推动对口支援机制的顺畅运行。与此同时，要整合现行对口支援机制运行中的多种合作模式经验，建立对口合作共赢机制，为精准对口支援机制的运行提供持久稳健的动力。

第一，中央政府应及时统一组织开展针对现行对口合作典型模式的经验总结工作，对于在各受援地已成功实施并具有可复制推广价值的合作模式（如对口援藏中的"华新模式"），要进一步规范和完善对口合作运作流程，减少行政审批程序，提高对口合作效率，重点打造一批对口合作样板。在此基础上，应根据其他受援地的资源禀赋、发展条件和合作基础等及时进行推广应用，充分发挥现行对口合作模式的示范带动效应。

第二，援受双方要遵循市场经济规律，围绕国家和地方重大发展战略的实施，形成"政府引导、市场运作、企业主体、研究机构和社会力量广泛参与"的精准对口合作模式。具体来说：一是可围绕"一带一路"倡议的实施，充分考虑受援地的资源禀赋、发展基础、区位环境等因素，因地制宜，发挥双方比较优势，以产业合作为重要突破口，不断拓展合作领域，深化合作内容，强化双方在市场观念、经营管理理念、技术等方面的交流借鉴，提升合作深度和层次；二是要坚持互利共赢原则，强调援受双方地位平等，共同参与建设，并且按照社会主义市场经济分配原则分享合作收益；三是要高度重视吸纳社会资本和社会力量参与到对口合作中去，通过发达地区的企业、人才、科研院所、社会组织的广泛参与，促进援受双方通过产业转移、企业投资、市场开发、科教交流、社会公益等多种方式进行多元化合作；四是在对口合作过程中要以对口支援干部人才为重要纽带，充分发挥政府的引导和服务作用，消除各方顾虑，理顺利益分配关系，促进援受双方开展务实有效合作。

第三，创新区域经济合作机制，发展"飞地经济"模式。支援地拥有先进的市场观念、技术、管理理念和政策环境等优势，但土地资源和地理空间较为有限，劳动力成本较高，产业结构亟须转型升级，而受援地国土空间范围广，自然资源丰富，对产业层次的限制较少，但资金、技术人才和先进的管理经验等较为匮乏。在实现脱贫目标后，援受双方应加快推进合作平台建设，创新区域合作机制，以对口支援为契机发展"飞地经济"①
模式，促进优势互补，释放合作潜力，实现互利共赢。一是援受双方要通力
合作，一方面通过充分调研和论证受援地工业、特色农牧业等产业比较优势，
精准找到各受援地产业分工的方向，另一方面要精准找出支援地有产业转移
需要的企业，在此基础上，充分利用支援方在园区开发、管理、运营等方面
的成功经验，探索两地在受援地合作共建产业园区，力争在一个受援地市至
少合作打造一个"飞地园区"②，鼓励有产业梯度转移需要的支援地企业优先
向共建产业园区集聚，以共建产业园区为重要载体促进援受双方实现资源互
补、互利共赢。二是援受双方要以"共建、共管、共享"为核心原则来建设
"飞地园区"，建立互利共赢的利益分配机制，合理分担相关成本，建立完善
的合作议事机制、合作组织、管理体制等。三是由于受援地多为生态脆弱地
区，受援地政府要强化制度设计和统筹协调，合理布局产业和制定产业发展
规划，为发展飞地经济提供政策导引和支持，力求既促进援受双方的市场化
合作，又能减轻生态脆弱区的产业和人口压力。

9.4 拓宽脱贫人口和低收入人口精准参与对口支援的渠道

在对口支援政策形成的"援助－受援"关系中，一般来讲，支援方是政
策的具体制定者和实施者，居于主动地位，而受援方（包括受援地的地方政

---

① 2017 年，国家发展改革委、国土资源部、商务部等八部门联合印发《关于支持"飞地经济"
发展的指导意见》，明确提出"支持在各类对口支援、帮扶、协作中开展'飞地经济'合作；支持通
过'飞地经济'发挥市场机制，创新对口支援和东西部扶贫协作等区域合作模式"。飞地经济通常是
指我国区域经济发展过程中出现的一种模式，通常是指两个相互独立、彼此开放的区域，打破原有行
政区划限制，通过跨地域的行政管理与产业开发，实现互利共赢的一种区域经济合作模式。飞地经济
作为跨区域合作模式的创新，主要通过产业梯度转移和区域合作，带动欠发达地区经济发展，这与对
口支援的目标导向不谋而合。参见张天悦：《从支援到合作：中国式跨区域协同发展的演进》，载
《经济学家》2021 年第 11 期，第 86 页。
② 飞地园区主要包括在受援地级市域内的跨省共建、在受援县域内的跨省共建、在受援省域内
的跨地级市共建以及在受援省域内的跨县级共建四种类型，在受援地合作共建飞地园区要坚持系统思
维，在各受援地共建飞地园区建设不能简单地相互复制模式和模仿发展路径，要根据不同区域的发展
定位、资源禀赋、成本差异等选择适宜的类型。

府和城乡居民）尽管是政策的受益者，但在政策实施过程仅有参与和配合的权利，处于被动地位。脱贫任务完成之后，持续实施的精准对口支援机制以防止受援地规模性返贫和巩固拓展受援地脱贫成果为首要目标，强调要充分发挥对口支援政策在受援地的减贫效能。受援地脱贫人口和低收入人口作为重要的受援方，是精准对口支援防返贫的瞄准对象，其参与对口支援的程度、与支援方的互动关系、主体性地位的提升程度等对对口支援政策的有效性将产生重要影响。从现行对口支援机制运行的实践来看，以对口援藏为例，尽管中央早在 2014 年全国对口支援西藏 20 周年电视电话会议中就明确提出了"规范、管理好援藏资金和项目……全面推行项目选择由双方审核、项目建设由双方共同参与、项目资金拨付由双方共同签字、项目竣工由双方协商委托审计"的"四双"工作模式①，但实地调研中发现，无论是在"交支票"还是在"交钥匙"的项目援建模式下②，西藏广大脱贫农牧民和低收入人口在援藏项目建设中的参与度均不高，主体性地位未有显著提升，这不仅不利于拓宽脱贫人口和低收入人口增收渠道，而且也不利于优化援藏资源配置和提升援藏资金使用效益。鉴于此，精准对口支援的有效实施需要持续拓宽脱贫人口和低收入人口参与对口支援的渠道，激发其参与的主动性，提升其主体性地位。

第一，从建章立制入手，制定出台受援方尤其是受援地民众参与对口支援的规章制度和基本程序，建立受援方参与对口支援的激励机制。以对口援建项目为主要载体，全面推行"四双"工作模式，对于一些技术难度较低的援建项目以"交支票"方式建设为主，交由受援地政府组织实施和负责管理，优先安排本地施工队伍和雇用本地民众；对于一些技术难度或投资规模较大的重点援建项目，应充分发挥支援方的技术和管理优势，采取"交钥匙"为主方式建设，同等条件下优先使用受援地施工队伍和民众，激发受援地民众参与的内生动力。另外，将受援地民众尤其是脱贫人口和低收入人口参与对口支援的状况纳入对口支援项目绩效考核评价体系，可考虑以参与率指标（以受援地参与援建项目的脱贫人口和低收入人口占总人口比重）进行度量，考核对口援建项目建设过程中当地脱贫人口和低收入人口的参与程度。

---

① 《改进援藏项目和资金管理》，载《西藏日报（汉）》2014 年 9 月 10 日，第 1 版。
② 关于"交钥匙"与"交支票"的援建模式参见本书第 7 章 7.1.2 小节。

第二，完善和推广"点对点"结对帮扶方式，建立健全支援干部人才与受援地脱贫人口和低收入人口的精准结对帮扶机制。以对口援藏为例，受援地脱贫人口和低收入人口主要是分布在西藏农牧区的农牧民，调研中发现，囿于受教育水平低、传统思想观念、语言交流不通等因素，西藏农牧民向内地援藏干部表达民生诉求的方式仍然单一，主要还是通过村民会议进行"自下而上"的逐级反映。由于援藏项目和资金相对有限，因而其投向就成为西藏的村与村、村与乡镇、乡镇与乡镇、乡镇与县等基层政府之间利益博弈的焦点，由此可能导致农牧民集体的真实诉求信息传递受阻，或出现"信息失真"现象，最终造成一些援建项目完工后出现供需不匹配的问题。① 因此，在对口援藏中，许多援藏省市创新实施了援藏党政干部与西藏基层困难农牧民的"一对一""一对多""多对一"等"点对点"式结对帮扶，通过"援藏干部下乡"来畅通援助中供需双方的沟通交流渠道，帮扶困难农牧民解决实际问题，目前已取得了显著成效。在实现脱贫目标之后，应进一步扩大这一机制的实施规模和范围，根据各受援地从脱贫走向致富的发展实际，建立支援干部人才与受援地脱贫人口和低收入人口精准结对帮扶机制，拓宽受援地群众尤其是脱贫基础不稳定和边缘易致贫人口的利益诉求表达渠道，将有限的支援资源集中投向于受援地居民最迫切需求的领域。

第三，将参与式扶贫理念引入对口支援，向受援主体充分赋权。参与式发展理念起源于第二次世界大战后国际机构对发展中国家援助的实践，最早由世界银行（WB）、联合国（UN）等国际组织于20世纪80～90年代引入中国，并运用于我国四川、云南、贵州等省份的农村扶贫和生态保护项目，这一发展理念在减贫实践中产生了良好成效，并逐渐形成了参与式扶贫模式。参与式扶贫以赋权为核心内容，强调把发展机会通过参与式援助项目赋权给

---

① 在实地调研中发现，对于西藏农牧区一些公共基础设施建设和改善民生的小型对口援建项目，很容易迎合农牧民的需求，也容易得到支持，对农牧民参与度要求不高，由政府主导，援藏资金"包办"完成，效果尚较好，但对于涉及农牧民筹资筹劳的大中型对口援建项目，农牧民对项目具体的规划内容和细节并不清楚，往往难以实质性参与到项目的制定中来。其原因包括：一方面，作为"理性人"，为了尽可能多地争取到援藏资金和其他资金，建设规模大的"政绩工程"，政府偏好于"局外人"决策或变相的"局外人"决策，给予农牧民参与的机会很少，农牧民参与的程度很低；另一方面，政府对于项目的具体实施计划和安排宣传解释力度不够，农牧民参与的积极性不高。

穷人和社会弱势群体，使其能够平等地参与到社会发展进程中去。在巩固脱贫成果时期，受援地脱贫人口和低收入人口是对口支援的主体，他们能否精准有效地参与到对口支援中对于提升对口支援减贫有效性和巩固脱贫成果具有重要影响。因此，需将参与式扶贫理念引入对口支援全过程，增强受援地发展主体参与的能动性。一是向受援地脱贫人口和低收入人口充分赋权，确保其在对口援建项目建设中的主体地位。建立援建项目的规划、实施、监督与管理等全过程的精准对接参与机制，让脱贫人口和低收入人口充分参与其中，获得支援机会，分享支援成果，提升自我发展能力，逐步缩小与农村社区内其他成员的收入差距。二是充分考虑脱贫人群和低收入人群的异质性特征，针对其中的社会弱势群体专门设计相应的对口援助项目，以保障其能够在对口支援中平等受益。

第四，以数字乡村建设为契机，拓展受援地农村脱贫人口和低收入人口高效参与对口支援的渠道。通过数字化、信息化和网络化建设数字乡村，是驱动农业农村现代化和推进乡村振兴的重要任务。对口支援的重心在受援地的农村地区，应通过数字技术赋能，提升农村脱贫人口和低收入人口精准参与对口支援的能力。一是加快推进对口支援资源数字信息系统建设，将各支援方的对口支援项目管理、资金使用、干部人才管理等重要数据信息统一纳入这一系统，并且进行动态更新。根据各受援地的发展需求，建立包括农村脱贫人口和低收入人口在内的受援人群普遍参与对口支援的信息平台，合理开放对口支援相关信息资料，搭建对口支援双方沟通互动的渠道。二是重视农村脱贫人口和低收入人口的教育和数字技能培训。首先，要充分尊重农村脱贫人口和低收入人口在对口支援中的主体地位，引导其关注和了解对口支援政策，根据所在农村社区区位、民情和发展概况，准确表达自身发展的诉求，并找出瓶颈因素。其次，要加大教育对口支援的投入和支持力度，可考虑在受援地建立"政府－市场－社会"的多主体数字素养培训体系，加强对受援人群尤其是农村脱贫人口和低收入人口的数字教育和数字技能培训，提高受援地农村居民的数字技术素养，从而提升其通过数字技术参与对口支援的能力。

9.5 建立系统完善的精准对口支援制度体系

科学的制度设计和有效的制度实施是精准对口支援机制稳定持久运行并充分发挥减贫效能的重要保障。在既往的对口支援政策推进过程中，中央政府、支援方政府和受援方政府出台了一系列的规章制度，在一定程度上提升了对口支援政策的运行效果，但从对口支援现行的相关制度及其产生的减贫绩效来看，一些核心制度的建设和实施还相对较为滞后，主要集中在以下三个方面：

第一，对口支援的绩效考核评价制度尚未系统完善。以对口援藏为例，从 1994 年政策实施之初的没有明确的考核评价制度，只有支援方针对对口援藏三年规划（主要是项目、资金安排）执行和总结的报告；到"十二五"时期，各支援方纷纷开始编制对口支援西藏各地市的经济社会发展规划，对对口援藏工作进行中期评估考核和五年规划执行情况的终期考核，部分支援省份（如广东省）还出台了一些对口支援绩效考核评价的具体实施办法；再到 2017 年中央开始正式实施对口援藏绩效综合考核评价，具体表现为当年国家发展改革委办公厅出台了《关于 2017 年度对口支援西藏和四省藏区绩效综合考核评价工作的通知》，并从 2018 年开始中央组织部、教育部、国家卫生计生委、国务院扶贫办、国家发展改革委地区司和 17 个省市援藏工作机构的有关工作人员组成工作组，赴西藏开展对口支援年度绩效综合考核的调研工作，由此拉开了对口援藏的中央政府层面绩效考核序幕。应当看到，现行对口援藏绩效考核制度尚未普遍建立并形成制度体系。一是中央与各支援省市联合对对口支援（西藏、新疆、青海等）的绩效综合考核评价制度才刚刚建立，同时也尚未形成行之有效的"政策实施—考核评估—反馈—激励"机制，而对不同受援地的指标对标对表式考核是否精准有效还有待检验。二是基于受援地政府层面的绩效考核评价制度尚未普遍建立。受援方是对口支援的直接受益对象，从受援方尤其是当地脱贫农牧民视角来评价对口支援的绩效应该更为客观。尽管长期以来，受援方是对口支援中相对"弱势"的一方，但随着对口支援的深入推进和向着市场化合作发展，受援方的参与权、决策权不断增多增强，完全可以参与到对口支援的绩效考核工作中来。三是现行对口支援绩效考核评价的主体并未脱离对口支援的各利益相关方，主要是从政府机构的角度开展，能否确保评估结果的独立性、客观性、专业性尚不明晰。

第二，对口支援的监督检查与问责机制尚不健全。对口支援政策实施过程中涉及的资金规模大、项目和人员多，在对口援建项目的规划、实施、运营管理、后续维护等环节需要建立全方位、全流程的监督与问责制度，以确保对口支援机制的高效顺畅运行。现行对口支援的监督问责制度建设还较为滞后，以对口援藏为例，目前尚未形成多元主体参与的系统性、规范化的监督问责机制。一是针对对口援藏的监督管理制度尚未普遍建立，目前仅有一些支援省份（如北京、天津、浙江等）采取省级（地级市）纪委监委与受援的地级市（县/区）纪委监委联合协作的方式，在受援地开展了对口支援进展情况或项目执行情况的监督检查。二是受援方尤其是西藏农牧区脱贫农牧民参与监督的机会较为有限，大多未能实质性参与到援建项目申报审批、实施进度、组织验收及资金管理使用等各环节的监督中去，对援助项目的实施效果亦缺乏监督反馈，导致常常出现"监督盲区"。

第三，对口支援的法治化进程亟待加快。经过 40 余年的政策运行实践，对口支援已经逐渐演化为一种相对固定的制度性安排，而中央对对口援藏"长期性"的定位更是强调了对口支援政策走向法治化的必要性。从现行对口支援机制的运行来看，推进对口支援的法治化进程还存在一些阻滞因素。一是现行对口支援主要依靠的是中央政府的政治动员和行政指令，缺乏制定统一的法律法规来明确中央政府、支援方政府、受援方政府在对口支援中的权利行使与法律义务，例如支援方或受援方的选择标准是什么、支援方援助成效的衡量依据是什么、受援方在对口支援中的参与权与决策权有哪些，因而不利于协调对口支援相关方的利益关系，也不利于保障对口支援的正义性和长效运行。二是对口支援的启动、执行、监督管理、考核评价等政策实施的各个环节缺乏系统完善的法律法规予以规范化和制度化，尤其是在对口援建项目建设过程中，对对口支援资金的使用和管理还缺少向全社会公开并接受社会民众监督的相关法律法规。三是从更长远的时间范围来看，若将对口支援作为一项完成特定政治任务的国家制度，那么由于不同受援地区的对口支援任务存在差异性，对口支援终究会面临按照完成任务的先后次序退出的问题，而关于对口支援的退出机制尚无明确的法律规范。若从动态发展的视角审视对口支援，对口支援可能会在将来自然演化为援受双方市场化运作的长期对口合作，而政府的高位推动行为在此过程中可能将逐渐减少甚至消失，那么此时的相关退出机制又该如何确立，亦未有明确的法律法规。

为确保精准对口支援机制的顺畅持久运行，针对现行对口支援中的制度建设"短板"，需要通过制度创新来构建系统完善、切实可行的精准对口支援制度体系。

一是建立系统完善的精准对口支援绩效综合考核评价制度。精准对口支援的绩效综合考核评价应以受援地的防止返贫成效、农村脱贫人口和低收入人口收入的持续增长、乡村振兴发展状况、城乡民生改善等目标实现程度为核心内容，主要通过对各支援方对口支援规划的年度执行和最终完成情况进行考核评估，重在以考核评价促进和激励援受双方及时精准地调整支援内容和实施方案，精准解决对口支援中的突出问题。首先，中央应强化制度顶层设计，定期组织对口支援绩效综合考核评价工作，将对口支援绩效综合考核评价作为一项常态化制度逐步在目前实施对口支援的地区普遍推行，并将评估结果纳入各支援地方政府的绩效评价考核体系。其次，要根据对口支援的资金、项目、干部人才、技术、管理经验等不同援助形式，建立兼具针对性和可操作性的对口支援分类绩效综合考核评价机制，这一机制要求不仅要从中央政府和支援方政府层面开展绩效综合考核评价，还要从受援方政府层面组织开展基于受援地民众视角的对口支援绩效综合考核评价。同时，要注重绩效综合评价的可操作性，可借鉴精准扶贫中的考核评估成功实践，视具体情况适时引入第三方评估机制。再次，要创新精准对口支援考核评价的工作方法，围绕精准对口支援的重点任务和对口支援规划及各年度计划的执行情况及其成效展开，注重综合运用实地调研考核、指标考核、重点项目抽查、入脱贫户家庭深度访谈等考核评估方法。最后，绩效综合考核评价结果应及时反馈给援受双方，形成以绩效综合考核激励对口支援不断优化的良性机制。

二是建立健全精准对口支援的监督检查与问责机制。首先，在中央的统一组织协调下，实施对口支援的地区应普遍建立援受双方政府、受援地民众、社会公众能够广泛参与的规范化、透明化监督管理机制，这一机制可由援受双方政府负责对口支援工作的机构部门与受援地民众代表联合组成专门的监督管理机构来具体实施操作，可以视情况形成常规化制度。其次，要将各支援方对口支援规划资金使用、对口援建项目建设、对口支援的实际成效作为精准对口支援监督检查的核心内容，尤其要通过"赋权"来强化受援地基层干部和脱贫民众在对口援建项目的提出、评估、确立、招投标、监理、完工验收、运营管理及成效评价等各个环节中的监督管理主体地位，同时要完善对口支援项目建设信息披露制度，接受社会公众的广泛监督。最后，要明确援受双方尤其是对口支援领导工作机构及选派的对口支援干部的主体责任，建立健全对口支援的监督问责机制。中央政府与援受双方政府应加强监督协作配合，建立定期会议、调研对接、信息互通、问题处置等具体工作机制，着力构建上下联动、一体化推进的监督问责体系。

三是加快推进对口支援的法治化。对口支援作为我国长期实施的一项国家层面的发展援助政策，应确保政策在受援地区的长期稳定，以增强受援地区的内生发展动力，实现受援地长效稳定脱贫和振兴富裕。目前，我国尚没有制定关于对口支援的专门法律条例，只是存在大量的"通知""意见""管理办法"等，这一方面表明对口支援政策尚处于变动和完善之中，不利于制定规范的法律文件，另一方面也反映出国家在推动对口支援法治化进程中规则创制的滞后。因此，要通过立法来规范对口支援。其一，中央政府应加强立法调研，加快出台符合我国对口支援实际的法律法规，明确对口支援的启动实施条件，规定中央政府与地方政府在对口支援中的权责划分，规定支援方与受援方的选择依据、权利和义务等。其二，支援方政府应加强与受援方政府的协作，加快制定对口支援的地方性法规、条例或规章，对对口援建项目的确定、实施、运营管理、监督、考核评价、资金管理等各个具体实施环节进行法律规范。其三，目前，受援地已实现全面建成小康社会目标，正由巩固脱贫攻坚成果，向全面促进乡村振兴和推动共同富裕取得实质性进展转变。从更长远的时间范围来看，当一些受援地的经济、政治、社会等各方面即将完全实现与支援地一体化发展之时，那么此时就需要考虑对口支援制度退出的问题了，因而中央应根据各受援地发展实际，做好长远考虑，适时出台相关法律法规，明确对口支援的退出机制。

| 第 10 章 |

研究结论与研究展望

　　本书是关于对口支援政策减贫效应的理论与实证研究。首先，基于对口支援政策减贫学术史与研究动态的系统梳理，对支援与对口支援、援藏与对口援藏、贫困与减贫、对口支援减贫效应等核心概念进行了辨析与界定，在此基础上，对对口支援政策减贫的理论作用机制进行了深入剖析，并以对口援藏为案例进行了实践解析，从而搭建起本书的理论分析框架。其次，在对对口援藏政策的演化特征及功能定位进行具体考察的基础上，先从支援方视角对对口援藏政策减贫效应及其作用机制进行宏观层面的实证检验，再基于受援方视角，根据实地调研获取的第一手数据资料对对口援藏政策的减贫效应及其影响因素进行微观层面的实证考察，从而得到了对口援藏政策所产生的减贫效应的全面结论，并分析讨论了其中的深层次原因，以揭示现行对口支援政策所存在的问题及优化完善方向。最后，基于精准扶贫理念与成功实践，创新构建巩固脱贫成果和促进受援地振兴致富时期充分发挥减贫效应的精准对口支援机制，并提出了具有针对性和可操作性的实现策略。

10.1　研 究 结 论

　　第一，对口支援深嵌于中国特色社会主义制度之中，集中体现了中国特色社会主义制度的政治优势、制度优势和治理效能，是国家区域发展援助的一项重大政策创新。对口支援的实践较早，而相关理论研究较为滞后，我国实施了 40 余年的对口支援政策以省际长期的常规性对口支援为主，主要是由我国东中部发达省份对口支援西部欠发达省份，其本质是国家针对问题区域实施的特定区域政策。对口支援实施过程中不仅形成了具有中国特色的跨区域协作机制，而且促进了援受双方的合作交流和互动交融，体现出对口支援的多重功能和治理绩效。反贫困和促进区域协调发展始终是我国对口支援机制运行的首要目标。以中国减贫进程来看，在消除绝对贫困阶段，对口支援的减贫效应主要体现为对口支援政策对消除绝对贫困的作用效应；在巩固拓展脱贫攻坚成果阶段，对口支援的减贫效应主要体现为促进脱贫人口和低收入人口持续增收，防止发生规模性返贫；在全面推进乡村振兴和缓解相对贫困阶段，对口支援政策的减贫效应主要反映在通过发挥对口支援的"先富帮后富"长效机制作用，促进受援地区振兴发展，实现乡村脱贫人口和低收入人口收入的可持续增长，缩小城乡居民和农村居民内部的收入差距，促进地区间平衡协调发展，逐步缓解相对贫困并最终实现共同富裕。

　　第二，从整体的多维贫困视域上看，对口支援政策主要通过经济增长效应、公共支出效应这两条动态作用路径来分别减缓收入贫困和非收入贫困，其中经济增长效应主要是对贫困人群的收入贫困产生减贫效应，而公共支出效应主要通过带动产业发展和公共服务水平提升，进而对贫困人群的就业、教育、医疗、健康、住房、生活质量等非收入维度的贫困产生影响效应，但同时也能够间接发挥减缓收入贫困的作用。从具体的收入贫困视域上看，对口支援政策的减贫作用效应主要包括产业发展效应、就业效应、人力资本效应和贸易开放效应，其中，产业发展减贫的作用路径为："对口支援—促进受援地产业发展—提升贫困人口家庭经营性收入和工资性收入—减缓收入贫困"；就业减贫的作用路径为："对口支援—增加贫困人口就业机会—提升贫困人口工资性收入—减缓收入贫困"；人力资本减贫的作用路径为："对口支援—提升贫困人口受教育程度—提升贫困人口人力资本水平—增强贫困人口增收能力—减缓收入贫困";贸易开放减贫的作用路径为:"对口支援—扩大贸易开放—乡村旅游产业发展和促进本地劳动力就业—增加贫困人口家庭经营性收入和工资性收入—减缓收入贫困"。

第三,对口援藏政策在实践中经历了初步形成、正式形成、发展深化和逐步完善四个演进时期,逐步走向规范化、制度化,并且呈现出一些鲜明的演进特征:一是对口援藏政策内容不断丰富,包括对口援藏主体先增加后趋于稳定;对口援藏的投入力度不断加大;对口援藏的组织方式逐步探索创新;对口援藏的统筹协调机制逐步建立。二是随着中国减贫进程的加快,对口援藏政策的减贫功能逐渐凸显,尤其是我国进入脱贫攻坚阶段之后,对口援藏政策的减贫功能进一步强化。三是对口援藏的投入呈现出主体趋同性与区域差异性。从援藏省市来看,同一受援地区的不同援藏主体投入呈现出一定程度的趋同性;从受援地获得的援助投入来看,不同受援地区获得的援助资金数量存在较大差异性,即呈现出援藏投入的区域差异性特征。根据贫困的一般性统计指标分析和FGT贫困指数测度结果,对口援藏政策实施以来,无论是从直接的贫困人口、贫困发生率指标来看,还是从间接的恩格尔系数、人均可支配收入指标来看,西藏的贫困均呈现出明显的减缓态势,相较于对口援藏政策实施之前,西藏贫困的广度、深度、强度都有了明显减缓,一定程度上说明对口支援政策不仅加快了西藏贫困人口的减缓速度,而且也缓解了西藏的深度贫困问题。

第四,运用合成控制法(SCM)对对口援藏政策减贫效应的评估结果显示:一是对口支援政策对受援地区产生了显著的减贫效应,但对口支援政策的减贫效应大小并不稳定,存在较为明显的时期波动性,表现为在政策实施初期的减贫效应十分明显,而随着政策的深入实施,其减贫效应在波动中下降,之后呈现出又不断上升的趋势,这一结论经过安慰剂检验和双重差分检验仍然成立;二是政府支出规模和城镇化水平的提升有力地减少了西藏的贫困,地区经济发展水平、对外开放水平和教育水平的提高也减少了西藏贫困,但作用效应都相对有限,第一产业规模的低质量增长并不利于西藏贫困农牧民增收脱贫。运用双重差分法(DID)对对口援藏政策减贫效应的异质性分析结果显示:对口支援政策对西藏不同发展水平的经济区、不同地理位置的区域均产生了减贫效应,相较于经济相对发达地区,对口支援政策对经济相对落后地区的减贫效应要更为明显一些；相较于藏中南和藏西，对藏东和藏北产生的减贫作用要明显大一些，异质性分析结论经倾向得分匹配－双重差分（PSM-DID）、替换贫困状况代理变量等稳健性检验后依然成立。运用中介效应模型对对口援藏政策减贫作用机制的实证检验证实了对口支援政策通过促进受援地第一产业发展、带动受援地贫困农户非农就业、增加受援地人力资本投资、有效驱动受援地旅游服务贸易发展等四个中介渠道来实现减贫。

第五，基于 106 位援藏干部人才的在线问卷调查结果表明：占比为 61.32% 的受调查援藏干部人才认为对口援藏政策的实施对西藏贫困人口减贫与脱贫的作用成效非常显著，但对口援藏模式及其减贫作用机制仍存在不少问题，主要体现在：对口援藏政策在提升低收入农牧民增收作用发挥上还有较大提升空间；教育、医疗等专业技术人才的支援投入仍然较为紧缺；现行对口援建项目的投入未能充分满足当地脱贫农牧民的实际需求，这与对口支援资金供求缺口较大、农牧民广泛参与度有限、对口援建项目建设方式有关。基于西藏 13 个村 240 户脱贫户的实地调研数据，运用 FCE-有序 Logistic 模型从微观脱贫户视角对对口支援政策的减贫绩效及其影响因素的实证分析结果表明：脱贫农牧民对对口支援政策减贫绩效评价总体上介于比较满意与很满意之间，居于中上水平，但对各维度指标的减贫绩效评价差异较大，其中主观福利指标的减贫绩效最佳，其次是生活质量，而就业指标的减贫绩效得分最低，排在倒数第二位的是医疗指标。从影响对口支援政策减贫绩效评价的各因素回归结果看，在个体特征层面上，文化程度、所在地区的有显著正向影响；在家庭特征层面上，家庭年人均纯收入有显著正向影响；在对口支援状况层面上，是否享受到对口援藏项目提供的生产生活基础设施、是否享受到对口援藏项目提供的教育和医疗服务均有显著正向影响，而是否参加过对口援藏产业发展项目仅对经济支援绩效评价有显著正向影响。

第六，在受援地实现全面脱贫目标之后，需根据反贫困形势和任务的变化，立足于对口支援政策减贫效应及作用机制的实际状况，借鉴精准扶贫理念和成功实践，构建精准对口支援机制，以充分发挥对口支援政策防止规模性返贫、促进脱贫人口和低收入人口增收致富的作用效应。精准对口支援机制要求精确识别对口支援的对象、支援的目标和任务要精准、支援的施策要精准，强调支援方式由"输血式"转向"造血式"，由政府主导转向政府引导、市场机制发挥决定性作用，要求对口支援的资源使用精准有效和对口支援的减贫成效精准。为此，应以受援地脱贫人口和低收入人口的实际需求为基本导向，围绕产业精准支援、就业精准支援、智力精准支援、贸易开放精准支援、生活质量精准支援、主观福利精准支援等核心点建构精准对口支援机制。

10.2　研究展望

　　党的十八大以来，中央高度重视扶贫开发工作，在深入推进东西部扶贫协作和对口支援的基础上，先后实施了精准扶贫方略和乡村振兴战略。在我国经济高质量发展和收入分配制度不断完善的背景下，通过一系列"特惠型"减贫战略举措和"普惠型""三农"政策的合力攻坚，我国的减贫工作取得了伟大成就。至 2020 年底，我国的绝对贫困和区域性整体贫困已全面消除，近 1 亿农村贫困人口实现脱贫。反贫困是中国对口支援机制运行的典型场域，作为我国反贫困战略集合中的一项重大政策创新，对口支援政策在长期的扶贫开发工作中发挥了重要作用。对口支援政策在我国欠发达地区的减贫实践较早，但学术界针对对口支援政策减贫作用的研究却相对滞后，而已有为数不多的研究多以定性的理论与实践成就总结为主，严谨科学的实证研究成果较为欠缺。由于中国的减贫方案是多举措的综合性方案，要准确区分各类政策的效果和影响机制，对数据和方法要求较高。[①] 本书一方面通过系统搜集整理现有数据，另一方面通过在线调研与实地调研相结合的方法获取第一手数据，尝试对对口支援政策减贫效应进行系统的理论与实证研究，进而构建巩固脱贫成果和推动振兴致富时期提升对口支援减贫效应的创新机制。由于对口支援机制十分复杂，囿于数据可得性，本书主要探讨了对口支援政策减贫的作用效应和作用机制，仍然存有许多科学问题需要进一步深入研究。

　　当前，我国城乡和区域发展不平衡不充分问题仍然突出，受新冠肺炎疫情和国际局势变化等因素冲击，我国经济下行压力加大，防止发生规模性返贫、衔接推进乡村振兴和缓解相对贫困的任务依然艰巨。在此背景下，对口

---

　　① 甘犁等：《全面建成小康社会后的贫困治理与乡村发展》，载《管理科学学报》2021 年第 8 期，第 109 页。

支援政策应聚焦于全面激发受援地区内生发展动力，全面提升脱贫人口和低收入人口自我发展能力，从根本上确保受援地区不出现规模性返贫，实现长效脱贫并逐步走向振兴富裕。为此，新时期的对口支援机制应基于强化区域发展能力和人的可行能力视角，更加注重瞄准受援地区居民收入之外的就业能力、创业能力、教育和医疗服务质量等方面。在本书研究基础上，下一步研究计划将聚焦于县域或村镇层面的对口支援机制，需要重点探究以下问题：对口支援政策如何通过促进县域或村镇富民产业发展来带动脱贫人口和低收入人口持续增收？如何优化对口支援政策提升受援地人力资本水平的作用机制？在深化东西部劳务协作背景下，对口支援政策如何助力受援地农村居民全面提升就业创业能力？共同富裕视角下对口支援政策促进城乡区域协调发展的机制与优化路径是怎样的？初步计划将围绕以上核心问题，设计具体的研究技术路线，并运用文献梳理、理论探讨、实地问卷与访谈调查、实证分析等方法分别开展深入研究。

参考文献

[1] 马克思：《资本论》（第一卷），人民出版社 1975 年版。

[2] 马克思：《1844 年经济学哲学手稿》，人民出版社 1963 年版。

[3] 马克思：《政治经济学批判大纲》，刘潇然译，人民出版社 1978 年版。

[4]《马克思恩格斯全集》（第一、第四卷），人民出版社 1972 年版。

[5]《马克思恩格斯全集》（第二十三卷），人民出版社 1972 年版。

[6]《马克思恩格斯文集》（第一卷），人民出版社 2009 年版。

[7]《列宁全集》，人民出版社 1985 年版。

[8]《毛泽东选集》（第二卷），人民出版社 1991 年版。

[9]《毛泽东文集》（第八卷），人民出版社 1999 年版。

[10]《建国以来重要文献选编》（第四册），中央文献出版社 1993 年版。

[11]《邓小平文选》（第三卷），人民出版社 1993 年版。

[12]《习近平谈治国理政》（第一卷），外文出版社 2014 年版。

[13]《习近平谈治国理政》（第二卷），外文出版社 2017 年版。

[14]《习近平扶贫论述摘编》，中央文献出版社 2018 年版。

[15]［印］阿比吉特·班纳吉、［法］埃思特·迪弗洛：《贫穷的本质：我们为什么摆脱不了贫穷》，景芳译，中信出版集团 2018 年版。

[16]［英］阿尔弗雷德·马歇尔：《经济学原理》，陈良璧译，商务印书馆 2010 年版。

[17]［印］阿玛蒂亚·森：《贫困与饥荒》，王宇、王文玉译，商务印书

馆 2001 年版。

[18]［印］阿玛蒂亚·森：《以自由看待发展》，任颐、于真译，中国人民大学出版社 2002 年版。

[19]［美］阿瑟·刘易斯：《二元经济论》，北京经济学院出版社 1991 年版。

[20]［英］阿瑟·塞西尔·庇古：《福利经济学》，金镝译，商务印书馆 2007 年版。

[21]［美］保罗·萨缪尔森、威廉·诺德豪斯：《经济学》，萧琛译，人民邮电出版社 2007 年版。

[22]［英］大卫·李嘉图：《政治经济学及其赋税原理》，郭大力译，商务印书馆 1962 年版。

[23]［美］杰弗里·萨克斯：《贫穷的终结：我们时代的经济可能》，邹光译，上海人民出版社 2007 年版。

[24]［美］罗格纳·纳克斯：《不发达国家的资本形成问题》，谨斋译，商务印书馆 1966 年版。

[25]［俄］恰亚诺夫：《农民经济组织》，萧正洪译，中央编译出版社 1996 年版。

[26]［英］托马斯·马尔萨斯：《人口原理》，朱泱、胡企林、朱和中译，商务印书馆 1992 年版。

[27]［法］托马斯·皮凯蒂：《21 世纪资本论》，巴曙松、陈剑、余江等译，中信出版社 2014 年版。

[28]［美］威廉·伊斯特利：《在增长的迷雾中求索》，姜世明译，中信出版社 2005 年版。

[29]［美］西奥多·舒尔茨：《改造传统农业》，梁小民译，商务印书馆 2006 年版。

[30]［法］西斯蒙第：《政治经济学新原理》，何钦译，商务印书馆 1997 年版。

[31]［英］亚当·斯密：《国民财富的性质和原因的研究》，郭大力、王亚楠译，商务印书馆 1974 年版。

[32]［英］约翰·梅纳德·凯恩斯：《就业、利息与货币通论》，高鸿业译，商务印书馆 1999 年版。

［33］［英］约翰·穆勒：《政治经济学原理》，朱泱、赵荣潜、桑炳彦译，商务印书馆 1991 年版。

［34］［英］詹姆斯·穆勒：《政治经济学要义》，吴良健译，商务印书馆 2010 年版。

［35］贺立龙等：《精准扶贫的瞄准机制与施策效率——中国证据及启示》，经济科学出版社 2021 年版。

［36］靳薇：《西藏：援助与发展》，西藏人民出版社 2010 年版。

［37］李实、岳希明、罗楚亮、詹鹏：《21 世纪：中国农村贫困特征与反贫困战略》，经济科学出版社 2018 年版。

［38］李小云、唐丽霞、武晋：《国际发展援助概论》，社会科学文献出版社 2009 年版。

［39］马菁林：《西藏自治区志·国民经济综合志》，方志出版社 2015 年版。

［40］潘久艳：《全国援藏的经济学分析》，四川大学出版社 2009 年版。

［41］乔元忠：《全国支援西藏》，西藏人民出版社 2002 年版。

［42］孙勇：《西藏：非典型二元结构下的发展改革》，中国藏学出版社 1991 年版。

［43］王代远：《全国支援西藏工作的经济社会效益研究》，西藏藏文古籍出版社 2012 年版。

［44］王磊：《对口援藏有效性研究》，中国社会科学出版社 2016 年版。

［45］西藏自治区地方志办公室：《西藏年鉴 2018》，西藏人民出版社 2019 年版。

［46］张可云：《区域经济政策》，商务印书馆 2005 年版。

［47］蔡昉：《探讨脱贫攻坚战略的"未来升级版"》，《经济日报》2020 年 1 月 8 日。

［48］曹立、王声啸：《精准扶贫与乡村振兴衔接的理论逻辑与实践逻辑》，《南京农业大学学报（社会科学版）》2020 年第 4 期，第 42～48 页。

［49］陈健：《中国共产党领导贫困治理的百年历程与世界贡献》，《江淮论坛》2021 年第 3 期，第 19～26 页。

［50］陈耀：《对欠发达地区援助的国际经验》，《经济研究参考》2000 年第 28 期，第 37～48 页。

[51] 陈国强、罗楚亮、吴世艳：《公共转移支付的减贫效应估计——收入贫困还是多维贫困?》，《数量经济技术经济研究》2018 年第 5 期，第 59～76 页。

[52] 城乡困难家庭社会政策支持系统建设课题组：《贫困概念的界定及评估的思路》，《江苏社会科学》2018 年第 2 期，第 24～30 页。

[53] 丁建军、冷志明、于正东、李湘玲：《经济多样性的减贫效应——基于美国阿巴拉契亚地区的经验》，《中国工业经济》2016 年第 6 期，第 39～56 页。

[54] 丁忠毅：《府际协作治理能力建设的阻滞因素及其化解——以对口支援边疆民族地区为中心的考察》，《理论探讨》2016 年第 3 期，第 160～165 页。

[55] 丁忠毅：《国家治理视域下省际对口支援边疆政策的运行机制研究》，《思想战线》2018 年第 4 期，第 76～87 页。

[56] 丁忠毅：《边疆地区乡村振兴与整合的特殊使命与着力点选择》，《四川大学学报（哲学社会科学版）》2020 年第 3 期，第 126～137 页。

[57] 丁忠毅：《对口支援边疆民族地区政策属性界定：反思与新探》，《湖北民族大学学报（哲学社会科学版）》2021 年第 1 期，第 76～86 页。

[58] 邓维杰：《精准扶贫的难点、对策与路径选择》，《农村经济》2014 年第 6 期，第 78～81 页。

[59] 董珍、白仲林：《对口支援、区域经济增长与产业结构升级——以对口援藏为例》，《西南民族大学学报（人文社科版）》2019 年第 3 期，第 130～138 页。

[60] 杜家毫：《加强分类指导　实施精准扶贫》，《人民日报》2013 年 12 月 3 日。

[61] 樊丽明、解垩：《公共转移支付减少了贫困脆弱性吗?》，《经济研究》2014 年第 8 期，第 67～78 页。

[62] 范子英：《如何科学评估经济政策的效应?》，《财经智库》2018 年第 3 期，第 42～64 页。

[63] 方珂、蒋卓余：《东西协作扶贫的制度特点与关键问题》，《学习与实践》2018 年第 10 期，第 105～113 页。

[64] 方迎风：《行为视角下的贫困研究新动态》，《经济学动态》2019

年第 1 期，第 131 ~ 144 页。

[65] 甘犁、陈诗一、冯帅章等：《全面建成小康社会后的贫困治理与乡村发展》，《管理科学学报》2021 年第 8 期，第 105 ~ 114 页。

[66] 高承海：《促进民族交往交流交融的社会心理路径与策略》，《西南民族大学学报（人文社科版）》2020 年第 7 期，第 215 ~ 221 页。

[67] 高明、唐丽霞：《多维贫困的精准识别——基于修正的 FGT 多维贫困测量方法》，《经济评论》2018 年第 2 期，第 30 ~ 43 页。

[68] 葛永波、陈虹宇：《贫困脆弱性及其应对策略：国外研究的新进展》，《国外理论动态》2021 年第 2 期，第 170 ~ 176 页。

[69] 葛志军、邢成举：《精准扶贫：内涵、实践困境及其原因阐释——基于宁夏银川两个村庄的调查》，《贵州社会科学》2015 年第 5 期，第 157 ~ 163 页。

[70] 宫留记：《政府主导下市场化扶贫机制的构建与创新模式研究——基于精准扶贫视角》，《中国软科学》2016 年第 5 期，第 154 ~ 162 页。

[71] 辜胜阻、李睿、杨艺贤、庄芹芹：《推进"十三五"脱贫攻坚的对策思考》，《财政研究》2016 年第 2 期，第 7 ~ 16 页。

[72] 郭鲁芳、李如友：《旅游减贫效应的门槛特征分析及实证检验——基于中国省际面板数据的研究》，《商业经济与管理》2016 年第 6 期，第 81 ~ 91 页。

[73] 郭熙保：《论贫困概念的内涵》，《山东社会科学》2005 年第 12 期，第 49 ~ 54 页。

[74] 郭熙保、罗知：《论贫困概念的演进》，《江西社会科学》2005 年第 11 期，第 38 ~ 43 页。

[75] 韩谦、魏则胜：《论马克思主义反贫困理论与相对贫困治理》，《北京社会科学》2021 年第 8 期，第 12 ~ 19 页。

[76] 韩文龙、祝顺莲：《地区间横向带动：实现共同富裕的重要途径——制度优势的体现与国家治理的现代化》，《西部论坛》2020 年第 1 期，第 19 ~ 30 页。

[77] 韩臧辉：《新中国民族工作的光辉历程和伟大成就》，《中央民族学院学报》1984 年第 4 期，第 3 ~ 9 页。

[78] 贺立龙、朱方明、刘丸源：《结构视角下的深度贫困研究进展》，

《经济学动态》2020 年第 2 期，第 132～145 页。

［79］洪名勇：《开发扶贫瞄准机制的调整与完善》，《农业经济问题》2009 年第 5 期，第 68～71 页。

［80］侯景新、于子冉：《对口合作的形成机制与实践启示》，《区域经济评论》2021 年第 2 期，第 56～62 页。

［81］胡鞍钢、周绍杰：《新的全球贫富差距：日益扩大的"数字鸿沟"》，《中国社会科学》2002 年第 3 期，第 34～48 页。

［82］胡伟斌、黄祖辉、朋文欢：《产业精准扶贫的作用机理、现实困境及破解路径》，《江淮论坛》2018 年第 5 期，第 44～48 页。

［83］黄承伟：《东西部扶贫协作的实践与成效》，《改革》2017 年第 8 期，第 54～57 页。

［84］黄承伟、邹英、刘杰：《产业精准扶贫：实践困境和深化路径——兼论产业精准扶贫的印江经验》，《贵州社会科学》2017 年第 9 期，第 125～131 页。

［85］贾海薇：《中国的贫困治理：运行机理与内核动力——基于"闽宁模式"的思考》，《治理研究》2018 年第 6 期，第 42～49 页。

［86］贾俊雪、秦聪、刘勇政：《"自上而下"与"自下而上"融合的政策设计——基于农村发展扶贫项目的经验分析》，《中国社会科学》2017 年第 9 期，第 68～89 页。

［87］蒋奕：《怎样帮助穷人？——评介〈穷人经济学：关于对抗全球贫困的激进再思考〉》，《世界经济文汇》2012 年第 5 期，第 112～120 页。

［88］解垩：《公共转移支付对再分配及贫困的影响研究》，《经济研究》2017 年第 9 期，第 103～116 页。

［89］匡远配：《中国扶贫政策和机制的创新研究综述》，《农业经济问题》2005 年第 8 期，第 24～28 页。

［90］雷明、邹培：《精准扶贫的思想内涵、理论创新及价值贡献》，《马克思主义与现实》2020 年第 4 期，第 165～171 页。

［91］李宝良、郭其友：《因果关系的实地实验与新实证发展经济学的贫困治理之道——2019 年度诺贝尔经济学奖得主主要经济理论贡献述评》，《外国经济与管理》2019 年第 11 期，第 136～152 页。

［92］李彬、凌润泽：《民营企业参与对口支援的微观效应分析：企业税

负的视角》，《山东大学学报（哲学社会科学版）》2021年第2期，第23~34页。

［93］李博、左停：《谁是贫困户？精准扶贫中精准识别的国家逻辑与乡土困境》，《西北农林科技大学学报（社会科学版）》2017年第4期，第1~7页。

［94］李丹、李梦瑶：《财政转移支付的减贫效应研究——基于国定扶贫县的实证分析》，《财经研究》2020年第10期，第48~63页。

［95］李芳华、张阳阳、郑新业：《精准扶贫政策效果评估——基于贫困人口微观追踪数据》，《经济研究》2020年第8期，第171~187页。

［96］李纪才：《从凯恩斯理论的贫困解读资本主义的命运》，《中国党政干部论坛》2009年第7期，第54~55页。

［97］李俊杰、陈浩浩：《民族地区扶贫开发的制约因素与基本思路》，《中南民族大学学报（人文社会科学版）》2015年第6期，第104~108页。

［98］李庆滑：《我国省际对口支援的实践、理论与制度完善》，《中共浙江省委党校学报》2010年第5期，第55~58页。

［99］李瑞昌：《界定"中国特点的对口支援"：一种政治性馈赠解释》，《经济社会体制比较》2015年第4期，第194~204页。

［100］李瑞昌：《持续优化边境民族地区对口支援制度的社会效能》，《江苏行政学院学报》2016年第5期，第94~99页。

［101］李树、严茉：《班纳吉和迪弗洛对发展经济学的贡献——2019年度诺贝尔经济学奖得主学术贡献评介》，《经济学动态》2019年第12期，第108~121页。

［102］李曦辉：《对口支援的分类治理与核心目标》，《区域经济评论》2019年第2期，第45~54页。

［103］李曦辉、黄基鑫：《教育援藏援疆与铸牢中华民族共同体意识》，《民族教育研究》2022年第1期，第45~53页。

［104］李祥：《民族地区教育对口支援政策七十年回顾与展望——基于政策要素与政策工具的二维分析》，《西南民族大学学报（人文社科版）》2020年第2期，第72~80页。

［105］李小云：《扶贫资金要瞄准贫困》，《瞭望新闻周刊》2005年第38期，第59页。

［106］李小云：《我国农村扶贫战略实施的治理问题》，《贵州社会科学》2013 年第 7 期，第 101～106 页。

［107］李小云：《东西部扶贫协作和对口支援的四维考量》，《改革》2017 年第 8 期，第 61～64 页。

［108］李小云、董强、刘启明、王妍蕾、韩璐：《农村最低生活保障政策实施过程及瞄准分析》，《农业经济问题》2006 年第 11 期，第 29～33 页。

［109］李小云、唐丽霞、许汉泽：《论我国的扶贫治理：基于扶贫资源瞄准和传递的分析》，《吉林大学社会科学学报》2015 年第 4 期，第 90～98 页。

［110］李小云、于乐荣、唐丽霞：《新中国成立后 70 年的反贫困历程及减贫机制》，《中国农村经济》2019 年第 10 期，第 2～18 页。

［111］李小云、苑军军、于乐荣：《论 2020 后农村减贫战略与政策：从"扶贫"向"防贫"的转变》，《农业经济问题》2020 年第 2 期，第 15～22 页。

［112］李小云、张雪梅、唐丽霞：《我国中央财政扶贫资金的瞄准分析》，《中国农业大学学报（社会科学版）》2005 年第 3 期，第 1～6 页。

［113］李娅、赵鑫铖：《东西部对口支援中的能力缺口、援助需求与自我发展能力——以西部边疆五省区为例》，《学术探索》2016 年第 9 期，第 93～99 页。

［114］李延成：《对口支援：对帮助不发达地区发展教育的政策与制度安排》，《教育发展研究》2002 年第 10 期，第 16～20 页。

［115］李艳中：《论地方政府间对口支援——以广东支援为例》，《广东行政学院学报》2014 年第 2 期，第 10～15 页。

［116］李勇、栾江、杨艳、张禹：《扶贫协作和对口支援：中国特色横向转移支付形式——以天津为例》，《理论与现代化》2020 年第 6 期，第 122～128 页。

［117］李正图：《中国特色反贫困理论的形成逻辑》，《人民论坛》2021 年第 18 期，第 54～56 页。

［118］李志国、杨灿、李慧杰：《对口支援、招商引资与区域创新能力提升——基于对口支援三峡库区的案例研究》，《科研管理》2020 年第 3 期，第 72～82 页。

［119］李志萌、张宜红：《革命老区产业扶贫模式、存在问题及破解路径——以赣南老区为例》，《江西社会科学》2016 年第 7 期，第 61～67 页。

［120］李中锋：《以参与式援藏提升农牧民自我发展能力研究》，《中国藏学》2016 年第 1 期，第 89～95 页。

［121］李中锋、高婕：《对口援藏建设项目组织实施方式：演进特征、动力机制及优化研究》，《西南民族大学学报（人文社科版）》2020 年第 6 期，第 198～202 页。

［122］李中锋、吴昊：《西藏农牧民自我发展能力评估及提升路径研究——基于宏观数据和山南地区调查数据的分析》，《四川大学学报（哲学社会科学版）》2016 年第 3 期，第 99～106 页。

［123］李周、乔召旗：《西部农村减缓贫困的进展》，《中国农村观察》2009 年第 1 期，第 2～13 页。

［124］林伯强：《中国的政府公共支出与减贫政策》，《经济研究》2005 年第 1 期，第 27～37 页。

［125］林万龙、华中昱、徐娜：《产业扶贫的主要模式、实践困境与解决对策——基于河南、湖南、湖北、广西四省区若干贫困县的调研总结》，《经济纵横》2018 年第 7 期，第 102～108 页。

［126］林万龙、梁琼莲、纪晓凯：《巩固拓展脱贫成果开局之年的政策调整与政策评价》，《华中师范大学学报（人文社会科学版）》2022 年第 1 期，第 31～39 页。

［127］林雪霏：《扶贫场域内科层组织的制度弹性——基于广西 L 县扶贫实践的研究》，《公共管理学报》2014 年第 1 期，第 27～38 页。

［128］刘波、尉建文：《政治行为与社会公益：国有企业参与对口支援的机制分析（2006—2015）——以北京市 49 家国有企业为例》，《中国经济史研究》2017 年第 5 期，第 164～172 页。

［129］刘冬梅：《对中国二十一世纪反贫困目标瞄准机制的思考》，《农业技术经济》2001 年第 5 期，第 56～59 页。

［130］刘金山、徐明：《对口支援政策有效吗？——来自 19 省市对口援疆自然实验的证据》，《世界经济文汇》2017 年第 4 期，第 43～61 页。

［131］刘培林、谭永生：《发展的机制——〈发展经济学——从贫困到富裕〉述评》，《经济学（季刊）》2006 年第 2 期，第 973～984 页。

［132］刘义圣、陈燕：《发展经济学贫困阙疑与中国经济发展强势》，《经济评论》2006 年第 1 期，第 23～28 页。

［133］刘义圣、许彩玲：《习近平反贫困思想及对发展中国家的理论借鉴》，《东南学术》2016 年第 2 期，第 1～9 页。

［134］陆大道、刘毅、樊杰：《我国区域政策实施效果与区域发展的基本态势》，《地理学报》1999 年第 6 期，第 496～508 页。

［135］陆汉文：《东西部扶贫协作与中国道路》，《人民论坛·学术前沿》2019 年第 21 期，第 62～68 页。

［136］罗必良：《构建相对贫困治理长效机制的理论逻辑与实践路径》，《国家治理》2020 年第 39 期，第 40～44 页。

［137］罗楚亮：《经济增长、收入差距与农村贫困》，《经济研究》2012 年第 2 期，第 15～27 页。

［138］罗卫东、程晨、张毅：《"人"与经济演化——阿尔弗雷德·马歇尔经济学的另一维度》，《社会科学战线》2021 年第 1 期，第 91～98 页。

［139］吕冰洋：《国家能力与中国特色转移支付制度创新》，《经济社会体制比较》2021 年第 6 期，第 29～38 页。

［140］吕朝辉：《边疆治理视野下的精准对口支援研究》，《云南民族大学学报（哲学社会科学版）》2016 年第 3 期，第 31～37 页。

［141］马新文：《阿玛蒂亚·森的权利贫困理论与方法述评》，《国外社会科学》2008 年第 2 期，第 69～74 页。

［142］毛阳海：《西藏农牧区贫困的特征、成因与反贫困路径选择》，《西藏民族学院学报（哲学社会科学版）》2006 年第 6 期，第 49～54 页。

［143］缪小明、罗丽：《精准扶贫政策执行偏差研究——以政策执行过程为框架》，《山西大学学报（哲学社会科学版）》2020 年第 1 期，第 93～100 页。

［144］孟佶贤：《精准扶贫战略实施及其成效分析》，《甘肃社会科学》2019 年第 2 期，第 214～221 页。

［145］邱泽奇、张樹沁、刘世定、许英康：《从数字鸿沟到红利差异——互联网资本的视角》，《中国社会科学》2016 年第 10 期，第 93～115 页。

［146］冉光荣：《西藏反贫困经验探析》，《四川大学学报（哲学社会科

学版）》2006 年第 6 期，第 12～17 页。

[147] 单德朋、郑长德、王英：《贫困乡城转移、城市化模式选择对异质性减贫效应的影响》，《中国人口·资源与环境》2015 年第 9 期，第 81～92 页。

[148] 沈坤荣、张璟：《中国农村公共支出及其绩效分析——基于农民收入增长和城乡收入差距的经验研究》，《管理世界》2007 年第 1 期，第 30～40 页。

[149] 盛晓薇、马文保：《"闽宁模式"：东西部扶贫协作对口支援的实践样本》，《人民论坛·学术前沿》2021 年第 4 期，第 108～111 页。

[150] 石绍宾、樊丽明：《对口支援：一种中国式横向转移支付》，《财政研究》2020 年第 1 期，第 3～12 页。

[151] 史晓琴、樊丽明、石绍宾：《中国抗击新冠肺炎疫情中对口支援何以发生——公共经济学视角的分析》，《财政研究》2020 年第 8 期，第 12～22 页。

[152] 孙安娜：《加快少数民族地区经济发展的重要途径——关于江苏与广西实行对口支援问题的探讨》，《学术论坛》1983 年第 4 期，第 58～60 页。

[153] 孙久文、张静、李承璋、卢怡贤：《我国集中连片特困地区的战略判断与发展建议》，《管理世界》2019 年第 10 期，第 150～159 页。

[154] 孙宁华：《经济转型时期中央政府与地方政府的经济博弈》，《管理世界》2001 年第 3 期，第 35～43 页。

[155] 孙咏梅、秦蒙：《高速经济增长会自动消减贫困吗？——新中国成立 70 年取得的减贫效果评价》，《教学与研究》2019 年第 5 期，第 14～25 页。

[156] 孙勇、杨杰、马伟茗：《对口支援西藏工作实践及组织结构与机制演化分析——基于组织社会学新制度主义的分析视角》，《西藏大学学报（社会科学版）》2019 年第 3 期，第 129～139 页。

[157] 覃乃昌：《关于我区对口支援工作的几点认识》，《广西民族研究》1988 年第 2 期，第 30～32 页。

[158] 谭崇台：《论快速增长与"丰裕中贫困"》，《经济学动态》2002 年第 11 期，第 8～14 页。

[159] 谭书先、赵晖：《对口支援的政治认同构建——一项基于新冠肺

炎疫情时期的网络舆情分析》，《江海学刊》2020年第4期，第12~16页。

［160］唐丽霞、刘洋：《中国扶贫瞄准机制的演化与展望》，《湖北大学学报》（哲学社会科学版）2020年第5期，第133~141页。

［161］唐丽霞、罗江月、李小云：《精准扶贫机制实施的政策和实践困境》，《贵州社会科学》2015年第5期，第151~156页。

［162］万鹏飞、吴雨坤：《东西部扶贫协作：模式的研究与未来的发展——以北京市东西部扶贫协作为例》，《贵州民族研究》2021年第3期，第87~95页。

［163］汪三贵：《中国扶贫绩效与精准扶贫》，《政治经济学评论》2020年第1期，第130~148页。

［164］汪三贵：《在发展中战胜贫困——对中国30年大规模减贫经验的总结与评价》，《管理世界》2008年第11期，第78~88页。

［165］汪三贵：《中国40年大规模减贫：推动力量与制度基础》，《中国人民大学学报》2018年第6期，第1~11页。

［166］汪三贵、Park Albert、Chaudhuri Shubham、Datt Gaurav：《中国新时期农村扶贫与村级贫困瞄准》，《管理世界》2007年第1期，第56~64页。

［167］汪三贵、郭建兵、胡骏：《巩固拓展脱贫攻坚成果的若干思考》，《西北师大学报（社会科学版）》2021年第3期，第16~25页。

［168］汪三贵、郭子豪：《论中国的精准扶贫》，《贵州社会科学》2015年第5期，第147~150页。

［169］汪三贵、刘未：《"六个精准"是精准扶贫的本质要求——习近平精准扶贫系列论述探析》，《毛泽东邓小平理论研究》2016年第1期，第40~43页。

［170］汪三贵、王姮、王萍萍：《中国农村贫困家庭的识别》，《农业技术经济》2007年第1期，第20~31页。

［171］汪毅霖：《告别贫困，当代的经济现实与凯恩斯的失算》，《读书》2021年第3期，第3~11页。

［172］王初根、潘程兆、高瑞鹏：《论约翰·斯图亚特·穆勒的经济伦理思想》，《江西社会科学》2004年第8期，第70~73页。

［173］王春萍、张顺翔、郑烨：《秦巴山区农户贫困动因识别及精准扶贫满意度调查》，《中国人口·资源与环境》2018年第S2期，第54~58页。

[174] 王磊:《贫困地区对口支援行为减贫绩效评价及其影响因素分析——基于西藏240户脱贫户的调查数据》,《干旱区资源与环境》2021年第11期,第17~24页。

[175] 王磊:《对口支援政策促进受援地经济增长的效应研究——基于省际对口支援西藏的准自然实验》,《经济经纬》2021年第4期,第3~12页。

[176] 王珺鑫、王磊:《中国连片贫困地区对口支援政策的减贫效应评估及优化取向——基于省际对口支援西藏的准自然实验》,《产业经济评论(山东大学)》2021年第2期,第78~101页。

[177] 王磊:《建立解决相对贫困的长效机制》,《中国社会科学报》2019年12月25日。

[178] 王磊:《对口支援资源配置的效率评价及其影响因素分析——以对口支援西藏为例》,《四川大学学报(哲学社会科学版)》2018年第2期,第161~176页。

[179] 王玮:《共享税模式下的政府间财力配置——基于中、德的比较分析》,《财贸研究》2015年第4期,第71~79页。

[180] 王小林:《新中国成立70年减贫经验及其对2020年后缓解相对贫困的价值》,《劳动经济研究》2019年第6期,第3~10页。

[181] 王小林、谢妮芸:《东西部协作和对口支援:从贫困治理走向共同富裕》,《探索与争鸣》2022年第3期,第148~159页。

[182] 王学男:《公共政策评估框架下深化"组团式"教育人才援藏的政策研究》,《民族教育研究》2020年第4期,第57~64页。

[183] 王亚华、舒全峰:《中国精准扶贫的政策过程与实践经验》,《清华大学学报(哲学社会科学版)》2021年第1期,第141~155页。

[184] 王永才:《对口支援民族地区的法理基础与法治化探索》,《中央民族大学学报(哲学社会科学版)》2014年第5期,第25~30页。

[185] 王瑜、汪三贵:《特殊类型贫困地区农户的贫困决定与收入增长》,《贵州社会科学》2016年第5期,第145~155页。

[186] 王禹澔:《中国特色对口支援机制:成就、经验与价值》,《管理世界》2022年第6期,第71~85页。

[187] 王禹澔:《共同富裕与中国特色反贫困理论对西方减贫理论的超

越》，《中共中央党校（国家行政学院）学报》2022 年第 2 期，第 109 ~ 118 页。

［188］王志标：《古典经济学家的贫困思想及其现代启示》，《河南社会科学》2009 年第 1 期，第 56 ~ 59 页。

［189］王郅强、王凡凡：《对口帮扶的经济增长效应及政策有效性评估》，《华南农业大学学报（社会科学版）》2020 年第 6 期，第 70 ~ 83 页。

［190］王志章、王静、魏晓博：《精准脱贫与乡村振兴能够统筹衔接吗？——基于 88 个贫困村 1158 户农户的微观调查数据》，《湖南师范大学社会科学学报》2020 年第 2 期，第 73 ~ 81 页。

［191］文丰安：《新时代精准扶贫的实践困境及治理路径》，《西北农林科技大学学报（社会科学版）》2019 年第 1 期，第 23 ~ 28 页。

［192］温军：《中国民族经济政策的形成、演变与评价》，《民族研究》1998 年第 6 期，第 13 ~ 26 页。

［193］温涛、朱炯、王小华：《中国农贷的"精英俘获"机制：贫困县与非贫困县的分层比较》，《经济研究》2016 年第 2 期，第 111 ~ 125 页。

［194］吴国宝：《扶贫应直接瞄准贫困人口》，《中国贫困地区》1996 年第 4 期，第 43 页。

［195］吴国宝：《东西部扶贫协作困境及其破解》，《改革》2017 年第 8 期，第 57 ~ 61 页。

［196］吴开松、侯尤峰：《对口援藏政策属性与评价原则》，《学习与实践》2017 年第 2 期，第 38 ~ 41 页。

［197］吴理财：《"贫困"的经济学分析及其分析的贫困》，《经济评论》2001 年第 4 期，第 3 ~ 9 页。

［198］吴雄周、丁建军：《精准扶贫：单维瞄准向多维瞄准的嬗变——兼析湘西州十八洞村扶贫调查》，《湖南社会科学》2015 年第 6 期，第 162 ~ 166 页。

［199］伍骏骞、王海军、王无为：《农产品贸易开放减少农村贫困了吗？——基于空间溢出效应的视角》，《中国软科学》2021 年第 4 期，第 22 ~ 31 页。

［200］伍文中、唐霏、陈平：《民族地区精准化脱贫进程中横向转移支付机制构建》，《经济研究参考》2016 年第 26 期，第 48 ~ 52 页。

[201] 习近平:《深入理解新发展理念》,《社会主义论坛》2019 年第 6 期,第 4 ~ 8 页。

[202] 夏广鸣:《跨越八十年代、面向九十年代的对口支援与经济技术协作》,《民族研究》1992 年第 1 期,第 45 ~ 51 页。

[203] 向德平、向凯:《多元与发展:相对贫困的内涵及治理》,《华中科技大学学报(社会科学版)》2020 年第 2 期,第 31 ~ 38 页。

[204] 谢庆奎:《中国政府的府际关系研究》,《北京大学学报(哲学社会科学版)》2000 年第 1 期,第 26 ~ 34 页。

[205] 谢伟民:《制度与行为:教育援藏过程中的组织因素》,《马克思主义与现实》2015 年第 5 期,第 153 ~ 160 页。

[206] 谢伟民、贺东航:《公共政策执行视角下的对口援藏政策效能——基于昌都和林芝两地的比较分析》,《民族研究》2020 年第 5 期,第 16 ~ 28 页。

[207] 谢伟民、贺东航、曹尤:《援藏制度:起源、演进和体系研究》,《民族研究》2014 年第 2 期,第 14 ~ 25 页。

[208] 谢伟民、叶志鹏:《创新与跟随——为什么弱化援助方激励的对口援藏政策仍能得到有效实施?》,《公共管理评论》2019 年第 2 期,第 65 ~ 87 页。

[209] 谢治菊:《东西部协作教育组团帮扶的模式转向与本土建构》,《吉首大学学报(社会科学版)》2021 年第 4 期,第 105 ~ 115 页。

[210] 徐明:《省际对口支援与农户生活水平提升——基于消费视角的实证检验》,《财经研究》2022 年第 2 期,第 138 ~ 152 页。

[211] 徐明、刘金山:《省际对口支援如何影响受援地区经济绩效——兼论经济增长与城乡收入趋同的多重中介效应》,《经济科学》2018 年第 4 期,第 75 ~ 88 页。

[212] 徐姗姗、羌洲:《新时期教育扶贫模式的重大创新:"组团式"教育人才援藏》,《中国藏学》2018 年第 3 期,第 134 ~ 144 页。

[213] 徐志民:《当代中国学界的援藏研究述评》,《中国边疆史地研究》2014 年第 4 期,第 161 ~ 169 页。

[214] 徐志民:《当代中国的长期建藏思想》,《中国社会科学》2017 年第 7 期,第 185 ~ 203 页。

［215］许汉泽、李小云：《精准扶贫：理论基础、实践困境与路径选择——基于云南两大贫困县的调研》，《探索与争鸣》2018 年第 2 期，第 106 ~ 111 页。

［216］许可峰：《论西藏高等教育发展的速度和规模——兼论"就业援藏"政策的意义》，《民族教育研究》2014 年第 1 期，第 11 ~ 19 页。

［217］燕继荣：《反贫困与国家治理——中国"脱贫攻坚"的创新意义》，《管理世界》2020 年第 4 期，第 215 页。

［218］杨阿维、张建伟：《西藏农牧区反贫困存在的问题与对策》，《中国农业资源与区划》2015 年第 5 期，第 104 ~ 109 页。

［219］杨俊：《百年来中国共产党贫困治理的历程、经验与启示》，《西北农林科技大学学报（社会科学版）》2021 年第 3 期，第 21 ~ 27 页。

［220］杨龙、李培：《府际关系视角下的对口支援系列政策》，《理论探讨》2018 年第 1 期，第 148 ~ 156 页。

［221］杨明洪：《对口援藏有效性的理论认识与实现路径研究》，《中国藏学》2014 年第 3 期，第 126 ~ 132 页。

［222］杨明洪：《扶贫模式与援助方式的双重转换："组团式"援藏的实践与启示》，《西北民族研究》2018 年第 4 期，第 38 ~ 50 页。

［223］杨明洪：《和平解放以来中央对口支援西藏政策变迁研究》，《中国藏学》2019 年第 4 期，第 46 ~ 55 页。

［224］杨明洪：《对口援藏机制创新与绩效提升："组团式"教育援藏的调查与分析》，《西北民族大学学报（哲学社会科学版）》2021 年第 1 期，第 117 ~ 129 页。

［225］杨明洪：《民族地区教育发展模式与援助方式的双重转换——关于"组团式"教育援藏的调查与分析》，《湖北民族大学学报（哲学社会科学版）》2022 年第 2 期，第 149 ~ 160 页。

［226］杨明洪、刘建霞：《旅游资源规模化开发与农牧民生计方式转换——基于西藏"国际旅游小镇"的案例研究》，《民族学刊》2017 年第 3 期，第 9 ~ 18 页。

［227］杨明洪、刘建霞：《横向转移支付视角下省市对口援藏制度探析》，《财经科学》2018 年第 2 期，第 113 ~ 124 页。

［228］杨明洪、马骏丽：《以"民主改革"为坐标起点考察对口援藏制

度》，《中央民族大学学报（哲学社会科学版）》2019 年第 5 期，第 124 ~ 135 页。

[229] 杨明洪、项晓峰：《对口援藏的"华新模式"调查与分析》，《民族学刊》2015 年第 1 期，第 39 ~ 44 页。

[230] 杨明洪、张菅为：《对口援藏制度研究进展》，《民族学刊》2016 年第 4 期，第 1 ~ 10 页。

[231] 杨明洪、张菅为：《对口支援中不同利益主体的博弈行为——以对口援藏为例》，《财经科学》2016 年第 5 期，第 83 ~ 91 页。

[232] 姚洋：《关注社会最底层的经济学家》，《读书》1999 年第 3 期，第 63 ~ 71 页。

[233] 叶初升、李慧：《中国农村经济亲贫增长的测度与分析》，《华中农业大学学报（社会科学版）》2011 年第 5 期，第 12 ~ 21 页。

[234] 叶初升、邹欣：《扶贫瞄准的绩效评估与机制设计》，《华中农业大学学报（社会科学版）》2012 年第 1 期，第 63 ~ 69 页。

[235] 尹志超、郭沛瑶：《精准扶贫政策效果评估——家庭消费视角下的实证研究》，《管理世界》2021 年第 4 期，第 64 ~ 83 页。

[236] 于乐荣、李小云：《中国益贫经济增长的时期特征及减贫机制》，《贵州社会科学》2019 年第 8 期，第 100 ~ 107 页。

[237] 于敏、张晓颖、Ahmed Salehuddin：《中国扶贫瞄准机制的创新与实践——以广东省连南县为例》，《农业现代化研究》2012 年第 2 期，第 199 ~ 202 页。

[238] 余振、郭正林：《中央财政补贴与西藏发展》，《中国藏学》1998 年第 1 期，第 11 ~ 25 页。

[239] 岳颂东：《关于九十年代少数民族地区经济与社会发展的若干问题》，《经济与管理研究》1992 年第 6 期，第 15 ~ 19 页。

[240] 曾水英、范京京：《对口支援与当代中国的平衡发展》，《西南民族大学学报（人文社科版）》2019 年第 6 期，第 204 ~ 211 页。

[241] 曾勇：《中国东西扶贫协作绩效研究——以沪滇对口帮扶为例》，华东师范大学博士学位论文，2017 年。

[242] 张克俊、杜婵：《后全面小康社会我国贫困治理的任务变化与政策转型》，《中州学刊》2020 年第 10 期，第 40 ~ 47 页。

［243］张敏、刘长敏：《国外对中国发展援助研究综述》，《当代世界与社会主义》2016 年第 2 期，第 199～207 页。

［244］张培刚：《发展经济学往何处去——建立新型发展经济学刍议》，《经济研究》1989 年第 6 期，第 14～27 页。

［245］张琦、张涛：《中国减贫制度体系探索：考核评估的创新实践》，《甘肃社会科学》2021 年第 1 期，第 9～15 页。

［246］张天悦：《从支援到合作：中国式跨区域协同发展的演进》，《经济学家》2021 年第 11 期，第 82～90 页。

［247］张文礼、王达梅：《科层制市场机制：对口支援机制的反思》，《西北师大学报（社会科学版）》2017 年第 5 期，第 67～73 页。

［248］张晓颖、王小林：《东西扶贫协作：贫困治理的上海模式和经验》，《甘肃社会科学》2021 年第 1 期，第 24～31 页。

［249］赵晖、谭书先：《对口支援与区域均衡：政策、效果及解释——基于 8 对支援关系 1996 - 2017 年数据的考察》，《治理研究》2020 年第 1 期，第 69～81 页。

［250］赵明刚：《中国特色对口支援模式研究》，《社会主义研究》2011 年第 2 期，第 56～61 页。

［251］赵曦、罗洪群、成卓：《机制设计理论与中国农村扶贫机制改革的路径安排》，《软科学》2009 年第 10 期，第 69～73 页。

［252］赵曦、赵朋飞：《我国农村精准扶贫机制构建研究》，《经济纵横》2016 年第 7 期，第 58～63 页。

［253］赵月梅：《加强各民族交往交流交融：呼伦贝尔地区的实践与启示》，《民族研究》2018 年第 4 期，第 13～24 页。

［254］郑春勇：《论对口支援任务型府际关系网络及其治理》，《经济社会体制比较》2014 年第 2 期，第 230～239 页。

［255］郑春勇：《对口支援中的"礼尚往来"现象及其风险研究》，《人文杂志》2018 年第 1 期，第 122～128 页。

［256］郑继承：《邓小平贫困治理思想的逻辑结构与时代价值》，《邓小平研究》2021 年第 2 期，第 27～37 页。

［257］郑继承：《中国特色反贫困理论释析与新时代减贫战略展望》，《经济问题探索》2021 年第 1 期，第 40～51 页。

［258］郑继承、周文：《毛泽东贫困治理思想的理论阐释及其新时代价值》，《毛泽东思想研究》2021 年第 3 期，第 55～63 页。

［259］郑楷、刘义圣：《产业梯度转移视角下的东西部扶贫协作研究》，《东南学术》2020 年第 1 期，第 135～143 页。

［260］郑长德：《贫困陷阱、发展援助与集中连片特困地区的减贫与发展》，《西南民族大学学报（人文社科版）》2017 年第 1 期，第 120～127 页。

［261］郑长德、单德朋：《集中连片特困地区多维贫困测度与时空演进》，《南开学报（哲学社会科学版）》2016 年第 3 期，第 135～146 页。

［262］钟开斌：《对口支援：起源、形成及其演化》，《甘肃行政学院学报》2013 年第 4 期，第 14～24 页。

［263］钟开斌：《控制性多层竞争：对口支援运作机理的一个解释框架》，《甘肃行政学院学报》2018 年第 1 期，第 4～14 页。

［264］周光辉、王宏伟：《对口支援：破解规模治理负荷的有效制度安排》，《学术界》2020 年第 10 期，第 14～32 页。

［265］周可：《青年马克思论贫困——兼评古典政治经济学的贫困观》，《黑龙江社会科学》2015 年第 5 期，第 12～18 页。

［266］周黎安：《中国地方官员的晋升锦标赛模式研究》，《经济研究》2007 年第 7 期，第 36～50 页。

［267］朱光喜：《对口支援促进边疆民族地区治理创新的途径及其优化》，《北方民族大学学报》2022 年第 1 期，第 41～49 页。

［268］朱玲：《中国扶贫理论和政策研究评述》，《管理世界》1992 年第 4 期，第 196～203 页。

［269］朱玲：《后发地区的发展路径和治理结构选择——云南藏区案例研究》，《经济研究》2001 年第 10 期，第 86～94 页。

［270］朱玲：《藏区农牧家庭的儿童营养和健康》，《管理世界》2013 年第 12 期，第 52～62 页。

［271］朱玲：《排除农牧民发展障碍——康藏农牧区发展政策实施状况调查》，《中国社会科学》2013 年第 9 期，第 126～146 页。

［272］朱曰强：《西斯蒙第的收入制约人口论》，《河南师范大学学报（哲学社会科学版）》1988 年第 3 期，第 20～23 页。

［273］祝慧、雷明：《东西部扶贫协作场域中的互动合作模式构建——

基于粤桂扶贫协作案例的分析》，《苏州大学学报（哲学社会科学版）》2020年第1期，第95～101页。

[274] 邹薇：《我国现阶段能力贫困状况及根源——基于多维度动态测度研究的分析》，《人民论坛·学术前沿》2012年第5期，第48～56页。

[275] 左停、杨雨鑫、钟玲：《精准扶贫：技术靶向、理论解析和现实挑战》，《贵州社会科学》2015年第8期，第156～162页。

[276] Abadie A., Gardeazabal J., "The Economic Costs of Conflict: A Case Study of the Basque Country", *American Economic Review*, 2003, 93 (1): 113 – 132.

[277] Abadie A., Diamond A., Hainmueller J., "Synthetic Control Methods for Comparative Case Studies: Estimating the Effect of California's Tobacco Control Program", *Journal of the American Statistical Association*, 2010, 105 (490): 493 – 505.

[278] Abadi A., Diamond A., Hainmueller J., "Comparative Politics and the Synthetic Control Method", *American Journal of Political Science*, 2015, 59 (2): 495 – 510.

[279] Agostini C. A., Brown P. H., "Cash Transfers and Poverty Reduction in Chile", *Journal of Regional Science*, 2011, 51 (3): 604 – 625.

[280] Alatas V., Purnamasari R., Banerjee A., et al. "Self-targeting: Evidence from a Field Experiment in Indonesia", *Journal of Political Economy*, 2016, 124 (2): 371 – 427.

[281] Alkire S., Foster J., "Counting and Multidimensional Poverty Measurement", *Journal of Public Economics*, 2011, 95 (7 – 8): 476 – 487.

[282] Alkire S., Santos M. E., "Measuring Acute Poverty in the Developing World: Robustness and Scope of the Multidimensional Poverty Index", *World Development*, 2014, 59 (1): 251 – 274.

[283] Ashenfelter O. C., "Estimating the Effect of Training Programs on Earnings", *The Review of Economics and Statistics*, 1978, 60 (1): 47 – 57.

[284] Bahiigwa G., "Right Target, Wrong Mechanism? Agricultural Modernization and Poverty Reduction in Uganda", *World Development*, 2005, 33 (3): 481 – 496.

［285］Banerjee A. V. , Newman A. F. , "Occupational Choice and the Process of Development", *Journal of Political Economy*, 1993, 101 (2): 274 – 298.

［286］Banerjee A. V. , Newman A. F. , "Information, the Dual Economy, and Development", *Review of Economic Studies*, 1998, 65 (4) : 631 – 653.

［287］Besley T. , Coate S. , "Workfare vs. Welfare: Incentive Arguments for Work Requirements in Poverty Allevation Programs", *American Economic Review*, 1992, 82 (1): 249 – 261.

［288］Besley T. , Kanbur R. , *The Principles of Targeting, Including the Poor*, Washington, DC: The World Bank, 1993.

［289］Chaudhuri S. , *Assessing Vulnerability to Poverty: Concepts, Empirical Methods and Illustrative Examples*, Columbia University, 2003.

［290］Chen S. , Ravallion M. , "The Developing World Is Poorer Than We Thought, But No Less Successful in the Fight Against Poverty", *The Quarterly Journal of Economics*, 2010, 125 (4): 1577 – 1625.

［291］Coady D. P. , Grosh M. , "Targeting Outcomes Redux", *The World Bank Research Observer*, 2002, 19 (1): 61 – 85.

［292］Conning J. , Kevane M. , "Community Based Targeting Mechanisms for Social Safety Nets", *Social Protection Discussion Papers and Notes*, 2001, 30 (3): 375 – 394.

［293］Dutrey A. P. *Successful Targeting? Reporting Efficiency and Costs in Targeted Poverty Alleviation Programmes*, Geneva, Switzerland: United Nations Research Institute for Social Development, 2007.

［294］Elbers C. , Fujii T. , Lanjouw P. , et al, "Poverty Alleviation through Geographic Targeting: How Much Does Disaggregation Help?", *Journal of Development Economics*, 2007, 83 (1): 198 – 213.

［295］Esposti R. , Bussoletti S. , "Impact of Objective 1 Funds on Regional Growth Convergence in the European Union: A Panel-data Approach", *Regional Studies*, 42 (2): 159 – 173.

［296］Foster J. , Greer J. , Thorbecke E. , "A Class of Decomposable Poverty Measures", *Econometrica*, 1984, 52 (3): 761 – 766.

［297］Foster A. J. , "Counting and Multidimensional Poverty Measurement",

Journal of Public Economics, 2011, 95 (7): 476 – 487.

[298] Glewwe P. , Hall G. , "Are Some Groups more Vulnerable to Macro-economic Shocks than Others? Hypothesis Tests Based on Panel Data from Peru", *Journal of Development Economics*, 1998, 56 (1): 181 – 206.

[299] Grosh M. E. , Baker J. L. , *Proxy Means Tests for Targeting Social Programs*: *Simulations and Speculation*, Working Paper, Washington, DC: The World Bank, 1995.

[300] Heilmann S. , "From Local Experiments to National Policy: The Origins of China's Distinctive Policy Process", *China Journal*, 2008, 59: 1 – 30.

[301] Hirschman A. O. , *The Strategy of Economic Development*, City of New Haven: Yale University Press, 1958.

[302] Hoddinott J. , *Targeting*: *Principles and Practice Technical Guide*, Washington, DC: The International Food Policy Research Institute, 1999.

[303] Houssou N. , Zeller M. , "To Target or Not to Target? The Cost Efficiency of Indicator-based Targeting", *Food Policy*, 2011, 36 (5): 627 – 637.

[304] Kanbur S. , "Transfers, Targeting and Poverty", *Economic Policy*, 1987, 2 (4): 111 – 136.

[305] Leeibenstein H. , *Economic Backwardness and Economic Growth*, New York: Wheeler Press, 1957.

[306] Mkandawire T. , "Transformative Social Policy and Innovation in Developing Countries", *The European Journal of Development Research*, 2007, 19 (1): 13 – 29.

[307] Myrdal G. , *Economic Theory and Underdeveloped Regions*, London: Duckworth, 1957.

[308] Myrdal G. , *An American Dilemma*: *The Negro Problem and Modern Democracy*, New York: Harper and Row, Publishers, 1962.

[309] Nelson R. , "A Theory of Low Level Equilibrium Trap in Underdeveloped Countries", *American Economics Review*, 1956, 46 (5): 894 – 908.

[310] Nicholls A. L. , Zeckhauser R. , "Targeting Transfers through Restrictions on Recipients", *American Economic Review*, 1982, 72 (2): 372 – 377.

[311] Nurkse R. , *The Problem of Capital Formation in Less-developed Coun-*

tries, Oxford: Oxford University Press, 1953.

[312] Park A., Wang S. G., "Regional Poverty Targeting in China", *Journal of Public Economics*, 2002, 86 (1): 123 – 153.

[313] Park A., Wang S. G., "Community-based Development and Poverty Alleviation: An Evaluation of China's Poor Village Investment Program", *Journal of Public Economics*, 2010, 94 (9): 790 – 799.

[314] Qin C, Chong T. T. L., et al., "Can Poverty be Alleviated in China?", *Review of Income and Wealth*, 2018, 64 (1): 192 – 212.

[315] Ravallion M., Jalan J., "China's Lagging Poor Areas", *American Economic Review*, 1999, 89 (2): 301 – 305.

[316] Ravallion M., "Miss-targeted or Miss-measured?", *Economics Letters*, 2008, 100 (1): 9 – 12.

[317] Rosenstein-Rodan P. N., "Problems of Industrialization of Eastern and South-Eastern Europe", *The Economic Journal*, 1943, 53 (210 – 211): 202 – 211.

[318] Sen A., "Poverty: An Ordinal Approach to Measurement", *Econometrica*, 1976, 44 (2): 219 – 231.

[319] Sen A., "Issues in the Measurement of Poverty", *Scandinavian Journal of Economics*, 1979, 81 (2): 285 – 307.

[320] Sen A., *Development as Freedom*, Oxford: Oxford University Press, 1999.

[321] Shenngen F., Peter H., Haque T., "Targeting Public Investments by Agro-ecological Zone to Achieve Growth and Poverty Alleviation Goals in Rural India", *Food Policy*, 2000, 25 (4): 411 – 428.

[322] Skoufias E., Maro V. D., "Conditional Cash Transfers, Adult Work Incentives, and Poverty", *Journal of Development Studies*, 2008, 44 (7): 935 – 960.

[323] Smith W. J., *Spending on Safety Nets for the Poor: How Much, For How Many? The Case of Malawi*, Africa Region Working Paper, 2001.

[324] Spadaro A. L., et al, "Evaluating the Redistributive Impact of Public Health Expenditure Using an Insurance Value Approach", *The European Journal of Health Economics*, 2013, 14 (5): 775 – 787.

[325] Thongdara R. , Samarakoon L. , Ranamukhaarachchi R. , "Using GIS and Spatial Statistics to Target Poverty and Improve Poverty Alleviation Programs: A Case Study in Northeast Thailand", *Applied Spatial Analysis and Policy*, 2012, 5 (2): 157 – 182.

[326] Trommlerová S. K. , Klasen S. , Le Mann O. , "Determinants of Empowerment in a Capability Based Poverty Approach: Evidence from the Gambia", *World Development*, 2015, 66: 1 – 15.

[327] Zarocostas J. , "Poverty Reduction Policies Targeting Poor People Are not Enough, UN Warns", *British Medical Journal*, 2010 (9): 341.

附录

附录1 对口援藏政策减贫成效的在线
调查问卷(援藏干部人才)

尊敬的援藏干部人才,您好!

我们是国家社科基金项目"精准扶贫视角下提升对口支援政策减贫效应的机制创新研究"课题组,本问卷旨在了解您对对口援藏政策减贫成效的评价,采用线上匿名调查,调查结果仅用于学术研究,请您根据实际情况回答即可,感谢您支持我们的研究工作!

2020 年 4 月

1. 您是来自_____省_____市(或_____中央国家机关/中央企业)的对口援藏干部人才,入藏工作时间是从_____年开始,在西藏的工作地点是_____市(地区)_____县(区),在西藏的工作岗位是_____。

2. 您对您所在的受援地区已实施的对口援建项目了解吗?

A. 非常了解   B. 大致了解

C. 听说过,但具体不清楚   D. 不太了解

3. 您认为对口援藏政策的实施对西藏贫困人口减贫与脱贫的作用成效如何?

A. 成效显著   B. 成效一般

C. 成效较小   D. 基本没有成效

4. 您认为对口援藏政策对您所在受援地区的西藏脱贫农牧民的收入增长

有多大促进作用？

　　A. 作用非常显著　　　　　　B. 作用一般

　　C. 作用较小　　　　　　　　D. 基本没有作用

　　5. 您认为对口援藏政策对您所在受援地区的西藏贫困群众受教育程度的提升作用明显吗？

　　A. 作用非常明显　　　　　　B. 作用一般

　　C. 作用较小　　　　　　　　D. 基本没有作用

　　6. 您认为对口援藏政策对您所在受援地区的西藏贫困群众的医疗服务改善促进作用如何？

　　A. 作用非常明显　　　　　　B. 作用一般

　　C. 作用较小　　　　　　　　D. 基本没有作用

　　7. 您认为您所在受援地区实施的对口援建项目能否满足当地低收入群众的实际需要？

　　A. 完全能满足　　　　　　　B. 基本能满足

　　C. 只能满足小部分　　　　　D. 完全不能满足

　　8. 您认为您所在受援地区的脱贫农牧民群众最需要的支援资源是什么？（本题可多选）

　　A. 援建项目　　　B. 资金投入　　　C. 领导干部人才

　　D. 医疗卫生人员　　E. 教育工作者　　F. 其他资源（请填写）_____

　　9. 您认为当前对口援藏工作仍然面临哪些困难？（本题可多选）

　　A. 当地语言和文化背景差异造成的沟通交流障碍

　　B. 当地维稳压力较大　　　　C. 当地自然气候环境恶劣

　　D. 援藏资金投入不足　　　　E. 援藏人才投入不足

　　F. 其他（请填写）_____

　　10. 从助力西藏巩固拓展脱贫攻坚成果和长期稳定脱贫的角度考虑，您对改进对口援藏工作还有哪些意见或建议？

附录2 对口援藏政策减贫绩效满意度评价
调查问卷（脱贫农牧户）

亲爱的西藏农牧民朋友，您好！

我们是国家社科基金项目"精准扶贫视角下提升对口支援政策减贫效应的机制创新研究"课题组，非常感谢您能抽出宝贵的时间填写本问卷。本问卷旨在了解在您的家庭脱贫过程中，您对对口援藏政策产生的减贫绩效满意度，采用实地匿名调查，调查数据仅用于学术研究，请您根据真实情况完整、准确回答。

非常感谢您对我们研究工作的支持与配合！祝您生活幸福，扎西德勒！

2020 年 7 月

第一部分 基本信息

1. 您是_____县（区）_____乡（镇）_____村的居民，您的性别为_____，您的年龄是_____岁，您的家中现有_____口人，您目前结婚与否_____（填"是"或"否"）。

2. 2019 年您的家庭人均纯收入大约在多大范围？

A. 3999 元及以下　　B. 4000 ~ 5999 元　　C. 6000 ~ 7999 元

D. 8000 ~ 9999 元　　E. 10000 元及以上

3. 您的文化程度是下面哪一项？

A. 小学　　B. 初中　　C. 高中或中专　　D. 大专及以上

E. 未受过学历教育

4. 您或您的家人_____参加过对口援藏项目讨论会议；_____参加过对口援藏产业发展项目；_____享受到对口援藏项目提供的生产生活基础设施；_____享受到对口援藏项目提供的教育和医疗服务；_____接受过对口援藏项目提供的就业技能培训（注：均选填"是"或"否"）。

第二部分 满意度评价

1. 您对对口援藏政策助力您的家庭实现脱贫的满意度评价如何？（注：按照百分制评价标准，非常满意为 90 ~ 100 分、满意为 80 ~ 89 分、一般为

70～79分、不满意为60～69分，非常不满意为59分以下，均为单选题，以下各题相同）

　　A. 非常满意　　B. 比较满意　　C. 一般　　D. 不满意　　E. 非常不满意

2. 您对经济援藏的减贫成效评价如何？

　　A. 非常满意　　B. 比较满意　　C. 一般　　D. 不满意　　E. 非常不满意

3. 您对教育援藏的减贫成效评价如何？

　　A. 非常满意　　B. 比较满意　　C. 一般　　D. 不满意　　E. 非常不满意

4. 您对医疗援藏的减贫成效评价如何？

　　A. 非常满意　　B. 比较满意　　C. 一般　　D. 不满意　　E. 非常不满意

5. 您对生活质量援藏的减贫成效评价如何？

　　A. 非常满意　　B. 比较满意　　C. 一般　　D. 不满意　　E. 非常不满意

6. 您对就业援藏的减贫成效评价如何？

　　A. 非常满意　　B. 比较满意　　C. 一般　　D. 不满意　　E. 非常不满意

7. 您对主观福利援藏的减贫成效评价如何？

　　A. 非常满意　　B. 比较满意　　C. 一般　　D. 不满意　　E. 非常不满意

8. 您对对口援藏政策提升您的家庭每年人均纯收入作用的满意度评价如何？

　　A. 非常满意　　B. 比较满意　　C. 一般　　D. 不满意　　E. 非常不满意

9. 您对通过对口援藏项目增加您的家庭每年人均生物资产（如牲畜等）作用的满意度评价如何？

　　A. 非常满意　　B. 比较满意　　C. 一般　　D. 不满意　　E. 非常不满意

10. 您对通过对口援藏项目增加您所在地区的中小学数量和学校平均建筑面积作用的满意度评价如何？

　　A. 非常满意　　B. 比较满意　　C. 一般　　D. 不满意　　E. 非常不满意

11. 您对援藏教师补充您所在地区的中小学师资力量作用的满意度评价如何？

　　A. 非常满意　　B. 比较满意　　C. 一般　　D. 不满意　　E. 非常不满意

12. 您对医疗援藏政策提升您所在地区的医疗卫生机构作用的满意度评价如何？

　　A. 非常满意　　B. 比较满意　　C. 一般　　D. 不满意　　E. 非常不满意

13. 您对医疗援藏政策增加您所在地区医疗卫生技术人员数量和水平作

用的满意度评价如何?

  A. 非常满意 B. 比较满意 C. 一般 D. 不满意 E. 非常不满意

  14. 您对医疗健康援藏政策改善您和您的家人身体状况（身高、体重等）的满意度评价如何?

  A. 非常满意 B. 比较满意 C. 一般 D. 不满意 E. 非常不满意

  15. 您对医疗健康援藏政策改善您和您的家人营养状况的满意度评价如何?

  A. 非常满意 B. 比较满意 C. 一般 D. 不满意 E. 非常不满意

  16. 您对通过对口援藏项目改善您的家庭住房条件（家庭人均住房面积、住房类型、住房危旧程度、住房环境的改善程度等）作用的满意度评价如何?

  A. 非常满意 B. 比较满意 C. 一般 D. 不满意 E. 非常不满意

  17. 您对通过对口援藏项目改善您的家庭饮用自来水（或深井水）作用的满意度评价如何?

  A. 非常满意 B. 比较满意 C. 一般 D. 不满意 E. 非常不满意

  18. 您对通过对口援藏项目改善您的家庭通电与用电状况作用的满意度评价如何?

  A. 非常满意 B. 比较满意 C. 一般 D. 不满意 E. 非常不满意

  19. 您对通过对口援藏项目改善您的家庭网络通信状况（网络连接便利程度、网络稳定性、网速快慢等）作用的满意度评价如何?

  A. 非常满意 B. 比较满意 C. 一般 D. 不满意 E. 非常不满意

  20. 您对通过对口援藏项目改善您所在村的公共生活和农牧业生产设施状况作用的满意度评价如何?

  A. 非常满意 B. 比较满意 C. 一般 D. 不满意 E. 非常不满意

  21. 您对您或您的家人外出务工就业于对口援藏工程项目的满意度评价如何?

  A. 非常满意 B. 比较满意 C. 一般 D. 不满意 E. 非常不满意

  22. 您对对口援藏就业技能培训项目开展状况（是否满足您的需要）的满意度评价如何?

  A. 非常满意 B. 比较满意 C. 一般 D. 不满意 E. 非常不满意

  23. 您对通过就业援藏政策促进您的子女就业于内地省市状况（家庭子

女就业于内生省市的渠道和机会）的满意度评价如何？

　　A. 非常满意　　B. 比较满意　　C. 一般　　D. 不满意　　E. 非常不满意

　　24. 您对对口援藏政策提升您的生活幸福感受（生活满意状况）作用的满意度评价如何？

　　A. 非常满意　　B. 比较满意　　C. 一般　　D. 不满意　　E. 非常不满意

　　25. 您对通过对口援藏政策加强您与内地其他民族之间交往交流交融作用的满意度评价如何？

　　A. 非常满意　　B. 比较满意　　C. 一般　　D. 不满意　　E. 非常不满意

附录3　对口援藏政策减贫成效评价的
访谈调查提纲（基层干部）

一、访谈对象和目的

　　通过实地访谈调查，弄清西藏县（区）级政府干部、乡镇干部、驻村干部等基层干部人群对对口援藏政策减贫成效的评价。

二、访谈时间、地点和方式

　　访谈时间为 2020 年 7～8 月，访谈地点为实地调研的各县（区）和村镇人民政府所在地，具体涉及西藏拉萨、日喀则、林芝、阿里 4 个地市的 10 个县（区）。本次实地访谈调查采取结构性访谈和参与式观察相结合的方式进行访谈，具体采取面对面式深度访谈交流的方式进行。

三、访谈问题

　　1. 结合您所在受援地的实际情况，您如何看待实施已超过 25 年的对口援藏政策对西藏经济社会发展的促进作用？

　　2. 结合您所在受援地的实际情况，您认为实施对口援藏政策对助力西藏贫困农牧民收入摆脱贫困的作用如何？

　　3. 您认为对口援藏政策的实施对西藏农牧区基础设施和农牧民生产生活条件的改善作用大不大？为什么？

　　4. 您觉得就业援藏、教育援藏、医疗援藏、主观福利援藏等一系列具体援藏政策的实施，对西藏农牧民的就业、教育、健康、生活幸福感产生的作用如何？具体体现在哪些方面？

5. 您觉得目前的对口援藏项目、资金、干部人才等资源分配使用有哪些地方需要优化改善?

6. 在西藏实现脱贫后,您认为对口支援政策对西藏的反贫困作用体现在哪些方面? 为什么?

7. 根据当前"三农"工作形势和任务的变化,您认为应该如何优化和完善对口援藏政策?